调解员高级研修（职业培训）丛书

《新加坡调解公约》与中国调解制度

佟　尧　王国华　主编

法律出版社
LAW PRESS · CHINA
—— 北京 ——

图书在版编目(CIP)数据

《新加坡调解公约》与中国调解制度 / 佟尧，王国华主编. -- 北京 : 法律出版社，2022
(调解员高级研修(职业培训)丛书)
ISBN 978 -7 -5197 -6865 -2

Ⅰ. ①新… Ⅱ. ①佟… ②王… Ⅲ. ①国际商事仲裁—研究②调解(诉讼法)—司法制度—研究—中国 Ⅳ. ①D997.4②D925.04

中国版本图书馆 CIP 数据核字(2022)第 113184 号

《新加坡调解公约》与中国调解制度
《XINJIAPO TIAOJIE GONGYUE》YU ZHONGGUO TIAOJIE ZHIDU

佟 尧 王国华 主编

策划编辑 解 锟
责任编辑 解 锟
装帧设计 李 瞻 臧晓飞

出版发行 法律出版社
编辑统筹 重大项目办公室
责任校对 王 丰 郭艳萍
责任印制 吕亚莉
经　　销 新华书店

开本 710 毫米×1000 毫米 1/16
印张 16.25 **字数** 266 千
版本 2022 年 8 月第 1 版
印次 2022 年 8 月第 1 次印刷
印刷 三河市兴达印务有限公司

地址:北京市丰台区莲花池西里 7 号(100073)
网址:www.lawpress.com.cn
投稿邮箱:info@lawpress.com.cn
举报盗版邮箱:jbwq@lawpress.com.cn
销售电话:010 -83938349
客服电话:010 -83938350
咨询电话:010 -63939796

书号:ISBN 978 -7 -5197 -6865 -2　　**定价**:75.00 元
凡购买本社图书,如有印装错误,我社负责退换。电话:010 -83938349

总序

作为纠纷解决的一种方式，调解在我国历史悠久、源远流长。早在两千多年前的西周，就出现了专门负责调解事务的官员——“调人”。在历史长河中，调解已不仅是一种治理策略，也是人们追求无讼与和谐社会的实现路径。新时代，被誉为“东方经验”的调解，在中华民族实现伟大复兴的征途上无疑将承担更加艰巨的历史使命。

我国有数百万名调解员，他们是调解工作的具体承担者、践行者。随着时代的深刻变迁，人们对公平正义有了更高的诉求，矛盾纠纷更加多元、复杂，从而对调解员的工作提出了更高的要求。大规模地开展系统性、专业性的调解员业务培训，已显得刻不容缓。

党的十九届四中全会通过的《中共中央关于坚持和完善中国特色社会主义制度　推进国家治理体系和治理能力现代化若干重大问题的决定》指出：“完善人民调解、行政调解、司法调解联动工作体系”，“完善社会矛盾纠纷多元预防调处化解综合机制”，对构建多元调解机制提出了新要求。人民调解、行政调解、仲裁调解、社会组织调解、律师调解等，是具有中国特色的非诉讼纠纷解决方式，有利于消除纷争，促进和谐，实现社会长治久安。根据中央精神，我们要鼓励探索协商、中立评估、第三方调解等各种解纷机制，促进各类非诉讼争议解决方式蓬勃发展，为人们提供更加便捷、丰富、专业的法律服务。

建立调解员高级研修（职业培训）教材体系，是新时代进一步提升调解员专业化、职业化水平的重要举措。鉴于此，我们组织复旦大学、华东政法大学、上海政法学院等著名高校的一流专家学者，以法学专业为主，兼及社会学、心理学、管理学等专业，计划用3～5年编写一套框架合理、前瞻性、实用性强的“调解员高级研修(职业培训)丛书”。上海市司法局、上海市人民调解协会在调解领域拥有丰富的实践经验,也十分重视调解理论研究,他们对本套“调解员高级研修(职业培训)丛书”的策划、编撰、出版提供了极具建设性的指导意见和有力的经费支持,直接促成了本丛书的及早面世。

迄今全国尚无一套涉及人民调解、行政调解、社会组织调解、仲裁调解等各类调解的综合性调解员研修(职业培训)丛书,本套丛书的出版,填补了业内空白。我们相信,这套丛书将为上海、为全国的调解员专业研修、为调解工作深化发展提供启迪和帮助。

丛书编委会

2020 年 7 月

前言

2018 年 12 月 20 日，由联合国国际贸易法委员会主持起草的《联合国关于调解所产生的国际和解协议公约》(《新加坡调解公约》)经联合国大会第七十三届会议第六十二次全体会议以第 73/198 号决议形式审议通过，标志着国际社会为各国和区域经济一体化组织所提供的执行调解所产生的和解协议并允许当事人援用和解协议的跨境框架正式搭建。

2019 年 8 月 7 日，该公约在新加坡开放签署，包括中国、美国、韩国、印度、新加坡、哈萨克斯坦、伊朗、马来西亚、以色列等在内的 46 个国家和地区签署了公约。中国政府代表团出席了签署仪式，并签署公约。

2020 年 9 月 12 日，《新加坡调解公约》正式生效。截至目前，新加坡、斐济、卡塔尔、沙特阿拉伯、白俄罗斯、厄瓜多尔、洪都拉斯、土耳其和格鲁吉亚 9 个国家已核准或批准加入该公约。

作为一部旨在便利国际贸易并促进国际贸易争端解决的有效替代方法发展的重要国际文书，《新加坡调解公约》的出台和生效对于彰显多边主义价值和精神、强化国际商事争议解决领域的国际法治规则具有深远意义。《新加坡调解公约》的出台和生效标志着国际商事调解协议法律执行力的提升和国际流动性的增强，标志着国际商事调解朝着制度化发展目标迈上了实质性的台阶，实现了在国际商事争议解决领域诉讼、仲裁与调解“三驾马车”的合力驱动，开辟了国际商事纠纷解决的崭新局面。

为此，本书以《新加坡调解公约》为切入点，基于对《新加坡调解公约》的起草过程、条款内容的详细分析，系统研究了公约核心条款的基本内涵解释、条文形成过程、理论实践要点，同时阐释了《新加坡调解公约》对我国调解制度的重要影响并提出在公约生效背景下完善我国商事调解制度的若干建议。全书共分为四章,前两章主要侧重于对《新加坡调解公约》的详细解读和条文释义,包括公约的起草背景、立法状况、缔约历程、出台意义等,逐一介绍了《新加坡调解公约》各条文的基本含义、形成过程,并对公约适用范围、定义、一般原则、和解协议要求、拒绝准予救济的理由、最后条款等相关公约条款进行了评析。后两章则着重阐述《新加坡调解公约》对于中国调解制度的影响,提出中国应对公约生效的具体措施建议。

全书由华东政法大学国际法学院博士生导师王国华教授、上海海事大学法学院讲师佟尧博士负责组织编著和统稿,上海海事大学法学院博士研究生施长艳、罗雅馨、杨园硕、张磊、程浩、孙聪煜全程参与文献整理及编写工作。由于时间仓促,作者水平有限,特别是本书还大量参考、援引和翻译了国际组织文件,书中存在的诸多不足之处,望广大读者海涵并给予批评指正。

《新加坡调解公约》不仅能为国际贸易、国际投资等国际商事活动开展乃至全球经济的复苏与增长增添动力,还无疑会对公约签署国之一的中国未来商事调解机制的发展产生极大促进和推动作用。相信在不久的将来,随着公约在中国的落地,我国商事调解法律制度将开启全面的更新与完善进程,与公约相衔接的中国商事调解立法及相关配套法律法规、司法解释也有望相继出台,公平有序的商事调解市场环境逐渐形成,具备国际影响力的本土商事调解机构品牌效应获得彰显,专业化、职业化的国际商事调解人才队伍不断壮大,我国依法妥善化解国际商事争端的能力必将大幅提升。

目录

第一章　绪　论

历经 4 年谈判和激烈讨论,联合国国际贸易法委员会(UNCITRAL)主持起草的《联合国关于调解所产生的国际和解协议公约》(以下简称《新加坡调解公约》或《新加坡公约》)于 2018 年 12 月 20 日经联合国大会以大会决议形式通过,公约旨在解决国际商事调解所达成和解协议的跨境执行问题。

2019 年 8 月 7 日,公约在新加坡开放签署,67 个国家和地区的代表团参加了签署仪式,包括中国、美国、韩国、印度等在内的 46 个国家和地区作为首批缔约方签署了《新加坡调解公约》。此后,公约在联合国总部开放供各国签署。

截至 2022 年 3 月 1 日,已批准该公约的国家有白俄罗斯、厄瓜多尔、斐济、格鲁吉亚、洪都拉斯、卡塔尔、沙特阿拉伯、新加坡与土耳其,根据公约规定,公约应于第三个缔约方批准后 6 个月生效,《新加坡调解公约》已于 2020 年 9 月 12 日起正式生效。

第一节　国际商事和解协议的立法状况

在《新加坡调解公约》之前,联合国国际贸易法委员会已出台了《贸易法委员会调解规则》和《国际商事调解示范法》。它们的意义在于规范国际商事主体之间的调解程序,这两部重要文书也构成了国际调解框架的基础。而涉及国际商事和解协议的执行问题,各国的主要法律渊源多对应国内法下合同法的内容。

一、《贸易法委员会调解规则》

联合国大会是联合国主要审议、监督和审查机构,成立于 1945 年 10 月

24 日，由联合国全体 193 个会员国组成。联合国大会认识到，调解拥有通过友好途径解决国际商事纠纷的价值，并且大会相信，为具有不同法律、社会和经济制度的国家或地区制定统一适用的调解规则，也将对和谐国际经济关系的发展大有裨益。[1]

1980 年 7 月 23 日，联合国国际贸易法委员会通过了《贸易法委员会调解规则》。这份文书提供了成体系的、步骤清晰的调解程序规则，以支持国际商事活动主体以此为依据达成调解程序协议。《贸易法委员会调解规则》规定了调解程序的各个环节，除了提供示范调解条款之外，上述规则还包括了调解程序起止时间的确定、调解员的任命和作用等程序问题以及程序的一般实施方式。在一般性程序规定之外，《贸易法委员会调解规则》还规定有保密性内容以及和诉讼或其他纠纷解决机制等程序之间的衔接问题，例如调解中证据在其他程序中的可采性等，同时也对当事人在调解程序进行期间提起诉讼或仲裁的权利作出了限制。

二、《国际商事调解示范法》

贸易法委员会曾制定了旨在协调统一国际商事调解的两部重要文件：《贸易法委员会调解规则》（1980 年）和《国际商事调解示范法》（2002 年），这些文件构成了国际调解框架的基础。[2] 《贸易法委员会调解规则》是实现该领域协调统一的第一个国际步骤。在通过《国际商事调解示范法》时，委员会认可“以下总体政策，即应当促进便捷、迅速地执行和解协议”。[3] 联合国大会认识到，利用调解“优点显著，例如，减少争议导致终止商业关系的情况，便利商事当事方管理国际交易，并节省国家司法行政费用”。[4] 和解协议的执行常被认为是使调解成为解决争议的更高效手段的一个重要方面。联合国国际贸易法委员会制定的《国际商事调解示范法》属于对和解协

---

〔1〕 联合国大会：《大会正式记录，第三十五届会议，补编第 17 号》（A/35/17），第 105 段和第 106 段。

〔2〕 以《国际商事仲裁示范法》为基础立法的还有阿尔巴尼亚、比利时、加拿大（新斯科舍省和安大略省）、克罗地亚、法国、洪都拉斯、匈牙利、卢森堡、黑山、尼加拉瓜、斯洛文尼亚、瑞士、土耳其、美国（哥伦比亚特区、夏威夷州、爱达荷州、伊利诺斯州、依阿华州、内布拉斯加州、新泽西州、俄亥俄州、南达科他州、犹他州、佛蒙特州和华盛顿州）。

〔3〕 联合国国际贸易法委员会：《国际商事调解示范法指南》，第 88 段。

〔4〕 联合国大会：《2002 年 11 月 19 日第 57/18 号决议》，第 1 页。

议的效力的典型规定，它明确地承认了和解协议是具有约束力和可执行性的。[1] 这一规定引导世界各国的相关立法关注和解协议的最终执行问题，明确规定和解协议的约束力，为和解协议具有可执行性扫除了重要障碍。这部法律的性质属于示范法，是一种软法，但它体现了对调解未来发展的一种展望。在这一示范性法律制定、起草的过程中，起草委员会对于一些具体的、更为简易的执行程序也曾经提出过一些建议，但是由于具体的执行程序有赖于各国自身的实际情况，也取决于各个国家的立法技巧和实践现状，如果硬性地加入具体的简易化执行程序的规定会提高各方接受和适用这一示范性法律的门槛，而最终影响其普及，因此这些建议最终未被采纳。

三、《承认及执行外国仲裁裁决公约》

《承认及执行外国仲裁裁决公约》（以下简称《纽约公约》）的出台旨在推进国际商事仲裁的发展，并减少采取仲裁解决国际商事争议的顾虑。该公约自开放签署以来，已经有168个缔约方，是联合国国际贸易法委员会推动订立的最为成功的公约之一。[2] 《纽约公约》为国际仲裁在现今社会的广泛使用发挥了很大的作用，其成功的关键就在于该公约解决了国际商事仲裁裁决的跨境执行问题。

《新加坡调解公约》的订立与《纽约公约》有密不可分的联系。在推动国际商事调解广泛适用的过程中，各国普遍存在“让调解产生的和解协议具有执行力”的考量，这便使国际商事调解能够得到更大范围的认可。尽管《纽约公约》对《新加坡调解公约》具有十分重要的借鉴意义，例如，二者在制定背景、实际需求和内容的规定等多方面都存在许多相同点，但调解和仲裁仍属于两个不同类型的纠纷解决方式，《纽约公约》的成功并不当然预示着《新加坡调解公约》的成功，因此，在制定《新加坡调解公约》的过程中，公约制定者也充分考虑到了两个制度存在的根本性不同，并作出了一些差异化规定。

---

〔1〕《国际商事调解示范法》第14条批注4规定：“在实施用以执行和解协议的程序时，颁布国可以考虑这种程序是否可具有强制性。”

〔2〕详见 Status: Convention on the Recognition and Enforcement of Foreign Arbitral Awards (New York, 1958) (the "New York Convention"), United Nations Commission on International Trcule Law (Apr. 2, 2021) https://uncitral. un. org/en/texts/arbitration/conventions/foreign_arbitral_awards/status2。

此外,在《纽约公约》出台之前,一些对仲裁裁决的承认和执行作出规定的国际公约已经存在,但由于这些公约自身的一些限制,它们并没有在国际社会上得到更广泛的认可,这促使了《纽约公约》的推出。《新加坡调解公约》是执行国际商事调解产生的和解协议领域的第一个公约,在国际立法进程中实现了对传统纠纷解决下和解协议的合同性质局限的突破,从另一个层面来说,《新加坡调解公约》制定的重要目的在于进一步推广国际商事调解的适用,赋予和解协议以强制执行性质仅仅是推广调解适用的方式之一。

第二节 《新加坡调解公约》的起草工作背景

自 1980 年《贸易法委员会调解规则》通过以来,适用调解程序解决的商事争议数量已大大增加,越来越多的国家或地区颁布了有关调解的立法,调解机构和调解中心日益增多,专业的调解员以及相关培训的数量同样快速增加。

一、调解在国际争议解决中的作用

调解作为一种纠纷解决方式在世界范围内发挥着独到的作用。世界各地在纠纷解决的实践中越来越多地适用调解,调解也正在成为法院和政府机构在立法、司法、执法领域全方位推动的争议解决方法。在国际商事争议纠纷中,调解可以减少商事争议导致商业关系破裂的情况的发生,为商事活动主体管理、运营国际交易提供便利。对各个国家而言,这还能节省国家司法、行政成本,其优势十分显著。

2012 年世界银行集团跨境投资项目通过一份标准调查表收集了与调停/调解〔1〕有关的数据,该调查表由 100 个经济体〔2〕的仲裁、调停和调解

〔1〕 在英文中,“调解”对应的有 conciliation 和 mediation 两个用语。无论是《元照英美法词典》《布莱克法律词典》,还是《牛津法律词典》,都将这两个用语视作近义词看待,释义十分相近。如果作严格区分,调停(mediation)侧重于协助双方积极主动地自行达成和解而不直接为双方提出解决建议,调解(conciliation)则侧重于为双方提供并不断调整解决建议从而最终达成双方合意下的解决方案。在联合国国际贸易法委员会的各类文件中,一般而言,“调停”和“调停”的使用可以互换,作为同一个广泛的概念,指一人或数人组成的小组协助当事各方努力就其争议达成友好解决的程序。

〔2〕 接受调查的这 100 个经济体由遍布全球的各个国家和地区组成,被分成了“东亚和太平

专家无偿填写,这些专家包括律师、法律专业人员、仲裁员、仲裁和调停机构成员以及政府监管人员。在数据中可以得知,至2012年,在接受调查的100个经济体中已有46个经济体表示已颁布庭外调停/调解的法律,64个经济体对已启动法院程序的商事争议中将案件交付调停或调解作出规定,约80个经济体表示其主要仲裁机构也提供调停/调解服务。该数据在证明了调解制度的广泛适用的同时,也显示了不同地区调解程序规范化进度不一。

二、调解解决国际商事纠纷的困境

(一)执行调解程序达成的和解协议的程序烦琐

阻碍调解在争议解决中被更广泛选择的一大问题,就是调解达成的和解协议在执行上不够便捷。在国际调解院(International mediation Institute,IMI)的“关于国际调解和执行机制的报告”中,问题“当事人不试图通过调解解决其商业跨境纠纷的原因是什么?”下,选择最多的选项是“当事方不了解调解”,排名第二的选择则是“没有普遍的机制来执行和解协议”。[1]与有国际公约或国内法赋予强制执行力的、有确定解决办法的仲裁裁决不同,调解并不保证当事人在每个诉求上都能达成一致意见,最终产生的和解协议也通常仅具有合同效力,即在和解协议中承担义务的当事人在之后仍不履行义务,由此仍需要对方当事人通过诉讼或仲裁的方式使协议获得执行。而在合同的执行问题上,各个国家和地区一般适用各司法辖区的国内法而非国际公约或规则,这与国际商事纠纷解决所需的时效性和国际性要求相冲突。

(二)《纽约公约》对于仲裁调解的不适用

一方面,以当事人在仲裁前达成的和解协议为基础的仲裁裁决不被认可。

在实践中存在通过仲裁制度将调解协议转化为“合意裁决”的情形,但

洋(11个经济体)”“东欧和中亚(21个经济体)”“拉丁美洲和加勒比(15个经济体)”“中东和北非(8个经济体)”“经合组织高收入经济体(17个经济体)”“南亚(6个经济体)”“撒哈拉以南非洲(12个经济体)”几个区域。各经济体详细数据公布于世界银行网站的国际金融公司跨境投资项目,网站地址 http://iab. worldbank. org/data/fdi – 2012 – data。

〔1〕 本次调查被调查者是来自全球24个国家共23个行业的103位用户。本问题另外两个选项为“当事人在调解方面有过不好的经验”“当事人在仲裁方面有过不好的经验”。

是“合意裁决”往往不被视为一份可以适用《纽约公约》的合格仲裁裁决。因而,要使这份调解协议最终通过适用《纽约公约》予以跨境执行并不是那么容易。

在 Castro v. Tri Marine Fish Co. , LLC 案[1]中,船员 Michael D. Castro 在甲板上工作时膝盖受伤,在双方根据雇佣合同中的仲裁条款进行仲裁时, Castro 和 Tri Marine Fish Co. , LLC 自行达成了和解协议。Castro 和 Tri Marine Fish Co. ,LLC 将该和解协议提交给了菲律宾的海事仲裁员,在向 Castro 进行了确认后,该仲裁员制作了一份裁决。这份裁决显示,仲裁员认为案涉和解协议的签署及其内容“基于双方自愿,不违背法律、道德、良好习惯和公共政策”,并表示“当事人之间的纠纷已解决”。在发现自己需要更多手术之后,船员 Castro 在州法院又起诉了 Tri Marine Fish Co. , LLC,向其追讨更多费用。Tri Marine Fish Co. , LLC 则请求法院根据《纽约公约》的规定,确认该和解协议为适用《纽约公约》的外国仲裁裁决,从而在确认和解协议有效的基础上驳回 Castro 的诉讼请求。美国华盛顿西区地方法院最终支持了被告的意见,确认了该和解协议的效力并驳回了原告的诉请。Castro 随即提出了上诉。最终,美国联邦第九巡回上诉法院明确表示仲裁庭依据双方达成的和解协议所作的仲裁裁决不属于《纽约公约》下的“外国仲裁裁决”,故拒绝承认该裁决效力并撤销确认该裁决的全部判决,包括认定海员放弃索赔权利有效的判决意见。

如同上述案件中的法官意见,在已存在和解协议的情形下,由于双方当事人已达成和解,不再存在争议,再适用目标为争议解决的仲裁程序是不恰当的,所以根据仲裁调解程序产生的和解协议所作出的仲裁裁决不符合《纽约公约》的规定,不能再适用《纽约公约》进行跨境执行。

另一方面,仲裁调解可能被视为仲裁不公正的表现。

在仲裁程序中进行调解,调解员一般由仲裁员担任。这其中存在两个问题:一是同一个人既担任仲裁员又担任调解员是否会违背自然正义,二是仲裁调解是否影响仲裁的“公正、独立”的要求、是否违反“程序正义”原则,它们都直接导致了仲裁调解后(无论在仲裁程序中达成和解协议与否),执行仲裁庭作出的仲裁协议时的许多波折。

Gao Haiyan & Xie Heping v. Keeneye Holdings Ltd. & New Purple Golden

---

[1] Castro v. Tri Marine Fish Co. , LLC, 921 F. 3d 766 (9th Cir. , 2019).

Resources Development Ltd. 案[1]在执行仲裁裁决的过程中就经历了两次改判,最终由我国香港特区高等法院上诉法庭作出判决。本案中,上诉人同为一家我国香港特区公司的股东,其与被上诉人达成了股份转让协议及补充协议,约定转让公司的全部股份给被上诉人,协议中约定了内容为“争议提交西安仲裁委解决”的有效仲裁条款。后双方就股份转让协议的有效性产生争议,被上诉人向西安仲裁委申请仲裁,请求确认协议有效,上诉人则提起了确认协议无效的反请求。西安仲裁委受理了该案并组成仲裁庭进行审理,其中首席仲裁员是 Jiang Ping,上诉人指定的仲裁员为 Zhou Jian,被上诉人指定的仲裁员为 Liu Chuntian。在第一次开庭后,仲裁庭决定建议当事人通过和解解决争议,并且提出了由本案被上诉人向上诉人支付 2.5 亿元人民币以解决所有纠纷的解决方案。随后仲裁庭委托 Pan Junxin(西安仲裁委秘书长)和 Zhou Jian(上述上诉人指定的仲裁员)就此方案与双方当事人联系,以作为调解员促进和解协议的达成。在一次于西安香格里拉大酒店举办的晚宴中,Zhou Jian 和Pan Junxin 要求与被上诉人有联系的案外人 Zeng Wei 说服被上诉人接受该和解方案,但被上诉人并未接受,上诉人也明确表示不接受该解决方案。之后,仲裁庭于 2010 年 5 月 31 日进行了第二次开庭,并作出了确认股份转让协议无效的仲裁裁决。本案上诉人于 2010 年 6 月向我国香港特区原讼法院提出申请,要求我国香港特区法院执行上述仲裁裁决,同年 8 月 2 日,我国香港特区原讼法院作出了执行西安仲裁委仲裁裁决的决定。被上诉人不服,将案件起诉至我国香港特区高等法院,要求撤销我国香港特区原讼法院的执行决定。我国香港特区高等法院一审法庭认为本案中的调解过程会使公正第三方对程序是否正当存疑,并作出了拒绝执行仲裁裁决的判决。本案上诉人对高等法院的判决不服,因此提起了上诉。我国香港特区高等法院上诉法庭则认为,虽然仲裁庭的调解行为中存在可能会产生偏见的做法,但并没有切实的证据证明仲裁程序中确实存在偏见,因此最终判决支持上诉人的上诉请求,执行西安仲裁委作出的仲裁裁决。

该案件因执行裁决与否的问题历经了一波三折的诉讼程序,耗费了一年半的时间确认是否应执行仲裁裁决。此外,无论是各仲裁机构制定的仲裁规则还是有关仲裁的国际公约或规则,都没有对仲裁中的调解程序作出

[1] Gao Haiyan & Xie Heping v. Keeneye Holdings Ltd. & New Purple Golden Resources Development Ltd., [2012] 1 HKLRD 627.

较为详细、具体的规定。这很大概率导致仲裁调解程序后的仲裁裁决效力受到影响,从而使得仲裁裁决在执行上产生障碍。这种烦琐波折的执行过程对于重视效率的商事活动主体而言,耗费的成本过高,且最终结果的不确定性过强,这使商事主体对进行仲裁调解程序敬谢不敏。

第三节 《新加坡调解公约》起草工作的启动与准备过程

一、《新加坡调解公约》起草工作的启动

2014 年 7 月,在联合国国际贸易法委员会的会议上,美国建议联合国国际贸易法委员会拟订一项关于国际商事争议的调解达成的调解协议的执行制度的可执行性公约。[1] 美国提交的报告提出,比起仲裁裁决,通过调解达成的和解协议的执行难度更大。调解无法被广泛应用,其原因一方面在于和解协议本身不具备强制执行力,同意和解的当事人在达成和解协议后可能不会履行,另一方面也在于这种情况下要依据各国制定的合同法主张权利十分烦琐。美国同时认为,在决定是否去进行调解时,当事人可能需要更大的确定性,例如,达成和解后的执行需要是切实有效的,并且仅耗费较低的成本。在工作建议中,美国还认为如果和解协议具有跨境可执行性,则跨境争议和解的终局性也将提高,当事人在其他法域提起重复诉讼的可能性也将减少。所以,美国支持联合国国际贸易法委员会提出"应当促进和解协议的简易快速执行的一般性政策",[2] 提议第二工作组拟订一部"关于调解达成的国际商事和解协议的可执行性的多边公约",以便实现"与《纽约公约》促进更多地使用仲裁同样的方式去鼓励使用调解"之目标,同时其也对公约的适用范围和适用方式作出了建议。

联合国国际贸易法委员会在经过会议讨论后也认为,虽然一般而言通过调解达成的和解协议已经如同当事方之间达成的合同一样可以执行,但在合同法框架下实现跨境执行存在诸多困难,不利于商业当事人将矛盾诉

---

〔1〕 参见《联合国国际贸易法委员会第四十七届会议报告》(2014 年 7 月 7 日至 18 日)(A/69/17),第 3 页。

〔2〕 参见《第四十七届会议 美利坚合众国政府的提议:第二工作组今后的工作 秘书处说明》(2014 年 7 月 7 日至 18 日)(A/CN.9/822),第 3 页。

诸调解。

最终在第四十七届会议上，联合国国际贸易法委员会决定，第二工作组应当在工作组第六十二届会议上审议国际商事调解程序所产生和解协议的执行问题，并应当在委员会于2015年召开的第四十八届会议上报告在该领域开展工作的可行性和可能采取的形式。[1] 由此，联合国国际贸易法委员会第二工作组起草针对国际商事和解协议执行问题的公约的工作正式启动。

二、《新加坡调解公约》起草工作的准备过程

在联合国国际贸易法委员会第四十七届会议之后，第二工作组便着手进行国际商事和解协议执行问题的调查研究。

工作组首先总结了联合国国际贸易法委员会第四十七届会议的与会者们对于“拟订一部调解达成国际商事和解协议可执行性多边公约”的讨论，将与会者们对该议题可行性的质疑加以记录。[2] 在会议上，与会者提出的问题包括：(a)拟订的新的执行制度是不是任意选择使用的；(b)《纽约公约》是否为解决有关调解协议执行问题的适当模式；(c)以正式方式处理和解协议的执行问题，是否事实上会削弱调解产生的和解协议的价值；(d)调解所产生的复杂和解协议是否适合在一项此种拟议条约的框架下执行；(e)如果能够以其他方式将调解达成的和解协议转换成具有约束力的裁决，是否就不需要拟订这样的条约；(f)在调解领域建立一种类似于《纽约公约》的制度会产生什么法律影响。工作组进一步回顾了过去在草拟《国际商事调解示范法》的会议上关于“和解协议的执行”的问题讨论，就彼时对该问题的各类立法设想进行了说明与分析。

2014年8月，第二工作组秘书处向各方分发了一份关于执行调解所产生国际和解协议立法框架的调查表，该调查表意在收集各方关于处理和解协议执行问题的立法状况，包括对是否已设立简易程序、和解协议可否视为合意条款下的仲裁裁决来对待、拒绝执行和解协议的理由以及和解协议有

---

〔1〕 参见《联合国国际贸易法委员会第四十七届会议报告》(2014年7月7日至18日)(A/69/17)，第21页。

〔2〕 参见《第六十二届会议 解决商事争议：国际商事调解/调停所产生和解协议的可执行性秘书处说明》(2015年2月2日至6日)(A/CN.9/WG.Ⅱ/WP.187，第3段)。

效的标准等。

在总结各方问题与关切后，在工作组第六十二届会议上，第二工作组普遍认为可以通过开展“拟订涉及和解协议的可执行性的公约”这一课题，进一步推动多元化纠纷解决机制的发展。[1] 因此，在联合国国际贸易法委员会第四十八届会议上，第二工作组建议委员会授权工作组就“执行和解协议”这一课题开展工作，确定相关问题，并提出可能的解决办法，包括拟订一项公约、示范条文或指导意见等。考虑到对工作形式和内容以及对任何特定文书的可行性不同看法，工作组还建议赋予工作组关于这一课题的广泛授权，使之能够考虑各方关心的重要问题。[2] 经过讨论，委员会一致认为，第二工作组应当在其第六十三届会议启动关于和解协议执行问题的工作，以确定相关问题并提出可能的解决办法，包括可能拟订一部公约、示范条文或指导意见。[3] 委员会还一致认为，在上述任务中，第二工作组所能获得的授权应当是广泛的，以便其在完成任务工作时能考虑到各方面所关注的焦点问题。

在第六十三届会议上，第二工作组就文书可能采用的形式进行了初步讨论，并说明分析了文书采取公约、示范立法条文或指导意见案文等形式所可能导致的情形。在讨论中，绝大多数代表团的意见认为，一些问题尚需进一步审议，然后才能就文书的最后形式作出决定。[4] 尽管如此，一些代表团表示倾向于拟订一项公约，因为公约能够更高效地对调解方法的促进和统一起到推动作用。

在第二工作组第六十五届会议上，第二工作组秘书处根据工作组第六十四届会议的请求，对工作组迄今所审议的问题进行了说明概述，提交了拟

---

〔1〕 参见《联合国国际贸易法委员会第二工作组（仲裁和调解）第六十二届会议工作报告》（2015 年 2 月 2 日至 6 日）（A/CN.9/832，第 58 段）。

〔2〕 参见《联合国国际贸易法委员会第二工作组（仲裁和调解）第六十二届会议工作报告》（2015 年 2 月 2 日至 6 日）（A/CN.9/832，第 59 段）。

〔3〕 参见《第六十三届会议　解决商事争议：国际商事调解/调停所产生和解协议的可执行性的秘书处说明》（2015 年 9 月 7 日至 11 日）（A/CN.9/WG.Ⅱ/WP.190，第 7 段）。

〔4〕 参见《联合国国际贸易法委员会第二工作组（仲裁和调解）第六十三届会议工作报告》（2015 年 9 月 7 日至 11 日）（A/CN.9/WG.Ⅱ/861，第 108 段）。

列入一部关于调解所产生和解协议的执行的可能文书[1]的条文草案。该份草案便是《新加坡调解公约》的第一份条文草案。在第二工作组经过第六十五届、第六十六届、第六十七届、第六十八届共四届工作会议的条文审议和修改过后,联合国国际贸易法委会将公约草案提交至第七十三届联合国大会审议,并最终于2018年12月20日由大会决议通过。

三、支撑跨境执行的国际公约

如前所述,《新加坡调解公约》是为解决国际商事调解达成的和解协议的执行问题而制定的国际公约,因此在拟制草案的工作进程中,与跨境执行有关的其他国际公约或规则也能够对《新加坡调解公约》进行法律支持或提供立法借鉴。

(一)《海牙协议选择法院公约》

2005年6月30日,海牙国际私法会议通过了《海牙协议选择法院公约》,该公约旨在解决国际民商事管辖权与判决承认与执行的问题,以确保国际商业交易各方之间的法院选择协议(也称为"法院选择条款")的有效性,为从事跨境活动的企业提供了更大的确定性,创造更适合国际贸易和投资的法律环境。在此之前,在管辖权规则和判决承认与执行领域取得实际成果的有:欧洲国家间的1968年《布鲁塞尔公约》、1988年《卢加诺公约》以及1979年美洲国家间的《美洲国家间关于外国判决和仲裁裁决的域外有效性公约》。但这些公约仅为区域性公约,这一领域内尚无全球性公约。[2]

《海牙协议选择法院公约》第8条至第10条涉及判决的承认与执行,这是构成《海牙协议选择法院公约》的重要部分。依据规定,承认与执行仅得

[1] 彼时,第二工作组未对该部关于调解所产生和解协议的执行的条文草案形成确定的文书形式。在秘书处说明中指出,条文草案的拟订不影响文书的最后形式,但是暂时假定文书将成为自成一体的法案(公约或示范法)。同时秘书处指出,如果决定将该条文草案补充进《国际商事调解示范法》,则需对条文草案作相应调整;同样,如果决定侧重于拟订指导意见案文,则该条文草案可以视为可能的范例,需要对整个起草风格作出相应调整。

[2] 叶斌:《2005年海牙〈协议选择法院公约〉研究》,武汉大学2009年博士学位论文,第1页。

以公约指定的理由而予以拒绝。[1] 公约规定了例外情形，并将拒绝承认与执行的理由通过列举式立法限制在公约可以控制的范围内。在公约规定之下，除去所明文列举的理由之外，缔约方法院不得以其任何他理由拒绝承认与执行判决，这能够确保判决可以最大限度地得到缔约方的认可。

2005 年《海牙协议选择法院公约》适用于民商事领域订有排他性法院选择协议的国际案件，其规定的判决的承认与执行规则加强了判决效力的可预见性。依据《海牙协议选择法院公约》中"承认与执行"的有关规定，被选法院作出判决之后，非被选法院只得以公约规定的理由拒绝承认以执行被选法院作出的判决，不得对判决的实体问题进行审查。其中，《海牙协议选择法院公约》还规定公约中承认与执行的对象是判决和和解协议，明确临时保全措施不是判决。然而，公约没有对判决被拒绝承认与执行之后所能采取的救济措施进行规定，意味着这些问题仍要由各国国内立法加以解决。

（二）《海牙承认和执行外国民商事判决公约》

《海牙承认和执行外国民商事判决公约》于 2019 年 7 月 2 日在海牙国际私法会议第 22 届外交大会上进行了文本的签署确认。该公约的立法于 2012 年重启，并于 2016 年形成了本次签署确认的《海牙承认和执行外国民商事判决公约》的第一份草案。

《海牙承认和执行外国民商事判决公约》有关内容的谈判历经波折，有评价称其为"海牙会议历经近 30 年艰苦谈判的成果"[2]。涉及该公约内容的工作最早可以追溯至 1971 年，当时海牙国际私法会议通过了一份《国际民商事案件中外国判决的承认和执行公约》，但该公约生效之后仅有极少数国家批准了该公约，导致公约没有生效，实际发挥的作用更是微乎其微。1999 年，海牙国际私法会议尝试草拟了《民商事管辖以及外国判决公约》的临时草案，并于 2001 年产生了替代 1999 年临时草案的"初步案文"，但由于各方未对绝大多数条款达成共识，条文内容更是复杂，各方之间存在很大的

---

〔1〕《协议选择法院公约》第 8 条规定："一、排他性选择法院协议指定的缔约方法院作出的判决，应当根据本章规定在其他缔约方得到承认和执行。承认或者执行仅可根据本公约规定的理由拒绝。……"第 9 条则列举了可以拒绝承认和执行的 7 项情形。

〔2〕孙笑非、吴琼：《〈承认与执行外国民商事判决公约〉评介与展望》，载《国际法学刊》2019 年第 1 期。

分歧，谈判工作因而停滞。2012年，海牙国际私法会议决定重启有关于国际民商事案件外国判决的承认与执行的项目，最终又经过了4年左右的时间形成了一份新的草案，并在2016年至2018年召开了4次特别委员会会议，不断根据各方意见修订内容，以持续推动《海牙承认和执行外国民商事判决公约》的通过。直至2019年7月2日，海牙国际私法会议的外交大会上，来自70多个国家和国际组织的400余名代表出席大会，最终协商一致通过公约。

《海牙承认和执行外国民商事判决公约》主要包括公约的宗旨、目的以及承认与执行外国民商事判决的适用范围、管辖基础、灵活机制等内容，确立了承认与执行外国民商事判决的基本原则、规则与程序，将原本具有强烈主权性质和地域特征的法院判决通过国际合作的方式赋予了国际流动性，增强了法院判决在全球领域内的可预期性和确定性。[1] 与《海牙协议选择法院公约》相同，《海牙承认和执行外国民商事判决公约》规定，在诉讼过程中达成的和解协议或经过法院批准的和解协议具有与判决同等的法律效力，同样属于公约承认与执行的对象。

〔1〕 宋建立：《〈承认与执行外国民商事判决公约〉及对我国的影响》，载《人民司法》2020年第1期。

第二章 《新加坡调解公约》的条文解读

第一节 适用范围

表 2.1 第 1 条 适用范围

Article 1 Scope of application

中文	1. 本公约适用于调解所产生的、当事人为解决商事争议而以书面形式订立的协议（“和解协议”），该协议在订立时由于以下原因之一而具有国际性：(a) 和解协议至少有两方当事人在不同国家设有营业地；或者 (b) 和解协议各方当事人设有营业地的国家不是：（一）和解协议所规定的相当一部分义务履行地所在国；或者（二）与和解协议所涉事项关系最密切的国家。 2. 本公约不适用于以下和解协议：(a) 为解决其中一方当事人（消费者）为个人、家庭或者家居目的进行交易所产生的争议而订立的协议；(b) 与家庭法、继承法或者就业法有关的协议 3. 本公约不适用于：(a) 以下和解协议：（一）经由法院批准或者系在法院相关程序过程中订立的协议；和（二）可在该法院所在国作为判决执行的协议；(b) 已记录在案并可作为仲裁裁决执行的协议。
英文	1. This Convention applies to an agreement resulting from mediation and concluded in writing by parties to resolve a commercial dispute “settlement agreement” which, at the time of its conclusion, is international in that: (a) At least two parties to the settlement agreement have their places of business in different States; or (b) The State in which the parties to thesettlement agreement have their places of business is different from either: (i) The State in which a substantial part of the obligations under the settlement agreement is performed; or (ii) The State with which the subject matter of the settlement agreement is most closely connected. 2. This Convention does not apply to settlement agreements: (a) Concluded to resolve a dispute arising from transactions engaged in by one of the parties (a consumer) for personal, family or household purposes; (b) Relating to family,

续表

	inheritance or employment law. 3. This Convention does not apply to:(a) Settlement agreements;(i) That have been approved by a court or concluded in the course of proceedings before a court; and(ii) That are enforceable as a judgment in the State of that court; (b) Settlement agreements that have been recorded and are enforceable as an arbitral award.

一、适用要件

(一)基本解释

本条规定了公约适用的协议范围。公约适用的协议须满足以下要件:1. 订立原因:因调解而订立;2. 订立目的:为解决商事争议而订立;3. 订立形式:以书面形式而订立;4. 协议性质:具有国际性。

(二)形成过程

在第六十三届至第六十八届会议上,工作组开展了《关于调解所产生的国际和解协议的执行的国际文书》的拟订工作。在第六十三届会议上,工作组对关于和解协议可执行性的基本问题进行了一系列初步审议,但尚未涉及"适用范围"。工作组第六十四届会议上,工作组拟定了个别条款的草案,形成了公约的草案初稿,但公约草案初稿中并不涉及"适用范围"条款。关于公约的适用范围,[1]与会者普遍认为,文书的目的应限于"国际"和解协议,文书应就确定和解协议是否属于文书范围提供明确而简单的标准,会议进一步指出,主观因素不应构成此类标准的基础。工作组第六十五届会议至第六十八届会议对"适用范围"条款进行了拟定和修改,具体如下:

工作组第六十五届会议在公约草案初稿的基础上增加拟定了"适用范围"的条文草案:"Draft provision 1(Scope of application):The [instrument] applies to the [recognition] and enforcement of international commercial settlement agreements resulting from conciliation.""条文草案1(适用范围):本[文书]适用于调解所产生国际商事和解协议的[承认]和执行。"[2]会议

[1] 工作组第六十四届会议工作报告(A/CN.9/867,第94段)。

[2] 工作组第六十五届会议秘书处的说明(A/CN.9/WG.Ⅱ/WP.198,第4段)。

普遍一致认为,条文1草案就确定一项和解协议是否属于文书提供了明确、简单的标准,没有必要进一步阐明属地适用范围。会议后面阶段审议了条文1草案是否与规定对于承认和执行的实质性义务的条文6草案重叠,“和解协议”的范围是否宽泛到足以涵盖不同法域中此种协议的各种形式,是否应当略去“承认”概念。

工作组第六十六届会议根据审议结果,对“适用范围”条文草案第一款进行了修改:“Draft provision 1 (Scope of application): The [instrument] applies to the legal effect between the parties, and to the enforcement, of international agreements resulting from conciliation and concluded in writing by parties to resolve a commercial dispute ['settlement agreement(s)']. ”“条文1草案(适用范围):1. 本[文书]适用于调解所产生的、当事人为解决商事争议而以书面形式订立的国际协议('和解协议')在当事人之间的法律效力和执行。”[1]本条对第六十五届会议条文草案中规定的适用范围所做的修改具体如下:首先将和解协议的“承认和执行”改为适用于和解协议“在当事人之间的法律效力和执行”,其次加入了“以书面形式订立”的要求。[2] 关于条文1(1)草案中的拟议措辞,工作组对“在当事人之间的法律效力”这一措辞的含义提出关切,因为其含义不清,包括,这一措辞是指实体法法律效力还是程序法法律效力。会议对条文1(1)草案中的“和解协议的法律效力”的问题提出了折中建议。

工作组第六十七届会议对工作组第六十六届会议中得到支持的折中意见进行了进一步商定,认为折中意见中所商定的案文应当予以保持,只作最低限修改,以澄清这些案文的含义:“Draft provision 1 (Scope of application): 1. This [instrument] applies to international agreements resulting from conciliation and concluded in writing by parties to resolve a commercial dispute ['settlement agreement(s)']. ”“第1条(适用范围):1. 本[文书]适用于调解所产生的、当事人为解决商事争议而以书面形式订立的国际协议('和解协议')。”[3]本条删去了“在当事人之间的法律效力和执行”的表述,不再强

[1] 工作组第六十六届会议秘书处的说明(A/CN. 9/WG. Ⅱ/WP. 200,第15段)。
[2] 工作组第六十六届会议工作报告(A/CN. 9/901,第19段)。
[3] 工作组第六十七届会议秘书处的说明(A/CN. 9/WG. Ⅱ/WP. 202,第4段)。

调公约适用于和解协议的“法律效力和执行”。[1] 虽然会上提出在条文1(1)草案中提及“执行”,但普遍认为这一条文反映了折中意见,应当保持不变,因为文书涉及的不仅是和解协议的执行,加入“执行”一词可能会引起误导。在此修改前提下,工作组核准了条文1第1款的草案。

工作组第六十八届会议中,工作组认可了公约草案第1条第1款:“Draft provision 1 (Scope of application): 1. This [instrument] applies to international agreements resulting from conciliation and concluded in writing by parties to resolve a commercial dispute[‘settlement agreement(s)’].”“第1条(适用范围):1. 本[文书]适用于调解所产生的、当事人为解决商事争议而以书面形式订立的国际协议(‘和解协议’)。”[2] 并且,工作组会上提出,公约草案第1条第1款中使用“国际协议”一词可能引起混乱,[3] 因为这一表述通常指在国际法下国家(或其他国际组织之间)缔结的具有一定约束力的契约性文件。根据公约草案应避免使用“国际协议”一词的共识,会上提议将公约草案第1条第1款与第3条第1款合并成单独一款,“协议”一词之前不提及“国际”。这项建议得到了支持。经过讨论,工作组决定对公约草案第1条第1款修改如下:“This Convention applies to agreements resulting from mediation and concluded in writing by parties to resolve a commercial dispute (‘settlement agreements’) which, at the time of the conclusion of that agreement: (a) at least two parties to the settlement agreement have their places of business in different States; or (b) the State in which the parties to the settlement agreement have their places of business is different from either: (i) the State in which a substantial part of the obligations under the settlement agreement is performed; or (ii) the State with which the subject matter of the settlement agreement is most closely connected.”“本公约适用于与调解所产生的、当事人为解决商事争议而以书面形式订立的协议(‘和解协议’),条件是,在订立该协议时,(a)和解协议至少有两方当事人在不同国家设有营业地;或者(b)和解协议各方当事人设有营业地的国家不是:1. 和解协议所规定的大部分义务履行地所在国;2. 与和解协议所涉事项关系最密切的国

[1] 工作组第六十七届会议工作报告(A/CN. 9/929,第14段)。

[2] 工作组第六十八届会议秘书处的说明增编(A/CN,9/WG. Ⅱ/WP. 205/Add. 1)。

[3] 工作组第六十八届会议工作报告(A/CN. 9/934,第17-21段)。

家。”但是,会上对于使用哪些术语提及第1条第1款之下,特别是公约草案标题中的和解协议提出了问题。此外,会议还表达了这样的关切,即第1条第1款与第3条第1款合并可能导致结构上的瑕疵,因为其结果是将一项关于适用范围的条款与规定了术语“国际”定义的条款合并在一起。在进一步审议所提出的修改意见之后,工作组成员普遍支持合并公约草案第1条第1款和第3条第1款。另一方面,鉴于倾向于在公约草案标题中包括“国际和解协议”,会议提出,第1条第1款应以某种方式提及“国际”和解协议,例如,在开头语中加入“由于以下原因而具有国际性”字样,或者在该款结尾处加入以下短语:“(以下称‘国际和解协议’)”。关于后一种写法,会议指出,应当将谨慎态度,因为公约草案的其余部分只提及“和解协议”。总体上看,会上普遍支持在第1条第1款中加入“国际”一词,并请秘书处拟订一个草案供委员会审议。在作出这一修改的前提下,工作组核准了上文第18段所反映的公约草案第1条第1款的实质内容。

最终公约草案案文对于第一条适用范围第一款进行了如下规定:“1. This Convention applies to an agreement resulting from mediation and concluded in writing by parties to resolve a commercial dispute (‘settlement agreement’) which, at the time of its conclusion, is international in that: (a) At least two parties to the settlement agreement have their places of business in different States; or (b) The State in which the parties to the settlement agreement have their places of business is different from either: (i) The State in which a substantial part of the obligations under the settlement agreement is performed; or (ii) The State with which the subject matter of the settlement agreement is most closely connected.”“1. 本公约适用于调解所产生的、当事人为解决商事争议而以书面形式订立的协议(‘和解协议’),该协议在订立时由于以下原因而具有国际性:(a)和解协议至少有两方当事人在不同国家设有营业地;或者(b)和解协议各方当事人设有营业地的国家不是:1. 和解协议所规定的大部分义务履行地所在国;或者2. 与和解协议所涉事项关系最密切的国家。”[1]本款反映了工作组商定的在“国际协议”的表述方面作出的修改,为避免提及“国际协议”,将“国际协议”的表述修改为了“协议在订立时具有

〔1〕 国际商事调解:调解所产生的国际和解协议公约草案秘书处的说明(A/CN. 9/942,第4段)。

国际性”,并列出了具有国际性的原因。

(三)要点分析

1. 公约适用于“和解协议”

在工作组第六十五届会议上,工作组对“以通用术语提及文书所涵盖的和解协议”的问题进行了审议,会上提议使用“所涵盖的和解协议”未获支持。[1] 经过讨论,工作组商定,在需进一步审议文书形式的前提下,条文1草案应当引入一个通用术语“和解协议”,所指的是“商事争议当事人订立的书面协议,该协议通过国际调解产生,以解决全部或部分争议”。据此,会上提议或可按下述写法拟订条文1草案:“(1) The [instrument] applies to an agreement in writing that is concluded by parties to a commercial dispute, that results from international conciliation and resolves all or part of the dispute (‘settlement agreement’). (2) A settlement agreement shall be enforced in accordance with the rules of procedure of [this State] [the State where enforcement is sought] and shall be given effect in defense against any claim to the same extent as in enforcement proceedings.”“(1)[文书]适用于商事争议当事人订立的书面协议,该协议通过调解产生,解决全部或部分争议(‘和解协议’)。(2)和解协议应按照[本国][寻求执行所在国]的程序规则加以执行,并应在针对任何请求的抗辩中被赋予与执行程序中的效力相同的效力。”就此,第1款引入了通用术语“和解协议”。[2]

本公约适用于“和解协议”,但不具体限定在适用于和解协议的“承认和执行”或者“在当事人之间的法律效力和执行”。工作组第六十五届会议拟订的公约草案二稿的“适用范围”条款引入了“承认”的概念,在会议的后阶段,工作组就是否应当略去“承认”概念这一问题进行了审议。[3] 会议上普遍认为文书的案文没有必要提及“承认”,其原因有二:一是因为和解协议实际上并不具有定案效力,而一旦在文书中就此承认作出规定,就有可能在某些法域中使其具有此种定案效力或排除效力;二是因为承认通常指赋予产生于另一国的公共行为(如法院决定)而不是当事人之间的私人协议以法律

〔1〕 工作组第六十五届会议工作报告(A/CN.9/896,第146段)。

〔2〕 工作组第六十四届会议工作报告(A/CN.9/867,第152段)。

〔3〕 工作组第六十五届会议工作报告(A/CN.9/896,第78段)。

效力。关于在文书中使用“承认”一词，也有建议提出在文书中保留该词，因为它将与包括《纽约公约》第3条[1]在内的现有文书保持一致，而且其范围比“有约束力”一词更广。经过讨论，工作组最终决定对“承认”一词提出一种不同的写法。工作组第六十六届会议的公约草案三稿中以“在当事人之间的法律效力和执行”替代了“承认”。会议中对“在当事人之间的法律效力”这一措辞的含义提出了关切，因为其含义不清，其中包括，这一措辞是指实体法法律效力还是程序法法律效力，后针对此问题提出了折中建议：“条文1(1)草案：本文书适用于调解所产生的、当事人为解决商事争议而以书面形式订立的国际协议（‘和解协议’）”，删去了“法律效力”的概念。在工作组六十七届会议上核准了条文1(1)草案，会议虽然提及“执行”一词，但是因为文书涉及的不仅是和解协议的执行，加入“执行”一词可能引起误导，所以在讨论后依然保持不变。

2. 公约仅适用于“调解所产生的”和解协议

公约明确规定了适用于“调解所产生的”和解协议（agreement resulting from mediation）。工作组在第六十三届会议中审议了公约是否应当仅适用于通过调解产生的和解协议。[2] 关于其适用范围仅限于调解所产生的和解协议，会议对此表示了广泛的支持，其原因有四点：(1)符合赋予工作组的任务授权，并且与委员会所审议的建议是一致的；(2)促进将调解作为一种有效的争议解决手段；(3)为执行程序带来确定性，因为执行程序将在普通合同之前优先考虑和解协议；(4)避免节外生枝，在和解协议是否属于文书范围的问题上产生争议。工作组第六十四届会议也审议了其他可能的合规性要求，其中包括要求调解员参与调解过程以及和解协议应当产生于调解。

《新加坡调解公约》在第2条第3款中对“调解”一词作出了如下定义：“‘调解’不论使用何种称谓或者进行过程以何为依据，指由一名或者几名第三人（‘调解员’）协助，在其无权对争议当事人强加解决办法的情况下，当事人设法友好解决其争议的过程。”[3] 从此定义可以看出，公约所适用的和解

---

[1] 《纽约公约》第3条规定：“各缔约方应承认仲裁裁决具有拘束力，并依援引裁决地之程序规则及下列各条所载条件执行之。承认或执行适用本公约之仲裁裁决时，不得较承认或执行内国仲裁裁决附加过苛之条件或征收过多之费用。”

[2] 工作组第六十三届会议工作报告（A/CN. 9/861，第19段）。

[3] 《联合国关于调解所产生的国际和解协议公约》第2条第3款。

协议必须通过第三方的介入而达成，并且在其接入的过程中并不具有决定权，仅仅只是提供专业领域的协助。因此，调解的整个过程强调了当事人的自觉自愿性，当事人对整个程序的进展有着很大的控制度，包括最终和解协议的达成。

3. 公约仅适用于"以书面形式订立的"和解协议

《新加坡调解公约》不认可以口头形式订立的和解协议，和解协议必须是以书面形式订立的。[1] 工作组第六十三届会议上提出了根据文书设想的制度，和解协议应当是书面形式的才能够加以执行。工作组回顾其关于仲裁协议书面要求的工作，参考关于《仲裁示范法》第 7 条第 2 款[2]以及《纽约公约》(2006 年)第 2 条第 2 款[3]的解释的建议，工作组一致认为，任何书面要求都需要以灵活方式确定，其应反映当前做法，包括使用被认为等同的其他手段。《新加坡调解公约》第 2 条第 2 款规定："和解协议的内容以任何形式记录下来即为'书面形式'。电子通信所含信息可调取以备日后查用的，该电子通信即满足了和解协议的书面形式要求。"[4] 和解协议虽然规定必须要是书面形式的，但对书面形式的整体要求很灵活广泛，以任何形式记录下来的都可以被认定为书面形式，包括可以日后调取查用的电子通信，这满足了当今电子信息技术发达并普遍使用的状况。

4. 公约适用的和解协议必须具有国际性

公约不适用于纯国内的和解协议，仅适用于具有国际性的和解协议，并且对"国际性"的形成时机也作出了要求：适用公约的商事和解协议必须是在订立时就具有"国际性"。但本条避免提及"国际协议"，因为这一表述往往指国家之间或者其他国际法人之间根据国际法具有约束力的协定。和解协议的"国际"性质不应源于调解的"国际"性质，而应源于和解协议本身。

---

[1] 工作组第六十三届会议工作报告(A/CN.9/861，第 52 段)。

[2] 《仲裁示范法》第 7 条第 2 款规定："仲裁协议应是书面的。协议如载于当事各方签字的文件中，或载于往来的书信、电传、电报或提供协议记录的其他电讯手段中，或在申诉书和答辩书的交换中当事一方声称有协议而当事他方不否认即为书面协议。在合同中提出参照载有仲裁条款的一项文件即构成仲裁协议，如果该合同是书面的而且这种参照足以使该仲裁条款构成该合同的一部分的话。"

[3] 《纽约公约》(2006 年)第 2 条第 2 款规定："书面协议"包括当事人所签订或在互换函电中所载明的仲裁条款和仲裁协议。

[4] 《新加坡调解公约》第 2 条第 2 款。

对于国际性，公约规定的也较为宽泛，只要当事人的营业地设在不同的国家或者设在不同于和解协议的义务履行地或最密切联系地，均可以认为具有国际性，这种认定标准以直截了当的主体营业地说为基础，采用了属人主义的观点，又结合了义务履行或最密切联系的跨国性，丰富了涉外因素的范围。

工作组第六十三届会议审议了是否应当在定义中区分“国际”和“国内”和解协议的问题。[1] 会上提出了沿用《国际商事调解示范法》第1条第4款(a)项[2]采用的方法，对“国际”和解协议加以定义的建议。因此，如果订立和解协议时至少有两方和解协议的当事人的营业地在不同国家，和解协议将被认为是国际协议。关于是否应将“国际性”局限于“营业地在不同的国家”，会议认为，“国际性”的范围应当扩大，以考虑到《国际商事调解示范法》第1条第4款(b)项[3]所提及的其他因素。会上提到，当事人营业地在同一国家的，其和解协议的执行也可能涉及国际因素。最后，会议参加者普遍认为，文书应将重点放在有别于国内和解协议的国际和解协议上。而工作组第六十四届会议认为，文书的目的应限于“国际”和解协议，文书应就确定一份和解协议是否属于文书调整范围提供明确而简单的标准。[4] 会议进一步指出，主观因素不应成为构成此类标准的基础。工作组第六十五届会议上，工作组经过讨论商定，应着眼于“和解协议”而非“调解过程”的国际性，为确定这一点应主要参照订立和解协议时当事人的营业地。[5] 工作组提出的一项建议是，即使文书提到“和解协议”的国际性，也需要作相应限定，即根据《国际商事调解示范法》第1条第4款，调解过程也是国际性的，因为双方当事人商定调解或开始调解的时间具有重要意义，并且需要考虑到最终达成和解协议的过程。工作组还重申，和解协议的国际性应当来自调解过程的国际性。工作组第六十七届会议提出，“国际性”的定义应当扩

---

〔1〕 工作组第六十三届会议工作报告(A/CN.9/861，第37-39段)。

〔2〕 《国际商事调解示范法》第1条第4款(a)项规定：“(a)订立调解协议时，调解协议各方当事人的营业地处于不同的国家。”

〔3〕 《国际商事调解示范法》第1条第4款(b)项规定：“(b)各方当事人营业地所在国并非：(一)履行商业关系中大部分义务的所在国；或(二)与争议标的事项关系最密切的国家。”

〔4〕 工作组第六十四届会议工作报告(A/CN.9/867，第94段)。

〔5〕 工作组第六十五届会议工作报告(A/CN.9/896，第159段)。

展,还应包括当事人营业地在同一国家,但和解协议仍然含有某种国际要素的情形。最终公约中确定了和解协议具有国际性的两种情形,一是和解协议至少有两方当事人在不同国家设有营业地,二是和解协议各方当事人设有营业地的国家不是和解协议所规定的相当一部分义务履行地所在国,或者与和解协议所涉事项关系最密切的国家。[1]

5. 公约适用于和解协议的整体

关于和解协议中涵盖的义务,工作组普遍认为文书应当适用于和解协议的整体,而不论其中是否包括金钱义务或非金钱义务,原因有二:一是因为和解协议中可能同时含有这两类义务,因此,只执行金钱义务局限性太大,会在当事人之间造成不平衡;二是因为在执行非金钱义务时可能出现的任何问题都可以由执行当局根据适用的法律处理。和解协议的灵活性在于允许有条件的义务,这是使调解对当事人有吸引力的一个关键特征。因此,需要保持这一特征。文书可以将未能满足和解协议中的某些条件列为反对执行的抗辩理由。工作组第六十三届会议提出了要将载明意图声明的和解协议排除在文书之外。对此工作组指出,这类协议一般不包括可予执行的义务。经讨论后,工作组普遍认为,文书的范围不应局限于涉及金钱义务的和解协议,而应涵盖所有类别的和解协议,对这类协议中规定的补救办法或义务的性质不作任何限制。[2]

二、商事争议

(一)基本解释

本款对公约的除外情形进行了规定,将几种典型的非商事和解协议排除在公约适用范围之外,明确了公约仅适用于解决商事争议的和解协议。

(二)形成过程

工作组第六十三届会议认为,文书的范围应当局限于“商事”和解协议的执行。[3] 会议上对将涉及消费者的和解协议排除在文书范围之外达成一

---

[1] 《新加坡调解公约》第 1 条第 1 款。

[2] 工作组第六十三届会议工作报告(A/CN. 9/861,第 48 – 50 段)。

[3] 工作组第六十三届会议工作报告(A/CN. 9/861,第 41 段)。

致看法，并提到《联合国国际货物销售合同公约》(1980 年)第 2 条(a)项[1]以及《选择法院协议公约》(2005 年)第 2 条[2]可作为可能的行文模式。[3]会议认为，在某些领域中，当事人的意思自治因绝对强制性规定或因受到公共政策的限制，也应当被排除在文书范围之外，例如涉及家庭或劳动法事项的和解协议。但工作组进一步指出，如果将文书的范围局限于"商事"和解协议，就没有必要列入这些排除情形，因为它们一般都不属于文书的范围。至于文书应以示例的方式列出拟涵盖的主题事项，还是以否定的方式列出除外情形，虽然工作组专家普遍认为现在就此作出决定为时尚早，但工作组也同时提示大会关注，否定性的除外情形很有可能无法做到详尽无遗。

根据工作组第六十三届会议上对排除在文书范围之外的和解协议的讨论，工作组在第六十四届会议拟定的草案初稿中给出了如下备选文案："Option 1: This [instrument] does not apply to settlement agreements: (a) concluded by one of the parties for personal, family or household purposes; and (b) relating to family or employment law. Option 2: A dispute is not 'commercial' if it involves employment law or family law, or if a consumer - acting for personal, family, or household purposes - is a party.""备选文案 1：本[文书]不适用于下列和解协议：(a)协议系由其中一方当事人为个人、家庭或家居目的而订立；以及(b)协议与婚姻家庭法或就业法有关。备选文案

---

[1] 《联合国国际货物销售合同公约》(1980 年)第 2 条(a)项规定："2. 本公约不适用于以下的销售：(a)购供私人、家人或家庭使用的货物的销售，除非卖方在订立合同前任何时候或订立合同时不知道而且没有理由知道这些货物是购供任何这种使用。"

[2] 《选择法院协议公约》(2005 年)第 2 条规定："适用除外：1. 本公约不应适用的排他性选择法院协议：a)一方当事人是主要为了私人、家人或家庭目的(消费者)而行为的自然人；b)关于雇佣合同，包括集体协议。2. 本公约不适用下列事项：(a)自然人的身份与法律能力；(b)扶养义务；(c)其他家庭法事项，包括由婚姻或类似关系产生的夫妻财产制度和其他权利或义务；(d)遗嘱和继承；(e)破产、和解和类似事项；(f)旅客和货物的运费；(g)海事污染，海事请求权的责任限制，共同海损，以及紧急拖航和海上救助；(h)反垄断(竞争)事项；(i)核能损害责任；(j)由自然人或代表自然人引起的人身损害赔偿；(k)非由合同关系产生的关于动产损失的侵权诉讼；(l)不动产物权及租赁；(m)法人的有效、无效或解散，及其机关决定的有效性；(n)版权和邻接权之外的知识产权的有效性；(o)侵犯除版权和邻接权之外的知识产权，除了因违反当事人间关于该权利的合同而使得或已使得违反诉讼程序；(p)公共登记的有效性。"

[3] 工作组第六十三届会议工作报告(A/CN. 9/861，第 42 - 43 段)。

2:争议涉及就业法或婚姻家庭法的,或者一方当事人使消费者—为个人、家庭或家居目的行事的,该争议不属于'商事'争议。"[1]本备选文案将消费者、家庭和就业法事项明文排除在外。会议中的一项建议是文书应当提及家庭或就业"事项"而非"法律"。对此工作组指出,即使排除家庭法的各个方面,家庭事项也可能涵盖涉及家庭成员的商事争议,如离婚或监护,而且此种争议实际上最适合通过调解的方式解决。并且会议还提出,备选案文2应避免使用"消费者"一词,因为该词太过笼统,各法域有着不同理解。作为一项起草阶段的建议,会上提及可使用"其中一方当事人为个人或家居目的而订立的和解协议"这一表述方式。除此之外,工作组还提出家庭法事项的范围在各法域有所不同,可能要以举例方式作出澄清(如宗教遗赠、继承和监护)。[2]

工作组第六十五届会议对适用范围拟定了有关除外情形的补充款:"The [instrument] does not apply to settlement agreements:(a) concluded by one of the parties for personal, family or household purposes; or(b) relating to family or employment law.""本[文书]不适用于下列和解协议:(a)协议由其中一方当事人为个人、家庭或家居目的而订立;或者(b)协议与婚姻家庭法或就业法有关。"[3]补充款取消了"消费者"一词的使用,选用了草案初稿的备用文案1。会议中提出三点相关建议:1. 删除"家居"一词。2. 文书不妨明确提及"消费者"。此处引用《法院选择公约》第2条作为例子,其中既有描述性措辞,同时也在括号内提及消费者。3. (b)项的两种行文均应加以修订,以便明确与"遗产"或"继承"有关的和解协议应排除在文书范围之外。

工作组第六十六届会议对第1条第2款草案进行了修改:"2. This [instrument] does not apply to settlement agreements: (a) Concluded for personal, family or household purposes by one of the parties (a consumer); or (b) Relating to family, inheritance or employment law.""2. 本[文书]不适用于以下和解协议:(a)协议由其中一方当事人(消费者)为个人、家庭或家居目的而订立;或者(b)协议与家庭法、继承法或就业法有关。"[4]根据工作组

---

[1] 工作组第六十四届会议秘书处的说明(A/CN.9/WG.Ⅱ/WP.195,第18段)。

[2] 工作组第六十四届会议工作报告(A/CN.9/867,第106-108段)。

[3] 工作组第六十五届会议秘书处的说明(A/CN.9/WG.Ⅱ/WP.198,第23段)。

[4] 工作组第六十六届会议秘书处的说明(A/CN.9/WG.Ⅱ/WP.200,第15段)。

第六十五届会议的建议，本草案中在括号内提及消费者，并且明确将继承法有关的协议也排除在了文书的范围之外。

工作组第六十七届会议拟定的草案四稿中对文书适用的除外情形进行了如下规定："2. This [instrument] does not apply to settlement agreements: (a) Concluded for personal, family or household purposes by one of the parties (a consumer); or (b) Relating to family, inheritance or employment law." "2. 本[文书]不适用于以下和解协议：(a)协议由其中一方当事人(消费者)为个人、家庭或家居目的而订立；或者(b)协议与家庭法、继承法或就业法有关。"[1]在工作组第六十七届会议上，一项澄清草案第1条第2款的建议得到支持。因此，会议商定，该款可按下述写法修改："2. This [instrument] does not apply to settlement agreements: (a) Concluded to resolve a dispute arising from transactions engaged in by one of the parties (a consumer) for personal, family or household purposes; (b) Relating to family, inheritance or employment law." "本[文书]不适用于以下和解协议：(a)为解决其中一方当事人(消费者)为个人、家庭或家居目的而进行的交易所产生的争议而订立的协议；(b)与家庭法、继承法或就业法有关的协议。"[2]在作出修改的前提下，工作组核准了此款草案。

工作组第六十八届会议针对公约草案第1条第2款中规定的除外情形提出，将第(一)目中的语句"为解决……争议而订立的"挪至该款开头语并完全删除该款其他语句，但这项建议未得到支持。经过讨论，工作组未作修改，另核准了公约草案第1条第2款的实质内容。

最终，公约第1条第2款的草案终稿定为："2. This Convention does not apply to settlement agreements: (a) Concluded to resolve a dispute arising from transactions engaged in by one of the parties (a consumer) for personal, family or household purposes; (b) Relating to family, inheritance or employment law." "2. 本公约不适用于以下和解协议：(a)为解决其中一方当事人(消费者)为个人、家庭或家居目的进行交易所产生的争议而订立的协议；(b)与家庭法、继承法或就业法有关的协议。"[3]

---

〔1〕 工作组第六十七届会议秘书处的说明(A/CN.9/WG.Ⅱ/WP.202，第4段)。

〔2〕 工作组第六十七届会议工作报告(A/CN.9/929，第15段)。

〔3〕 工作组第六十八届会议工作报告(A/CN.9/934，第23段)。

(三)要点分析

1. 公约仅适用于“商事”和解协议

公约的适用范围限定于“商事”和解协议,本款列出了排除在外的和解协议类型,明确排除了几项民事纠纷,包括:(1)为解决其中一方当事人(消费者)为个人、家庭或者家居目的进行交易所产生的争议而订立的协议;(2)与家庭法、继承法或者就业法有关的协议。[1] 工作组第六十三届会议指出文书的范围应当局限于“商事”和解协议的执行。在这方面,《国际商事调解示范法》以及贸易法委员会其他法规中的“商事”定义提供了一个有益的参照。《国际商事调解示范法》在第 1 条第 1 款中就规定:“本法适用于国际商事调解。对‘商事’一词应作广义解释,以涵盖由于商业性质的所有各种关系而发生的事项,无论这种关系是否属于合同关系。商业性质的关系包括但不限于下述交易:供应或交换货物或服务的任何贸易交易;分销协议;商业代表或代理;保理;租赁;工程建造;咨询;工程;许可证交易;投资;融资;银行;保险;开发协议或特许权;合营企业和其他形式的工业或商业合作;航空、海路、铁路或公路客货运载。”[2] 此款中未对“商事”一词进行明确界定,而是作出了广义解释。由于各国国内法对于“商事”的理解会有所不同,因此,《新加坡调解公约》也参照了《国际商事调解示范法》,未对“商事”一词做明确界定,而是做了尽可能广泛的理解。这体现在公约的第 1 条第 2 款之中,其排除了非商事的有关调解协议,即与消费者纠纷和婚姻家庭、劳动法有关的调解协议不适用于公约。《新加坡调解公约》将商事领域扩大到最大化的目的是使当事人采用国际商事调解的方式友好和平地处理争议,有利于促进国际商事交易的进一步发展。

2. 保留“消费者”一词

是否要保留“消费者”一词,是工作组历届会议中的一项争议。在工作组第六十三届会议上,工作组一致认为应将涉及消费者的和解协议排除在文书范围之外。工作组第六十四届会议上首次提出了应避免使用“消费者”一词,原因是该词太过笼统,各法域有着不同的理解。而工作组在第六十五届会议上相反地提出文书应提及“消费者”“消费目的”或“消费者保护法”,

---

〔1〕 工作组第六十三届会议工作报告(A/CN. 9/861,第 40 段)。

〔2〕 《国际商事调解示范法》第 1 条第 1 款。

但也再次重申了第六十四届会议中所提及的“使用‘消费者’一词也许太过笼统,各法域对此有着不同理解”这一事实。在第六十五届会议中,工作组还回顾了《国际货物销售时效期限公约》(1974 年,纽约)第 4 条(a)项:“本公约不适用于以下的销售:供私人、家人或家庭使用的货物的销售,除非卖方在订立合同前任何时候或订立合同时不知道而且没有理由知道这些货物是供任何这种使用”[1],以及《联合国国际货物销售合同公约》(1980 年,维也纳)第 2 条(a)项:“本公约不适用于以下的销售:供私人、家人或家庭使用的货物的销售,除非卖方在订立合同前任何时候或订立合同时不知道而且没有理由知道这些货物是供任何这种使用。”[2]在这两个公约中最先使用了描述性的语句,以提供一种将为消费目的出售货物排除在其范围之外的客观标准。虽然会议中普遍支持保留描述性措辞,但也建议文书不妨明确提及“消费者”。工作组引用《协议选择法院公约》第 2 条(a)项“公约不适用于下列排他性选择法院协议:自然人主要为个人、家庭或者家务目的(消费者)作为协议的一方”[3]的规定作为例子,其中既有描述性措辞,也在括号内提及消费者,在排除“主要为个人、家庭或者家务目的订立的选择法院协议”的同时,加入了“消费者”一词指明当事人就是消费者的规定。最终,第六十七届会议商定,公约第 1 条第 2 款可按下述写法修改:“本[文书]不适用于以下和解协议:(a)为解决其中一方当事人(消费者)为个人、家庭或家居目的而进行的交易所产生的争议而订立的协议;(b)与家庭法、继承法或就业法有关的协议。”[4]在有描述性措辞的同时保留了“消费者”一词,与《协议选择法院公约》第 2 条保持了措辞上的一致。

3. 公约不适用于与继承法相关的和解协议

工作组第六十四届、第六十五届会议拟定的公约草案中,本款仅明确排除了与婚姻家庭法或就业法有关的协议,而未提及继承法相关的协议,因为当时工作组认为继承法属于婚姻家庭法的一部分,不需要单独列出排除。但因各法域的法律文化不同,存在有些国家的继承法不属于婚姻家庭法的可能性,故应明确排除继承法有关和解协议以避免误解。所以工作组在第

[1] 《国际货物销售时效期限公约》第 4 条(a)项。

[2] 《联合国国际货物销售合同公约》第 2 条(a)项。

[3] 《协议选择法院公约》第 2 条(a)项。

[4] 工作组第六十七届会议秘书处的说明(A/CN. 9/WG. Ⅱ/WP. 202,第 4 段)。

六十五届会议中提出了应修改之前草案中的本款，加入排除继承法有关协议的表述，以便明确与“遗产”或“继承”有关的和解协议应排除在文书范围之外。

三、和解协议的独立性

（一）基本解释

本款将可作为法院判决或仲裁裁决的和解协议排除在公约适用范围之外，避免了本公约与《协议法院选择公约》《纽约公约》等公约发生重复或适用冲突。

（二）形成过程

在工作组第六十三届会议中，首次提出文书是否也应当适用于当事人在司法程序、仲裁程序或者其他任何程序过程中达成的和解协议这一问题。关于这个问题，会上发表了各种不同观点。一种观点认为，文书的适用范围应当仅限于通过调解而非通过任何其他手段达成的和解协议，以避免与其他文书（如海牙国际私法会议的判决公约项目以及《纽约公约》）发生重叠。另一种观点认为，文书的适用范围应当包括当事人在司法或仲裁程序过程中达成和解协议，因为许多商业争议的解决不一定一开始就是通过调解程序来处理，而有可能是当事人在争议提交法院或仲裁庭之后在司法程序或仲裁程序期间达成协议。还有一种观点认为，司法或仲裁程序过程中达成的和解协议不应当与调解概念放在一起考虑，而应作为文书的可能除外情形加以考虑。

工作组第六十四届会议审议了司法程序或仲裁程序期间达成的和解协议是否应归入文书适用范围。通常情况下，和解协议可以粗略归类为在司法决定或仲裁裁决中记录的协议，也可归类为不是以此种方式记录的协议。关于在司法决定或仲裁裁决中记录的这些协议，与会专家普遍认为，在司法决定或仲裁裁决中记录的和解协议不应归入文书适用范围；关于司法程序或仲裁程序期间达成的、但未被记录在司法决定或仲裁裁决中的和解协议，与会专家则普遍认为，这些协议应当归入文书适用范围。

工作组第六十五届会议结合前两届会议的审议结果，列出了四项可选

案文,以在此基础上确定文书的对于适用的和解协议所采取的方案[1]:

方案 1:(i) Additional paragraph in draft provision 1 (Scope of application):"The [instrument] also applies to settlement agreements concluded in the course of judicial or arbitral proceedings [as long as the settlement agreements are not recorded as court judgments or arbitral awards]."条文草案1(适用范围)中的补充款:"本[文书]还适用于在司法程序或者仲裁程序过程中达成的和解协议[只要该和解协议未作为法院判决或者仲裁裁决加以记录即可]。"

方案 2:(ii) Additional paragraph in draft provision 3 (Settlement agreement):Option 1:"This definition includes settlement agreements concluded in the course of judicial or arbitration proceedings [as long as the settlement agreements are not recorded as court judgments or arbitral awards]."Option 2:"This definition excludes settlement agreements concluded in the course of judicial or arbitral proceedings and recorded as court judgments or arbitral awards."条文草案3(和解协议)中的补充款:备选案文1:"本定义包括在司法程序或者仲裁程序过程中达成的和解协议[只要该和解协议未作为法院判决或者仲裁裁决加以记录即可]。"备选案文2:"本定义排除在司法程序或者仲裁程序过程中达成的并且作为法院判决或者仲裁裁决加以记录的和解协议。"

方案3:(iii) Additional paragraph in draft provision 4 (Conciliation):"This definition includes instances where the conciliation took place in the course of judicial or arbitral proceedings, [as long as the settlement agreement is not recorded as a court judgment or an arbitral award]."条文草案4(调解)中的补充款:"本定义包括在司法程序或者仲裁程序过程中进行调解的情形[只要该和解协议未作为法院判决或者仲裁裁决加以记录即可]。"

方案4:(iv) If the instrument were to take the form of a convention, as possible declarations:Option 1:"A Party may declare that it shall apply this Convention to the [recognition and] enforcement of settlement agreements concluded in the course of judicial or arbitral proceedings as long as the settlement agreement is not recorded as a court judgment or an arbitral award."

---

[1] 工作组第六十五届会议秘书处的说明(A/CN.9/WG.Ⅱ/WP.198,第21段)。

Option 2:"A Party may declare that it shall not apply this Convention to the [recognition and] enforcement of settlement agreements concluded in the course of judicial or arbitral proceedings [and recorded as court judgments or arbitral awards]."如果文书采取公约形式,作为可能的声明:备选案文 1:"当事人可以声明其对司法程序或者仲裁程序过程中达成的和解协议的[承认和]执行适用本公约,只要该和解协议未作为法院判决或者仲裁裁决加以记录即可。"备选案文 2:"当事人可以声明其不对司法程序或者仲裁程序过程中达成的[并且作为法院判决或者仲裁裁决加以记录的]和解协议的[承认和]执行适用本公约。"

工作组第六十六届会议则拟订了条文 1 草案的第 3 款,将司法程序或仲裁程序过程中订立的协议排除在文书范围之外,并提出了三种备选案文[1]:

备选案文 1:[This (instrument) does not apply to settlement agreements which have been:"(a) Approved as court orders, concluded before a court in the course of proceedings, or recorded as judgments or judicial settlements; or (b) Concluded before an arbitral tribunal in the course of proceedings, and recorded as arbitral awards."][本(文书)不适用于以下和解协议:"(a)协议已作为法院命令被批准、由法院在程序过程中订立,或者记录为判决或司法和解协议;或者(b)协议由仲裁庭在程序过程中订立,并记录为仲裁裁决。"]

备选案文 2:[This (instrument) applies to settlement agreements: "(a) Approved as court orders, concluded before a court in the course of proceedings, or recorded as judgments or judicial settlements, to the extent that they cannot be relied upon, including for enforcement, as judgments or judicial settlements under the law of [option 1, legislative provision: this State] [option 2, convention: the State where the settlement agreement is sought to be relied upon]; or (b) Concluded before an arbitral tribunal in the course of proceedings, and recorded as arbitral awards, to the extent that they cannot be relied upon, including for enforcement, as arbitral awards under the law of [option 1, legislative provision: this State] [option 2, convention: the State where the settlement agreement is sought to be relied upon]."][本(文书)适

[1] 工作组第六十六届会议秘书处的说明(A/CN.9/WG.Ⅱ/WP.200,第 15 段)。

用于以下和解协议:“(a)协议已作为法院命令被批准、由法院在程序过程中订立,或者记录为判决或司法和解协议,限于根据[选项1——立法条文:本国][选项2——公约:寻求依赖和解协议所在国]法律不可依赖于此种协议,包括不可作为判决或司法和解协议为执行而依赖于此种协议;或者(b)协议由仲裁庭在程序过程中订立,并记录为仲裁裁决,限于根据[选项1——立法条文:本国][选项2——公约:寻求依赖和解协议所在国]法律不可依赖于此种协议,包括不可作为仲裁裁决为执行而依赖于此种协议。”]

备选案文3:[This (instrument) does not apply to settlement agreements which have been:“(a) Approved as court orders, concluded before a court in the course of proceedings, or recorded as judgments or judicial settlements if they can be relied upon, including for enforcement, as judgments or judicial settlements under the law of [option 1, legislative provision:this State][option 2, convention:the State where the settlement agreement is sought to be relied upon]; or (b) Concluded before an arbitral tribunal in the course of proceedings, and recorded as arbitral awards if they can be relied upon, including for enforcement, as arbitral awards under the law of [option 1, legislative provision: this State] [option 2, convention: the State where the settlement agreement is sought to be relied upon].”][本(文书)不适用于以下和解协议:“(a)协议已作为法院命令被批准、由法院在程序过程中订立,或者记录为判决或司法和解协议,条件是根据[选项1——立法条文:本国][选项2——公约:寻求依赖和解协议所在国]法律可依赖于此种协议,包括可作为判决或司法和解协议为执行而依赖于此种协议;或者(b)协议由仲裁庭在程序过程中订立,并记录为仲裁裁决,条件是根据[选项1——立法条文:本国][选项2——公约:寻求依赖和解协议所在国]法律可依赖于此种协议,包括可作为仲裁裁决为执行而依赖于此种协议。”][1]按照备选案文1,和解协议一旦转换,其有效性即归于消灭,而在备选案文2载明的某些情况下,和解协议的有效性仍可得以保存。备选案文3试图吸取这两个案文的要素。这些备选案文在使用“判决”一词的同时还使用了“司法和解协议”这一术语,以便与《协议选择法院公约》第12条的用语看齐。备选案文2和3提到“……国法律”,是为了指明根据相关国家所加入的公约以及适用的

---

〔1〕 工作组第六十六届会议秘书处的说明(A/CN.9/WG.Ⅱ/WP.200,第20段)。

国内法执行外国判决和仲裁裁决。

工作组第六十七届会议采纳了备选案文 3 的表述方式，并且提出条文 1 (3)草案应放在有关文书适用范围条款之中：[1] "3. This [instrument] does not apply to settlement agreements that [prior to any application under article 3]: (a) have been approved by a court, or have been concluded before a court in the course of proceedings, either of which are enforceable [in the same manner] as a judgment [according to the law of the State of that court]; or (b) have been recorded and are enforceable as an arbitral award [legislative provision: according to the law of this State] [convention: according to the law of the Contracting State where enforcement is sought]." "3. 本[文书]不适用于以下和解协议：[在根据第 3 条提出任何申请之前] (a) 协议已由法院批准，或者协议已在程序过程中在法院订立，这两种协议均可[根据法院所在国法律]作为判决[以同样方式]执行；或者(b)协议已记录在案，并可[立法条文：根据本国法律][公约：根据寻求执行所在缔约方法律]作为仲裁裁决执行。"

工作组第六十八届会议在第六十七届拟定的草案的基础上做了修改："3. This Convention does not apply to: (a) Settlement agreements: (i) That have been approved by a court or have been concluded in the course of proceedings before a court; and (ii) That are enforceable as a judgment in the State of that court; (b) Settlement agreements that have been recorded and are enforceable as an arbitral award." "3. 本公约不适用于以下和解协议：(a) 和解协议：(一) 已由法院批准或者已在程序过程中在法院订立；并且(二) 可在该法院所在国作为判决执行；(b) 和解协议已记录在案，并可作为仲裁裁决执行。"[2] 将(a)项整体拆分为两个小项，并对(a)项(二)的措辞进行了精简。

最终公约第 1 条第 3 款的草案定稿沿用了工作组第六十八届会议的表述和形式，仅在用语上进行了微调："3. This Convention does not apply to: (a) Settlement agreements: (i) That have been approved by a court or concluded in the course of proceedings before a court; and (ii) That are enforceable as a judgment in the State of that court; (b) Settlement agreements that have been

---

[1] 工作组第六十七届会议秘书处的说明(A/CN. 9/WG. Ⅱ/WP. 202，第 4 段)。

[2] 工作组第六十八届会议秘书处的说明增编(A/CN. 9/WG. Ⅱ/WP. 205/Add. 1，第 5 段)。

recorded and are enforceable as an arbitral award. ""3. 本公约不适用于:(a)以下和解协议:(一)经由法院批准或者系在法院相关程序过程中订立的协议;和(二)可在该法院所在国作为判决执行的协议;(b)已记录在案并可作为仲裁裁决执行的协议。"[1]

(三)要点分析

1. 公约排除了法院、仲裁机构所作的具有强制执行力的和解协议

本公约不适用于在司法程序或者仲裁程序过程中达成的、经司法机关核准或记录为仲裁裁决的和解协议,但是不应仅仅因为法官或仲裁员参与了调解过程而使和解协议被排除在文书适用范围之外,因为法官或仲裁员可能与担任调解人的第三人一道参与调解过程,也有可能单独协助当事人达成友好解决,这两种情形下所产生的和解协议都属于公约调整范围。经司法程序、仲裁程序达成的和解协议,应当视其能否作为法院判决或仲裁裁决得到执行而予以区别对待。如果可以作为法院判决或仲裁裁决执行,则不适用《新加坡调解公约》。但如果双方在诉讼程序中在法官帮助下达成庭外和解,一方撤诉,或在仲裁程序中经仲裁员的调解达成庭外协议,而后申请人撤回仲裁申请,便可适用《新加坡调解公约》。对和解协议的可执行性作出要求,也可以避免"和解协议被记作判决或仲裁裁决,但寻求执行所在国的法律不允许根据这些记录执行该和解协议"的情况,因为在这种情况下有可能剥夺当事人执行和解协议的机会。[2] 故本款所及和解协议以调解结果的强制执行力为划分依据,不具有"既判力"的协议通过依据本款获得强制执行力。具体而言,适用的和解协议应当包括诉讼、仲裁中未作出可执行协议的调解所形成的和解协议。

2. "由法院批准"或者"在法院相关程序过程中订立"的含义澄清[3]

提及"由法院批准的和解协议"或者"在法院订立的和解协议",其意图是将这些和解协议排除在公约适用范围之外,因为它们将由单独的执行机

---

[1] 国际商事调解:调解所产生的国际和解协议公约草案秘书处的说明(A/CN. 9/942,第4段)。

[2] 中国社会科学院国际法研究所课题组:《〈新加坡调解公约〉评估研究报告》,2019 年 11 月 9 日,第 28 页。

[3] 工作组第六十七届会议秘书处的说明(A/CN. 9/WG. Ⅱ/WP. 202,第 15 段)。

制管辖。例如，如果一项和解协议由法院批准，但不可作为判决执行，主管机关将确定该和解协议属于文书适用范围，并将进而根据文书执行。关于法院批准或者在法院订立的和解协议可以分为如下两种情况：(1)如果法院程序已经开始，但当事人能够在没有任何法院协助的情况下通过调解达成和解，那么，只要和解协议在法院程序启动地所在国可作为判决执行，此种和解协议就不在文书范围之内。(2)关于在法院程序期间达成、但不是作为司法决定来记录的和解协议，只要此种协议在法院程序进行地所在国可作为判决执行，此种协议就不在文书范围之内。

3. 删除“以同样方式”的表述

工作组第六十七届会议的草案在本款(a)项中增加了“[以同样方式]”这一短语，具体为：“(a)协议已由法院批准，或者协议已在程序过程中在法院订立，这两种协议均可[根据法院所在国法律]作为判决[以同样方式]执行。”[1]会议后阶段工作组商定，方括号中的语句“以同样方式”应当删除，以避免其含义的不确定性。[2] 因为这一短语应作广义理解，涵盖法院所批准的和解协议或者在法院订立的和解协议被视为“是”判决或者具有与该法域的判决“同样效力”的情形，可能的不同解释会造成不确定性。并且会上进一步澄清，草案中的“可作为……执行”一语是指执行的可能性。

4. 澄清“可作为……执行”的含义

工作组在第六十七届会议上澄清，草案中的“可作为……执行”一语是指执行的可能性，而不是执行的实际结果。[3] 主管机关将只确定所批准的和解协议或者在法院订立的和解协议是否有执行的可能，而不会询问是否存在此种执行被准予或者被拒绝的可能性。

5. 删除“在根据第3条提出任何申请之前”的表述

工作组在第六十七届会议拟定的草案中增加了“[在根据第3条提出任何申请之前]”这一限定表述。工作组后商定，方括号内的语句是不必要的。[4] 尽管如此，条文1(3)草案仍不应解释为是允许寻求执行和解协议所针对的一方当事人在这一阶段寻求一项合意裁决或者向法院申请批准和解

---

〔1〕 工作组第六十七届会议秘书处的说明(A/CN.9/WG.Ⅱ/WP.202，第4段)。

〔2〕 工作组第六十七届会议秘书处的说明(A/CN.9/WG.Ⅱ/WP.202，第13段)。

〔3〕 工作组第六十七届会议秘书处的说明(A/CN.9/WG.Ⅱ/WP.202，第14段)。

〔4〕 工作组第六十七届会议工作报告(A/CN.9/929，第28段)。

协议,因为这将导致该和解协议被排除在文书适用范围之外。

第二节 定　　义

表 2.2　第 2 条　定义

Article 2　Definitions

中文	1. 在第 1 条第 1 款中: (a)一方当事人有不止一个营业地的,相关营业地是与和解协议所解决的争议关系最密切的营业地,同时考虑到订立和解协议时已为各方当事人知道或者预期的情形; (b)一方当事人无营业地的,以其惯常居住地为准。 2. 和解协议的内容以任何形式记录下来即为“书面形式”。电子通信所含信息可调取以备日后查用的,该电子通信即满足了和解协议的书面形式要求。 3. “调解”不论使用何种称谓或者进行过程以何为依据,指由一名或者几名第三人(“调解员”)协助,在其无权对争议当事人强加解决办法的情况下,当事人设法友好解决其争议的过程。
英文	1. For the purpose of article 1, paragraph 1: (a) If a party has more than one place of business, the relevant place of business is that which has the closest relationship to the dispute resolved by the settlement agreement, having regard to the circumstances known to, or contemplated by, the parties at the time of the conclusion of the settlement agreement; (b) If a party does not have a place of business, reference is to be made to the party's habitual residence. 2. A settlement agreement is “in writing” if its content is recorded in any form. The requirement that a settlement agreement be in writing is met by an electronic communication if the information contained therein is accessible so as to be useable for subsequent reference. 3. “Mediation” means a process, irrespective of the expression used or the basis upon which the process is carried out, whereby parties attempt to reach an amicable settlement of their dispute with the assistance of a third person or persons (“the mediator”) lacking the authority to impose a solution upon the parties to the dispute.

一、“营业地”的确定

(一)基本解释

本条款明确了“营业地”的定义,即分类讨论了一方当事人在有多个营业地以及无营业地时营业地的确定方法。需要注意的是，本条款在公约第一稿至第五稿草案中为第 2 款。本条原第 1 款系对公约第 1 条（适用范围）第 1 款中“和解协议”国际性的定义。因工作组最终将公约第 1 条第 1 款的“国际”一次删去，故本条原第一款对于“国际性”的定义相应删除。

（二）形成过程

1. 本条原第一款有关和解协议“国际性”的定义

工作组在第六十二届会议工作报告（A/CN. 9/832，第 26 段）中首次针对原第一款内容，探讨了在有关和解协议执行的法律文件中应当使用“国际”还是“外国”和解协议的问题。

对此，工作组在第六十三届会议秘书处的说明（A/CN. 9/WG. Ⅱ/WP. 190，第 35 段）中指出：即“作为进一步示例，《国际商事仲裁示范法》第 35 条是以统一方式对待国际商事仲裁裁决，而不论在何地作出。示范法对‘国际’和‘非国际’裁决作了区分，而不是依赖‘外国’和‘国内’裁决这种传统区分方式。”

本条原第一款的表述经历了如下变化：

（1）工作组在草案初稿即工作组第六十四届会议秘书处的说明（A/CN. 9/WG. Ⅱ/WP. 195，第 10 段）中提出，对“国际”的定义可参照《国际商事仲裁示范法》，以订立协议时至少两方当事人的营业地在不同国家及其他相关要素为标准。

具体参照《国际商事仲裁示范法》第 1 条第 3 款：仲裁如有下列情况则视为国际仲裁：（a）仲裁协议的当事各方在缔结协议时，他们的营业地点位于不同国家；或（b）下列地点之一位于当事各方营业地点所在国之外：（i）仲裁协议中确定的或根据仲裁协议而确定的仲裁地点；（ii）履行商事关系的大部分义务的任何地点或与争议标的的关系最密切的地点；或（c）当事各方明确地同意，仲裁协议的标的与一个以上的国家有关。

在此基础上，工作组拟定了如下条文草案：“有下列情形之一的，和解协议即为国际和解协议：（a）在订立和解协议时，该协议的[各方当事人][至少两方当事人]的营业地在不同国家；或者（b）各方当事人营业地所在国并非（一）在和解协议下履行[大部分]义务的所在国（二）与争议所涉事项有最密切联系的国家；或（三）寻求[承认和]执行和解协议的所在国。”

(2)草案二稿、三稿与初稿一致并未发生改动。

(3)草案四稿提出应根据当事人的营业地来界定“国际”的概念。和解协议中国际因素的多样性导致了“国际”概念范围的扩张。当前商业事务全球化以及公司结构的复杂化趋势使得工作组很难对“国际”这一概念作出周全的定义。

(4)工作组第六十八届会议工作报告指出,人们往往以为国际协议仅包括国家之间以及其他国际法人之间受国际法约束的协定,而实际上公约也适用于不同国家私人之间的协定,因而公约第一条(适用范围)中“国际协定”的表述可能会在实践中引起混淆。为避免混淆工作组将公约第一条中“国际协议”的表述删去,并对剩余条款序号做了相应调整。

2. 本条第一款(原草稿初稿至五稿中第二款)有关“营业地”的规定

“营业地”的定义在工作组历届会议中经历变化如下:

(1)草稿初稿:“当事人有不止一个营业地的,相关营业地是与和解协议[所解决的争议][其他任何标准]有最密切联系的营业地,同时考虑到订立和解协议时已为各方当事人知道或者预期的情形。当事人无营业地的,应当以该当事人的惯常居住地为营业地。”

(2)草案二稿:“就本条而言,(a)当事人有不止一个营业地的,相关营业地是与和解协议[所解决的争议]其他任何标准有最密切联系的营业地,同时考虑到订立和解协议时已为各方当事人知道或者预期的情形;(b)当事人无营业地的,应当以该当事人的惯常居住地为营业地。”

(3)草案三稿、四稿保留了“the dispute resolved by”(所解决的争议)的表达,两份稿件就营业地的相关规定内容如下:“For the purpose of this article:(a)If a party has more than one place of business,the relevant place of business is that which has the closest relationship to [the dispute resolved by] the settlement agreement or any other criteria,having regard to the circumstances known to,or contemplated by,the parties at the time of the conclusion of the settlement agreement. (b)If a party does not have a place of business,reference is to be made to the party's habitual residence. 本条而言,(a)当事人有不止一个营业地的,相关营业地是与和解协议[所解决的争议]其他任何标准有最密切联系的营业地,同时考虑到订立和解协议时已为各方当事人知道或者预期的情形;(b)当事人无营业地的,应当以该当事人的惯常居住地为营业地。”

(4)草案五稿、终稿对首部作出了一些修改,最终定稿为:"For the purpose of article 1, paragraph1: (a) If a party has more than one place of business, the relevant place of business is that which has the closest relationship to the dispute resolved by the settlement agreement or any other criteria, having regard to the circumstances known to, or contemplated by, the parties at the time of the conclusion of the settlement agreement. (b) If a party does not have a place of business, reference is to be made to the party's habitual residence. 第一条第一款而言,(a)当事人有不止一个营业地的,相关营业地是与和解协议所解决的争议其他任何标准有最密切联系的营业地,同时考虑到订立和解协议时已为各方当事人知道或者预期的情形;(b)当事人无营业地的,应当以该当事人的惯常居住地为营业地。"

综上所述,由于在实践当中和解协议中包含的国际因素众多,"国际"概念范围自带的未知性扩张使工作组很难对"国际"做出精准的表述;另一方面,公约在适用范围中使用"国际协定"的表述可能导致和解协议当事人在适用本公约时发生混淆。为此工作组删除了初稿中第一条第一款有关"国际性"的明文规定,而是将"营业地"的相关规定提列为第一款。本条本款有关"营业地"的规定也体现了草案四稿提出的应根据当事人的营业地界定"国际"的思想内涵。

(三)要点分析

本条款的作用是在出现当事人拥有不止一个营业地或没有营业地时,为当事人确定营业地提供依据。我国作为联合国成员方之一,全程参与了该公约的制定,并在该公约成稿落定开放签署时成为第一批次的签署国。我国作为"一带一路"的发起国与推动者,在"一带一路"的建设过程中理应积极回应沿线国家商事交往中产生的国际商事争议。

根据《新加坡调解公约》第一条的内容,适用于该公约的和解协议"在订立时由于以下原因而具有国际性:(一)和解协议至少有两方当事人在不同国家设有营业地;或者(二)和解协议各方当事人设有营业地的国家不是:(1)和解协议所规定的相当一部分义务履行地所在国,或者(2)与和解协议所涉事项关系最密切的国家"。在商事调解领域,该条约对国际性的理解有别于其他国际条约,这扩张了公约的适用范围。定义"国际性"的条款不再被保留,但此举是为了避免实践中当事人因对"国际性"的错误性认识而影响调解程序的顺利进行，而非由于本公约所调解的法律关系不具有国际性。删除“国际性”定义只是由于当前立法技术的限制而取消了对于“国际性”的限制性解释。“营业地”是本公约所调解案件中普遍存在的要素，“营业地”的确认规则恰好体现了本公约调整对象的国际性特征，即本公约为满足日益复杂的实践需求取消了对“国际性”的文字性说明，而是通过“营业地”的确定规则实现对“国际性”的范围界定。

综上所述，根据该公约的规定，实现对“国际性”的范围界定，当事人的营业地满足以下两个条件之一即可体现和解协议的国际性：签署和解协议的各方当事人的营业地未设于同一国家境内；或签署和解协议的当事人各方营业地设于统一国家境内，但和解协议所规定的相当一部分义务履行地或与和解协议所涉事项关系最密切的当事人营业地并未设于同一国家。然而，这毕竟是属于《新加坡调解公约》适用过程中的一般性状况，第二条第一款关于“营业地”的定义是对当事人有多个营业地或没有营业地时该如何确定营业地的补充性说明。换言之，和解协议当事人营业地在不同国家，就具有国际性，或者不论当事人营业地是否设立在同一国家，但和解协议履行地与当事人营业地不属同一国家，也具有国际性，和解协议履行地往往就是当事人寻求救济的执行地。公约在适用方面与当事人的国籍无关，即只着眼于协议的国际性，而不要求当事人必须是缔约方国民。〔1〕

截至目前，九成以上的公约签署国为“一带一路”沿线国家，公约的签署，改善了国际营商环境，完善了国际商事纠解决机制。执行标的位于中国的国际商事和解协议的执行可能性将得到显著提高，即便当事人营业地分处中国和外国，抑或是执行标的位于中国，申请中国主管当局准予救济也将成为可能，这对于积极推动“一带一路”的进行有着重要意义。〔2〕

《新加坡调解公约》正积极地扩张其适用范围，因而“国际性”之于《新加坡调解公约》，内涵更加丰富。比起《纽约公约》，《新加坡调解公约》中不再对和解协议作出地进行定义。此外，《新加坡调解公约》将当事人营业地这一因素作为“国际性”理由，这根植于国际商事往来实践，当事人营业地分

---

〔1〕 刘晓红、徐梓文：《〈新加坡公约〉与我国商事调解制度的对接》，载《法制社会》2020 年第 2 期。

〔2〕 陈杰：《我国国际和解协议准予救济制度的构建》，载《东南大学学报（哲学社会科学版）》2020 年第 2 期。

布各国成为常见事实。

目前我国正在大力推广调解这一争端解决方式,大力推广调解作为纠纷解决机制。中央和最高人民法院先后发布并制定了一系列关于发展以调解方式解决争议的法律法规和司法解释,还包括《关于完善矛盾纠纷多元化解决机制的意见》《关于人民法院特邀调解的规定》等司法文件。但是,一部统一的商事调解法典的缺失反映了我国商事调解制度立法不完善的现实,我国商事调解制度零散地规定于各部法律规范之中,如《人民调解法》和《人民调解委员会组织条例》。而更多的文件是有关调解与其他纠纷解决方式、调解与特定种类纠纷的法律法规及司法解释,如《民事诉讼法》中有关调解的规定,《关于深入开展价格争议纠纷调解工作的意见》等。同时,我国立法尚未对机构商事调解进行完善的规制,国家仅发布过相关指导性意见,由机构进行商事调解多采取行业自治的模式。[1]《新加坡调解公约》生效后,由机构进行商事调解或将成为主要的商事调解方式,我国立法有必要加强对商事调解机构的管理与引导。

对于"国际性"的判断,我国实证法主要采用要素说,《涉外民事关系法律适用法解释(一)》第1条列举了四类要素和一项兜底条款,四类要素分别为当事人国籍、经常居所地、标的物、客体(标的),只要四类要素中有任一要素涉外,即为涉外民事法律关系,这一规定也符合我国国际私法界的通说,即民商事法律关系的涉外性应作广义理解,只要主体、客体或者内容三要素中有一个与外国有联系,则法律关系即具有涉外性。就涉外性的判断要素而言,《涉外民事关系法律适用法解释(一)》较已被废止的《最高人民法院关于贯彻执行〈中华人民共和国民法通则〉若干问题的意见(试行)》第178条而言,增加了"经常居所地"这一连结点。

关于"营业地",已被废止的《最高人民法院关于贯彻执行〈中华人民共和国民法通则〉若干问题的意见(试行)》第185条规定:"当事人有两个以上营业所的,应以与产生纠纷的民事关系有最密切联系的营业所为准;当事人没有营业所的,以其住所或者经常居住地为准。"在运用最密切联系原则时,我国既采用了具有大陆法系特征的特征性履行说,又有英美法系的自由

[1] 魏少婷:《我国行业协会在外贸争端中的作用及发展对策》,载《对外经贸》2014年第10期。

裁量的体现,[1]该立法逻辑与公约规定相同。至于如何确定法人的住所或经常居所地,我国《民法典》第 63 条给出了答案,法人的住所是其主要办事机构所在地,对于依法需要办理登记的法人,其住所则为经登记的主要办事机构所在地。《涉外民事关系法律适用法》第 14 条规定了法人相关事项的法律适用问题,其中涉及法人的登记地、主营业地、经常居所地等。对于何为"法人的登记地",《涉外民事关系法律适用法解释(一)》第 16 条明确,法人的设立登记地即为法人的登记地。因此,"营业地"如何确认,实证法并不十分明晰。

目前我国已签署的《新加坡调解公约》于 2020 年 9 月 12 日生效,日后有关商事和解协议"国际性"的规定可以直接参照《新加坡调解公约》通过营业地、最密切联系地和惯常居住地三者结合来判断。当我国缔结或者参加的国际条约同我国民事法律有不同规定时,除了我国声明保留的条款,应当适用国际条约的规定。但是,在我国 2010 年开始对最密切联系地相关规则进行一系列的立废活动后,我国法律需要进一步明确最密切联系地认定标准。

最密切联系地,顾名思义,就是根据最密切联系原则确定的营业地。确定最密切联系地的过程就是适用最密切联系原则的过程。在实践中,法律选择过程应当遵循三段论思路,即识别、定位和适用。识别是指将案件定性,以寻找正确的冲突规范;定位是指将已确定的冲突规范中的连结点与案件相对比从而确定准据法所属地域;适用是指查明即将适用的法律内容、与案件的匹配程度以及是否涉及公序良俗等之后适用法律解决问题。未来我国可通过立法活动要求在确定最密切联系地的实践过程中必须明确列出确定案件适用准据法的具体步骤。应通过明确各方当事人的诉由与案件性质、指明案件适用的冲突规范、通过案件的事实要素结合法律规范锁定准据法的地域范围、最终确定案件的最密切联系地。[2]

---

〔1〕 李天玉:《〈联合国国际货物销售合同公约〉适用的主体范围研究》,暨南大学 2010 年硕士学位论文,第 21 页。

〔2〕 田洪鋆:《我们究竟需要怎样的灵活性?——对中国最密切联系原则可控性的思考》,载《中国国际私法与比较法年刊》2018 年第 2 期。

二、“书面形式”的定义

(一)基本解释

《新加坡调解公约》第1条规定“本公约适用于调解所产生的、当事人为解决商事争议而以书面形式订立的协议(‘和解协议’)”,因此书面形式的和解协议成为适用《新加坡调解公约》的条件。本条款对“书面形式”具体要求作了进一步规定。本条款具有如下内涵:

第一,和解协议的形式是由各方当事人签署而书面形成的。这一理解是将本条款与《新加坡调解公约》第4条第1款联系理解,当事人依赖于和解协议(和解协议具有可执行性)需遵守一定的程序要求,譬如当事人需向主管机关提供各方当事人签署的和解协议以及提供显示和解协议产生于调解的证据。[1] 所以,“当事人签署”与“书面形式”是密不可分的一组整体。

第二,和解协议的内容必须以书面形式记录下来,书面形式包含电子通信。

第三,书面形式的和解协议并不单指一份书面协议。即要求书面形式的和解协议是一份单一文件。

(二)形成过程

和解协议的书面形式要求早在工作组第六十二届会议秘书处的说明(A/CN.9/WG.Ⅱ/WP/187,第34段)中就已提出:“公约应当规定所包含的和解协议的形式要求,例如和解协议是由当事人和调解员签署的书面协议。”

对于书面形式的具体要求,工作组建议参考《国际商事仲裁示范法》第

---

〔1〕《联合国关于调解所产生的国际和解协议公约》第4条第1款规定:“当事人根据本公约依赖于和解协议,应向寻求救济所在公约当事方主管机关出具:(a)由各方当事人签署的和解协议;(b)显示和解协议产生于调解的证据,例如:(一)调解员在和解协议上的签名;(二)调解员签署的表明进行了调解的文件;(三)调解过程管理机构的证明;或者(四)在没有第(一)目、第(二)目或者第(三)目的情况下,可为主管机关接受的其他任何证据。”

31 条的规定。[1] 第 31 条规定："仲裁裁决的形式和内容：(1)裁决应以书面作出，并应由一名或数名仲裁员签名。在有一名以上仲裁员的仲裁程序中，仲裁庭全体成员的多数签名即可，但须说明任何未签字的理由。(2)裁决应说明其所依据的理由，除非当事各方协议不需说明理由或该裁决系根据第三十条所作出的和解裁决。(3)裁决应具明其日期和按照第二十条第 1 款所确定的仲裁地点。该裁决应视为是在该地点作出的。(4)裁决作出后，经仲裁员按照本条第 1 款签字的裁决书应送达给当事各方各一份。"同时，工作组特别强调，和解协议的书面形式要求不宜损害调解本身的灵活性特征，即应包含书面形式要求，但对书面形式的具体体现，应更具灵活性。

另外，工作组在第六十四届会议上审议了是否应当要求和解协议是一份单一文件(single document)的问题，即是否需要规定在一份文件中包含全部有关和解的内容。因和解协议的形式和内容的灵活性，规定单一文件的要求太为死板和苛刻，并且在商事交流的电子通信中，一份单一的文件并不能涵盖所有和解的内容，可能会给当事人带来负担。但也有人认为，单一文件要求可以使和解协议更具确定性，在可执行方面更具操作性。最后，绝大多数人都赞同不应在公约中加入这项要求。和解协议执行的确定性问题转由主管机关以在申请阶段要求当事人提供必要文件的方式解决。[2]

草案初稿指出，公约应当规定和解协议区别其他协议的形式要求，但为了保持调解过程的灵活性，这些要求应用简明的方式说明，例如要求和解协议需以书面形式作出，但同时也将电子通信手段考虑在内。[3]

草案二稿正式将电子通信及其他通信手段(the use of electronic and other means of communication)纳入书面形式要求中。[4] 特别是工作组在第六十七届会议秘书处的说明中强调，书面形式的定义参考了贸易法委员会

---

〔1〕 工作组第六十三届会议秘书处的说明(A/CN. 9/WG. Ⅱ/WP. 190，第 39 段)规定"在这样做时，工作组似宜参考《国际商事仲裁示范法》第 31 条，其中涉及仲裁裁决的形式和内容，并要求仲裁裁决应以书面形式作出，并应由仲裁员签署。此外，工作组似宜谨记，书面形式要求不应损害调解的灵活性特征。"

〔2〕 孙巍：《〈联合国关于调解所产生的国际和解协议公约〉立法背景及条文释义》，法律出版社 2018 年版，第 25 页。

〔3〕 工作组第六十四届会议秘书处的说明(A/CN. 9/WG. Ⅱ/WP. 195，第 39 - 41 段)。

〔4〕 工作组第六十五届秘书处的说明(A/CN. 9/WG. Ⅱ/WP. 198，第 27 段)。

电子商务法规“功能等同原则”(the principle of functional equivalence)。[1]

最后,公约终稿删去了“电子通信”与“数据电文”的定义,理由是工作组认为联合国贸易法委员会的《联合国国际合同使用电子通信公约》(2005年)、《贸易法委员会电子商务示范法》(1996年)和《贸易法委员会电子签名示范法》(2001年)中对这些词语有着更为详细和明确的规定,所以公约无须再单独定义。[2]

(三)要点分析

1. 书面形式要求与调解灵活性的平衡

在探讨调解协议“书面形式”的定义时,工作组反复提及和解协议的书面形式要求不应损害调解本身的灵活性。与工作组所参考的《国际商事仲裁示范法》第31条(仲裁裁决的形式和内容)规定相比,本条款更为简单,它仅规定的调解协议“书面形式”的要求,而将“书面形式”的具体形式交由其他条款规定,例如公约第4条(对依赖于和解协议的要求)。在第4条中,一份具有可执行性的和解协议,首先需要由各方当事人签署,这是表示当事人自愿同意商事纠纷通过调解解决,其次是要证明和解协议是产生于调解程序,例如具有调解员在和解协议上的签名、调解员签署的其他表明进行调解的文件、调解过程管理机构的证明或者其他能够证明和解协议是产生于调解的其他证据。将该条文与《国际商事仲裁示范法》第31条相对比可知,和解协议的书面形式要求更具灵活性:

第一,和解协议上并不一定需要调解员的签名,即调解协议的可执行性并不完全依赖于调解员的签名。但是,仲裁裁决必须由一名或数名仲裁员签名,如未签名必须说明理由,一份仲裁裁决上如果没有仲裁员的签名,那么这份仲裁裁决是不具有可执行性的。

第二,和解协议证明其产生于调解的证据是多种多样的,换言之,只要得到执行和解协议的主管机关认定或接受即可。而仲裁裁决证明其产生于仲裁只依赖于仲裁裁决本身。

第三,可执行的和解协议的书面形式包含电子通信记录。《国际商事仲

---

〔1〕 工作组第六十七届会议秘书处的说明(A/CN.9/WG.Ⅱ/WP.202,第27段)。

〔2〕 孙巍:《〈联合国关于调解所产生的国际和解协议公约〉立法背景及条文释义》,法律出版社2018年版,第24页。

裁示范法》并没有直接赋予仲裁裁决可以用电子通信记录形式作出的权利，其中规定，仲裁员签名后的仲裁裁决必须送达各方当事人，并根据《纽约公约》第 4 条第 1 款之规定“声请承认及执行之一造，为取得前条所称之承认及执行，应于声请时提具：(甲)原裁决之正本或其正式副本，(乙)第 2 条所称协定之原本或其正式副本”。一般情况下，当事人向法院申请执行仲裁裁决需要提供仲裁裁决的纸质文件。而根据公约第 4 条，和解协议的电子通信方面只要满足和解协议应由当事人签署或者在适用情况下应由调解员签署的要求就具有可执行性。

第四，和解协议的达成并不需要先决条件，即当事人不需要在调解前签订一份自愿将争议提交调解解决的书面协议就能正式进入调解过程。虽然调解也需要建立在当事人自愿同意的基础上，但是只要双方在调解后达成的和解协议上签名就已视为当事人自愿选择调解解决争议。但是仲裁裁决必须以当事人书面的仲裁协议为先决条件，即如果当事人之间未达成书面仲裁协议，则视为当事人没有自愿选择仲裁程序进行裁决，以此形成的仲裁裁决不具有合法性基础。

2. 电子通信“功能等同原则”

功能等同原则，是指在法律上将相同功能的行为或制度赋予相同的法律效力的原则。[1] 具体而言，一旦电子通信具备了传统书面形式的基本功能，本着同一功能的法律制度同等对待的原则，法律就应赋予电子通信与书面形式具有同等的法律效力。功能等同原则是电子商务法的独有原则，因为电子商务法的调整对象是电子数据行为和与电子数据有关的社会关系。不同的公约和法律对电子通信的内容具有不同的定义。

(1)联合国贸易法委员会电子商务法中的电子通信

如前文所述，《新加坡调解公约》是联合国贸易法委员会制定的，本条款在最终版本删去了“电子通信”与“数据电文”的定义，原因在于工作组认为联合国贸易法委员会的其他文书已经涵盖了这项内容。因此，欲探寻电子通信的具体内容应从联合国贸易法委员会的公约框架理解。

《联合国国际合同使用电子通信公约》第 4 条明确：“‘电子通信’系指当事人以数据电文方式发出的任何通信；‘数据电文’系指经由电子手段、电磁手段、光学手段或类似手段生成、发送、接收或存储的信息，这些手段包括

〔1〕 齐爱民等：《电子合同的民法原理》，武汉大学出版社 2004 年版，第 17 页。

但不限于电子数据交换、电子邮件、电报、电传或传真。”第 8 条规定：“不得仅以合同为电子通信形式为由而否定其效力或可执行性。”第 9 条规定：“凡法律要求一项通信或一项合同应当采用书面形式的，或规定了不采用书面形式的后果的，如果一项电子通信所含信息可以调取以备日后查用，即满足了该项要求。”可见，《新加坡调解公约》第 2 条第 2 款参考了上述规定，只要“电子通信所含信息可调取以备日后查用”就满足和解协议的书面形式要求。《联合国国际合同使用电子通信公约》第 9 条第 3 款规定了电子通信的签名形式要求，《新加坡调解公约》第 4 条第 2 款也完全参考了该条款。[1]

《联合国国际贸易法委员会电子商务示范法》第 2 条规定，“(1)‘数据电文’系指经由电子手段、光学手段或类似手段生成、储存或传递的信息，这些手段包括但不限于电子数据交换(EDI)、电子邮件、电报、电传或传真；(2)‘电子数据交换(EDI)’系指电子计算机之间使用某种商定标准来规定信息结构的信息电子传输”。

《联合国国际贸易法委员会电子签名示范法》第 2 条规定：“(1)‘电子签名’系指在数据电文中，以电子形式所含、所附或在逻辑上与数据电文有联系的数据，它可用于鉴别与数据电文相关的签名人和表明签名人认可数据电文所含信息……(3)‘数据电文’系指经由电子手段、光学手段或类似手段生成、发送、接收或储存的信息，这些手段包括但不限于电子数据交换(EDI)、电子邮件、电报、用户电报或传真。”

《联合国国际贸易法委员会国际商事调解示范法》第 16 条第 6 款规定：“和解协议的内容以任何形式记录下来即为‘书面形式’。电子通信所含信息可调取以备日后查用的，该电子通信即满足了和解协议的书面形式要求。”这一条款基本与《新加坡调解公约》规定一致。

综上，结合联合国贸易法委员会电子商务相关法律的规定，可得出《新加坡调解公约》下，电子通信是指当事人以数据电文方式发出的任何通信，

[1] 《联合国国际合同使用电子通信公约》第 9 条第 3 款规定：“凡法律要求一项通信或一项合同应当由当事人签字的，或法律规定了没有签字的后果的，对于一项电子通信而言，在下列情况下，即满足了该项要求一使用了一种方法来鉴别该当事人的身份和表明该当事人对电子通信所含信息的意图；而且二所使用的这种方法：1. 从各种情况来看，包括根据任何相关的约定，对于生成或传递电子通信所要达到的目的既是适当的，也是可靠的；或者2. 其本身或结合进一步证据事实上被证明已履行以上第一项中所说明的功能。”

数字电文是指经由电子手段、电磁手段、光学手段或类似手段生成、发送、接受、存储的信息，这些手段包括但不限于电子数据交换、电子邮件、电报、电传或传真。

（2）仲裁协议书面形式要求中的电子通信

《国际商事仲裁示范法》第 7 条规定："仲裁协议应是书面的。协议如载于当事各方签字的文件中，或载于往来的书信、电传、电报或提供协议记录的其他电讯手段中，或在申诉书和答辩书的交换中当事一方声称有协议而当事他方不否认即为书面协议。"电讯手段记录的仲裁协议是以列举形式说明的，如电话、电报或其他电讯手段，但对于新型电子数据交换，或者是单纯只用电子手段存储的信息是否能构成书面形式的仲裁协议，这点未在《国际商事仲裁示范法》中明确出来。

《纽约公约》第 2 条第 2 款规定："称'书面协定'者，谓当事人所签订或在互换函电中所载明之契约仲裁条款或仲裁协定。"这将电子通信形式的仲裁协议限定在"互换函电"。

仲裁裁决的书面形式在我国国内立法中更为明确，我国《仲裁法》第 16 条规定："仲裁协议包括合同中订立的仲裁条款和以其他书面方式在纠纷发生前或者纠纷发生后达成的请求仲裁的协议。"《最高人民法院关于适用〈中华人民共和国仲裁法〉若干问题的解释》第 1 条规定："仲裁法第十六条规定的'其他书面形式'的仲裁协议，包括以合同书、信件和数据电文（包括电报、电传、传真、电子数据交换和电子邮件）等形式达成的请求仲裁的协议。"

（3）中国国内立法中的电子通信

现已废止的《合同法》第 11 条规定："书面形式是指合同书、信件和数据电文（包括电报、电传、传真、电子数据交换和电子邮件）等可以有形地表现所载内容的形式。"其第 33 条进一步规定了"当事人采用信件、数据电文等形式订立合同的，可以在合同成立之前要求签订确认书。签订确认书时合同成立"。

我国《电子签名法》（2019 年）所建立的数据电文和电子签名制度是对我国传统合同法的补充。第 3 条规定："民事活动中的合同或者其他文件、单证等文书，当事人可以约定使用或者不使用电子签名、数据电文。当事人约定使用电子签名、数据电文的文书，不得仅因为其采用电子签名、数据电文的形式而否定其法律效力。"第 4 条规定："能够有形地表现所载内容，并可以随时调取查用的数据电文，视为符合法律、法规要求的书面形式。"这条的立法内涵与《新加坡调解公约》中"电子通信所含信息可调取以备日后查用"基本一致。

《民法典》合同编第469条明确规定:"当事人订立合同,可以采用书面形式、口头形式或者其他形式。书面形式是合同书、信件、电报、电传、传真等可以有形地表现所载内容的形式。以电子数据交换、电子邮件等方式能够有形地表现所载内容,并可以随时调取查用的数据电文,视为书面形式。"

因此,国内立法对于电子通信的定义基本也与《新加坡调解公约》与国际电子商贸法的定义相同。

三、"调解"的具体含义

(一)基本解释

因《新加坡调解公约》第1条规定,公约仅适用于调解所产生的和解协议。因此本条款对"调解"作出具体定义。本款具有如下内涵:

1. 调解要在调解员协助下进行。
2. 调解员无权将解决争议的办法强加于当事人。
3. 调解所依据的称谓和过程并不强制。
4. 调解是当事人友好解决争议的过程。

(二)形成过程

调解的英文表述在联合国国际贸易法委员会先前通过的法规和文件中出现过,如《国际商事调解示范法》中曾使用"conciliation",后来在《新加坡调解公约》中改使用"mediation"。通常的理解是,术语"conciliation"和"mediation"可以互换,而"mediation"在商事交流和实践中更为广泛和惯常使用,使用这一术语可以提高和增强公约的知名度,对"调解"这一概念本身并没有实质性或概念性的影响。调解作为广泛的概念,均指在调解员协助下当事人各方努力就其争端达成友好解决的程序。[1] 因此,从草案五稿起,调解的英文表示统一由"Conciliation"被替换为"Mediation"。

工作组在第六十三届会议上审议了关于调解的概念问题,会议提出,调

---

〔1〕 工作组第六十二届会议秘书处的说明(A/CN.9/WG.Ⅱ/WP.187,脚注7)。工作组第六十四届会议工作报告(A/CN.9/867,第120段)。

解概念应具有更广泛的包容性，以便工作组今后在必要时能够自由作出排除性规定。同时调解的概念应当明确，以便于不同法域、不同国家的当事人能够取得统一的理解，最终使得调解的过程得到各方的信任。[1] 工作组第六十五届会议工作报告(A/CN.9/896，第39段)指出本条款关于调解的定义源于《国际商事调解示范法》第1条第3款关于调解的定义，[2]其中规定："'调解'指当事人请求一名或者多名第三人('调解员')协助其设法友好解决合同关系或者其他法律关系所产生的或者与之相关的争议的过程，而不论此种过程以调解或者类似含义的措辞称谓。调解员无权将解决争议的办法强加于当事人。"[3]

工作组第六十四届秘书处的说明(A/CN.9/WG.Ⅱ/WP.195，第24、25段)中，草案初稿指出调解员"无权对争议当事人强加解决办法"这一特征，并提出问题是否应在公约中明确本公约适用范围仅限实际产生于调解的和解协议。

工作组第六十五届会议就本款的草案条文进行具体审议，确定了本款的基本表述：

1. 将条文草案"一位或几位第三人"之后加上"('调解员')"。[4]

2. 确定调解要在调解员的协助下进行。在讨论这个问题过程中，有代表认为当事人达成和解过程应更为宽泛，规定调解员的协助作为调解的要求或前提条件会使得调解的灵活性降低，并且调解员的参与会造成调解的成本升高、过程变复杂，不利于调解推行。持相反意见的代表认为，公约限定适用于通过调解达成的和解协议，因而对和解协议的程序要求是必须通过调解达成的。因此调解的定义中应对调解员的协助加以强调和要求。最

---

[1] 孙巍：《〈联合国关于调解所产生的国际和解协议公约〉立法背景及条文释义》，法律出版社2018年版，第26页。

[2] 工作组第六十五届会议工作报告(A/CN.9/896，第39段)。

[3] 《国际商事调解示范法》第1条第3款规定："For the purpose of this Law, 'conciliation' means a process, whether referred to by the expression conciliation, mediation or an expression of similar import, whereby parties request a third person or persons ('the conciliator') to assist them in their attempt to reach an amicable settlement of their dispute arising out of or relating to a contractual or other legal relationship. The conciliator does not have the authority to impose upon the parties a solution to the dispute."

[4] 工作组第六十五届会议工作报告(A/CN.9/896，第47段)。

后，草案四稿最终决定在调解的定义中保留确定调解要在调解员的协助下进行的要求。[1]

3. 调解所依据的称谓和过程并不强制，即不要求当事人明确称其过程为“调解”，也不要求当事人必须要经过特定过程和程序才能进入调解程序。关于条款中“亦不考虑进行过程以何为依据”的表述，是为了解决公约是否适用于调解的依据不是当事人的调解协议而是法律规定的义务或法院的建议等情形。草案最终保留了这项表述。[2] 另外，有代表在会议中提出，要将调解的过程限定在“有安排的或者有组织的过程”，目的是提高调解的可靠可信度，这样可以排除在非正式环境下达成的任意性和解。会议中工作组认为《国际商事调解示范法》中未将调解过程局限于“有安排的或者有组织的过程”，因而公约加入这一限定会造成误解，很难使不同国家或者不同法域的当事人达成一致见解。另外，加入不确定的限定会造成公约的确定性下降，签署国家不可避免地需要在国内法中对这一问题加以明确，会削弱公约的公信力和吸引力。因此最终删除了这项过程要求。

4. 调解是当事人友好达成协议的过程。这个过程中的参与人不仅包括当事人还包括调解人，公约本款并不强调调解人的独立性问题。对于这个问题，在本次会议上，有代表认为本款定义中应强调调解人的独立性，但最终这个建议并没有被工作组所采纳。[3]

（三）要点分析

无论是调解机构调解，还是个人调解，都是《新加坡调解公约》所认可的调解。《新加坡调解公约》未曾具体要求调解员当有何种资质，那么于本款，双方完全自愿的情况下由调解员协助解决争议而达成和解协议之过程谓之调解，故无论机构调解抑或个人调解，均为《新加坡调解公约》所调整。

调解形成的和解协议的可执行性取决于调解的自愿性、合法性、客观性和公正性特征。保证调解结果是符合大众预期中自愿、合法、客观和公正

---

〔1〕 孙巍：《〈联合国关于调解所产生的国际和解协议公约〉立法背景及条文释义》，法律出版社2018年版，第27页。

〔2〕 工作组第六十五届会议工作报告（A/CN.9/896，第46段）。

〔3〕 孙巍：《〈联合国关于调解所产生的国际和解协议公约〉立法背景及条文释义》，法律出版社2018年版，第27～28页。

的,十分考验调解人员的业务素养和专业权威。所以,大众普遍认可法院调解、仲裁调解与行政调解,因为法院、仲裁机构和行政机关的调解人员在普通民众心中更具权威和能力。法院调解与仲裁调解都有正式的官方调解书,在公约和绝大多数国家立法中,法院调解与仲裁调解形成的调解书具有与判决和裁决同等的法律效力,行政调解一般不具有可强制执行的法律效力,但是行政机关对政策、法律法规的把控度相对较好,因此大多也能被接受和确认,此二点得到普遍认可。不过,就民间调解而论,世界各国的立法莫衷一是,态度迥异。[1]

我国《人民调解法》中明确规定鼓励和支持人民调解工作,但其第 3 条第 3 款规定,"尊重当事人的权利,不得因调解而阻止当事人依法通过仲裁、行政、司法等途径维护自己的权利"。同时,第 5 条规定,国务院司法行政部门负责指导全国的人民调解工作,县级以上地方人民政府司法行政部门负责指导本行政区域的人民调解工作。因此人民调解是在司法行政机关的指导和监督下进行,人民调解本身应亦具有业务能力和权威素养。其次,人民调解委员会是常设的调解机构,对调解员的聘任和培训都有一定的要求。另外,《人民调解法》第 23 条规定,"经人民调解委员会调解达成调解协议后,双方当事人认为有必要的,可以自调解协议生效之日起三十日内共同向人民法院申请司法确认,人民法院应当及时对调解协议进行审查,依法确认调解协议的效力。人民法院依法确认调解协议有效,一方当事人拒绝履行或者未全部履行的,对方当事人可以向人民法院申请强制执行"。故,人民调解委员调解的效力毋庸置疑得到了法律的支持,但就个人调解的效力而言,我国实证法未曾认可其效力,其执行无法可依。

因此,《新加坡调解公约》未对调解人员和机构的资质作出相关规定,一方面可能使得调解的灵活性增加,调解的门槛降低,商事纠纷得以调解解决的可能性增大;然而在另一方面也可能导致纯个人调解泛滥,致使纯个人调解产生的和解协议缺乏较强的公信力而使法院无法对和解协议的效力进行认定。例如,一个业务素养非常普通的调解员参与一项国际商事争议调解,调解结果可能与其未在场的情况下双方达成和解协议的效果相同,那么调解员就形同虚设,如果对这类协议申请执行,就违背了《新加坡调解公约》的

---

〔1〕 孙长龙:《论〈新加坡公约〉的完善及其在中国的适用》,载《国际商务研究》2020 年第 5 期。

立法意旨。因此,从这个角度来讲,《新加坡调解公约》应对调解人员和机构的资质作出原则性规定,同时准许各缔约方在《新加坡调解公约》适用时对相关条件做出具体规定。[1]

第三节 一般原则

表 2.3 第 3 条 一般原则

Article 3 General Principles

中文	1. 本公约每一当事方应按照本国程序规则并根据本公约规定的条件执行和解协议。 2. 如果就一方当事人声称已由和解协议解决的事项发生争议,公约当事方应允许当事人按照本国程序规则并根据本公约规定的条件援用和解协议,以证明该事项已得到解决。
英文	1. Each Party to the Convention shall enforce a settlement agreement in accordance with its rules of procedure and under the conditions laid down in this Convention. 2. If a dispute arises concerning a matter that a party claims was already resolved by a settlement agreement, a Party to the Convention shall allow the party to invoke the settlement agreement in accordance with its rules of procedure and under the conditions laid down in this Convention, in order to prove that the matter has already been resolved.

一、直接执行机制

(一)基本解释

《新加坡调解公约》第 3 条参照了《纽约公约》第 3 条的有关规定,确定适用本公约的和解协议采用直接执行的机制,也就是只对和解协议进行形式审查。只有在当事人提出相关请求时,再根据请求的范围进行其限定范围内的实质性审查。《新加坡调解公约》确立的直接执行机制,保障了公约下和解协议的执行程序更为简单、直接、高效,具有更加明显的优势。

---

[1] 孙长龙:《论〈新加坡调解公约〉的完善及其在中国的适用》,载《国际商务研究》2020 年第 5 期。

(二)形成过程

本款在历次工作组会议讨论中经历如下变化:

1. 草案初稿[1]:"应当根据[公约]规定的条件,按照被请求执行[所在地区][所在地][所在国]的程序规则执行和解协议。"

草案初稿未规定本款在公约中的条款序号和位置。草案初稿与定稿表述相比,仅在措辞顺序上发生变化,其内容实质是相同的。

2. 草案二稿将本款规定安排在第7条(执行申请)的第2款[2]:"7(2)应根据本[公约]规定的条件,按照[本国][所寻求的(承认和)执行所在国]的程序规则,[承认并]执行和解协议。"

3. 草案三稿将本款规定安排在第3条(申请)的第1款[3]:"3(1)应当按照[立法条文:本国][公约:寻求依赖和解协议所在国]的程序规则,并根据本[公约]中规定的条件,在当事人之间赋予和解协议法律效力并执行和解协议。"

草案二稿和草案三稿与现行条款相比,最主要的区别在于定稿删除语句"法律效力"以及"承认"。本条第2款,也会述及。

4. 草案四稿将本款规定安排在第3条(申请)的第1款[4]:"3(1)[立法条文:]和解协议应按照本国程序规则并根据本法规定的条件加以执行,[公约:]每一缔约方均应按照其程序规则并根据本公约规定的条件执行和解协议。"

5. 草案五稿决定将该款从第3条(申请)中独立出来,成为第2条(一般原则)的第1款[5]:"2(1)每一缔约方均应按照其程序规则并根据本公约规定的条件执行和解协议。变更该款位置的考量在于该款应当作为缔约方的义务,而不是当事人援用和解协议的权利,因此将该款放到一般原则项下更为合适。"

---

[1] 工作组第六十四届会议秘书处的说明(A/CN.9/WG.Ⅱ/WP.195,第45段)。

[2] 工作组第六十五届会议秘书处的说明(A/CN.9/WG.Ⅱ/WP.198,第31段)。

[3] 工作组第六十六届会议秘书处的说明(A/CN.9/WG.Ⅱ/WP.200,第29段)。

[4] 工作组第六十七届会议秘书处的说明(A/CN.9/WG.Ⅱ/WP.202,第29段)。

[5] 工作组第六十七届会议秘书处的说明(A/CN.9/WG.Ⅱ/WP.205/Add.1)。

6. 在终稿中，本条与“定义”条款位置对调，最终定为第3条[1]：“3(1)本公约每一当事方应按照本国程序规则并根据本公约规定的条件执行和解协议。”

(三)要点分析

1. 公约采取直接执行机制而非审查机制

《新加坡调解公约》通过之前，国际上尚无统一国际商事和解协议跨国执行机制的文件，如同联合国国际贸易法委员会在颁布《国际商事调解示范法》时解释的那样，考虑到各国商事调解立法存在差异，和解协议的跨国执行问题就先交由各国国内立法解决。因此，对在本国申请执行的国际商事和解协议，各国有自己的执行机制，大致上可以分为作为合同履行、经法院确认或经公证后执行、转化为仲裁裁决执行和直接执行四种模式。

第一，作为合同履行。将和解协议作为合同履行是较为传统也较为保守的做法。在没有规定和解协议约束力或者和解协议执行程序的国家，和解协议的效力主要仰赖于契约理论。对和解协议的违反视为合同违约，也就是说，作为合同履行的和解协议，在当事人拒绝履行的时候，只通过重新调解或者选择其他的争议解决方式解决。[2] 从合同的性质上看，和解协议确应属于合同行为，因为它符合“合同自由”这个当代合同法律制度的核心规则。一方面，当事人可以自由地协商决定所订立合同的内容和形式，只要其不违反法律的特别规定就可以。另一方面，当事人订立的合法有效的合同，理应得到严格遵守和执行，同时也不被国家机关所干涉。因此，当事人达成的和解协议，是其自愿了结争议，处分民事权利的结果，符合“合同自由”规则，当然具有相应的约束力并得到当事人的遵守和履行。作为合同履行这种执行模式将调解的价值终结在了其自愿性和自律性。当和解协议得不到履行时，当事人只能够再寻求其他的解决方式，或是重新调解，或是提请仲裁或诉讼。如若当事人选择重新调解，再次达成的和解协议仍旧有得不到履行的风险。尽管将和解协议认定为合同性质的说法争议不大，大部分国家也都对涉外合同的法律适用进行了详细的规定，阻碍相对较少，但将

---

[1] 关于调解所产生的国际和解协议的公约草案秘书处的说明(A/CN.9/942，第4段)。

[2] Klaus J. Hopt & Felix Steffekj Tediation: Principles and Regulation in Comparative Perspective, Oxford University Press, 2012, p.919.

其作为合同履行，实际上否定了和解协议的“既判力”，当事人必须得寻求其他救济，等于承认了和解协议是随时可以被违反的，当事人为调解所付出的努力也白费了。这会变相地促使谨慎的当事人回避调解这一争议解决方式，严重阻碍国际商事调解的发展。

第二，经法院确认或经公证后执行，实质上是将和解协议转化为法院或者公证机关作出的文书，借助双边司法协助条约或者如《选择法院协议公约》等多边公约得到跨国执行。目前许多国家采用这一做法。例如，在加拿大，其判例法认为经由社会调解所达成的和解协议与合同的效力是一样的，并不可以直接作为强制执行的依据，必须转化为法院的裁决。由此，和解协议因国家公权力机关的确认而获得了与法院裁判一样的执行地位，可通过国家间判决承认与执行机制得到跨国执行。因为国际商事调解正逐渐成为替代性争议解决（ADR）中的主要争议解决方式，国际社会对其性质及执行力的讨论越发热烈，所以有一些人提议赋予国际商事和解协议以外国裁判相同的效力，加之各国也愈加认识到赋予和解协议执行力的重要性，因此，通过本国的法院系统将当事人之间的和解协议转化为有执行力的法院文书或通过本国的行政（公证）系统将之转化为公证文书便成为许多国家的选择。

第三，转化为仲裁裁决执行。与上一种执行模式类似，将和解协议转化为仲裁裁决执行亦是借助了现有的《纽约公约》下仲裁裁决跨国执行机制的便利。这种执行模式通常表现为，当事人在和解协议中设置一个仲裁条款，约定当事人一方可将该和解协议提请仲裁，仲裁员对此进行书面审理并根据本和解协议的内容作出裁决书，该裁决可通过《纽约公约》在公约国申请执行。

《纽约公约》在各国的运行效果不差，其数量众多的成员方为国际商事争议的解决提供了非常大的可预见性。和解协议的执行依附于这种较为成熟的机制下，本该一帆风顺地运行，但一些新的问题与挑战也同时应运而生。调解和仲裁有着本质上的差别，调解是一个非强制性、非程序性的过程，调解员没有作出有约束力裁断的权力，当事人可以自由地对自己的权利义务关系作出处置，而仲裁在许多时候恰恰相反。因而，贸然将仲裁的标准植入调解，是无法自然契合的，反而还会带来风险。在程序上，可能面临仲裁协议无效、缺乏正当程序等风险。首先，许多国家法律直接规定和解协议拥有与仲裁裁决相同的效力，仲裁程序并未实际进行，遑论签订有效的仲裁协议。在《纽约公约》中,一份有效的约定争议解决的仲裁协议或者仲裁条款是执行仲裁裁决的必要条件。也就是说,若要依附仲裁裁决执行机制,争议双方必须拥有前瞻性的视野,预见将来可能发生的争议会通过调解解决并经由《纽约公约》执行,然后将其提前规定在商事交往合同之中,但这要求太过苛刻了。其次,调解程序是具有保密性的,调解保密制度允许调解员私下接触争议各方,并对其他方保密,目的是探明各方底线,商讨敏感话题,但仲裁程序要求"面对面",强调的是当事人之间对事实问题的辩论,体现仲裁的公开性和对抗性。根据《纽约公约》第 5 条第 1 款(乙)项的规定,若当事方未参加仲裁程序,致使没有机会就案件进行申辩,将被视为违反正当程序,由此作出的仲裁裁决无法通过《纽约公约》获得执行。可见,将和解协议转化为仲裁裁决执行的做法在衔接上并不自然,究其原因,主要是两种纠纷解决机制在实体和程序上皆存在较大区别,仲裁裁决执行的制度设计本便是为仲裁程序量身定做,贸然适用于调解程序会出现理论上的争议。

第四,和解协议直接执行是指不依附任何其他争议解决执行机制,直接赋予和解协议具有如同判决一样的执行效力,一旦和解协议被作出,一方当事人在对方拒绝履行时可以向法院申请强制执行。这一做法最大限度地肯定并保证了商事调解作为争议解决机制的独立价值。

原则性效力规范在整个文本的体系中被放在了第 3 条,从文本中我们可以看到,《新加坡调解公约》中的原则性效力规范采纳了肯定说的观点,即赋予和解协议能够得到直接执行的效力。在文本的撰写过程中,工作组对于公约是采用直接执行机制还是引入另一种控制机制,引导各国代表进行了相关的讨论。而在其工作报告中,工作组也对两种机制作了相应的阐述:直接执行机制能使和解协议通过简单的机制得到执行,但是这种执行显然仍需要满足一定的条件,文本需要对最低限度的条件作出描述以实现其目的。审查机制则需要经过主管机关的审查认可或认同之后才能执行,而这种审查的职能应当由执行请求地的法院在最低限度内履行。[1] 如公约采用审查机制,就意味着需要首先经过主管机构的认证或认可才可在另一国寻求执行。适用审查机制需要考虑以下几个问题:第一,如何确定哪个法域对和解协议的审查拥有管辖权,以及是否需要确立使国内执行程序具有国

〔1〕 工作组第六十二届会议工作报告(A/CN. 9/832,第 52 段)。

际效力的最低标准。[1] 第二,如果和解协议需经过认证才能启动执行程序,那就需要考虑如何确定负责审查的主管机关以及获得认证的程序问题。[2] 第三,还需要进一步考虑审查机制相比于执行机制的效率问题。

在讨论的过程中,以挪威为代表的国家在工作组第六十三届会议上发表了赞同的观点,指出直接执行不应剥夺来源国法院对和解协议有效性进行审查的机会。[3] 在和解协议来源国设立一种简单的审查机制可为整个执行程序提供便利,使来源国更便于初步确定些问题,例如,和解协议的有效性、是否满足对调解过程的程序要求。这些国家代表认为,设立简单的审查机制并不等同于双重执行确认,因其只是在执行和解决议之前查明协议的有效性等事项。[4] 其依据主要有以下两个方面:第一,审查机制作为执行前提时会有更多的要求,如和解协议的国籍问题,和解协议公证之后的条约适用问题等,而这之中有些要求是在实践中难以确定的,如和解协议的国籍问题。调解区别于仲裁和诉讼,各国确定和解协议国籍的关联因素会存在较大的不同,如和解协议达成地、调解机构所在地、调解程序进行地等,而这种不同就会使和解协议的国籍难以确定。第二,审查机制所导致的额外程序带来了便利性受损问题。一方面,这种审查机制很可能带来双重执行确认的问题,即来源国审查和执行申请审查的双重审查。这种双重确认会带来更为复杂并且为期更长的执行程序,这无疑会加重当事人的负担。这与调解制度所追求的便捷快速地解决国际争端的思想是相悖的。另一方面,这种审查是否多余也存在理论争议,有代表就认为,在执行过程中,当事人可以对和解协议的执行提出抗辩,而在这种抗辩权利存在的同时又规定了事前审查,这显然是一种不必要的设计,只会给当事人带来更为复杂的程序要求。

与上述国家相反,美国、以色列、瑞士、丹麦、法国等国家反对采取审查机制。这些国家的代表指出,公约的立法宗旨是参照《纽约公约》第3条承认和执行和解协议,而不要求将"审查机制"作为执行和解协议的前提条件。这些国家反对的理由主要包括:第一,和解协议不同于法院判决与仲裁裁

〔1〕 工作组第六十二届会议工作报告(A/CN.9/832,第54段)。

〔2〕 工作组第六十二届会议工作报告(A/CN.9/832,第50段)。

〔3〕 工作组第六十三届会议工作报告(A/CN.9/861,第82段)。

〔4〕 工作组第六十三届会议工作报告(A/CN.9/861,第83段)。

决，在实践过程中可能难以确定和解协议的来源国，因为不同国家确定来源的相关因素可能不同；第二，审查机制可能会导致和解协议的执行需要经过双重执行确认，这有悖于本公约的目的——推行一种简洁且高效的和解协议执行模式；第三，鉴于当事人可以对和解协议的执行提出抗辩，对于和解协议来源国的审查将成为多余。[1]

各国反对的理由相对简单，就是认为建立来源国审查的模式会剥夺来源国法院对于协议有效性的审查机会。这些国家的代表认为，可以通过设立一种简单的机制来便利和解协议的执行问题，而这种机制由和解协议来源国来界定更为便捷高效，通过来源国法院的简单程序对和解协议有效性等问题作出查明后能够给和解协议提供更强大的法律依据。这些代表认为，这种来源国的审查机制并不会带来双重审查的问题，这种机制只是对协议有效性等简单的问题作出审查，而不涉及执行国国内法的审查内容，故在避免双重审查问题的同时，能够降低执行国法院的工作压力，减少拒绝执行的理由。

从上面的讨论我们可以看到，直接执行机制虽然保障了和解协议的执行效率，但其执行效果的实现仍然有赖于申请执行国的相关程序规则，故和解协议并不是一定能够得到执行，而是需要符合申请执行国的相关法律。在执行过程中，当事人可以提出相应的抗辩，申请法院进行相应的审查。而来源国审查的机制虽然能对一些简单的问题提前作出审查，以限制申请执行国拒绝执行的理由，但是支持该模式的国家代表并没有提出解决来源国认定标准不统一带来的来源国认定困难等问题的方案。同时，申请执行国是否应当放弃和解协议有效性的司法审查权也没有充足的理由予以支持。故最终在实践中仍有极大的可能存在双重审查的问题。额外的法院审查对当事人提出了更高的程序要求，这显然不符合国际商事活动的高效便捷性。由此可见，直接执行机制纳入公约更为合适，也更符合公约制定之初期望达到的目标。在经过会议讨论之后，工作组最终选择参考《纽约公约》的相关做法，坚持采纳了直接执行机制。通过具体条款赋予和解协议以直接交付执行的效力，并通过明确规范相应的抗辩理由，交由申请执行国进行执行前审查，而不要求来源国在执行前对和解协议进行相应的审查。希望以此简化整个执行程序，给当事人带来更多的便利。

---

〔1〕 工作组第六十三届会议工作报告（A/CN. 9/861，第 81 段）。

综上，工作组决定参照《纽约公约》的做法采用直接执行机制，使和解协议的当事人能够在执行地要求直接执行，而不要求在来源国对和解协议进行审查。[1]

和解协议直接执行是指不依附任何其他争议解决执行机制，直接赋予和解协议具有如同判决一样的执行效力，一旦和解协议被作出，一方当事人在对方拒绝履行时可以向法院申请强制执行。这一做法最大限度地肯定并保证了商事调解作为争议解决机制的独立价值。在《新加坡调解公约》出台之前，许多国家便有法律规定商事和解协议的直接执行机制。例如，厄瓜多尔认定和解协议具有与终审判决一样的效力和地位，其《仲裁与调解法》在第 47 条特意指出，“该调解法中所指的和解协议具有终审判决和既判力的效力，(法院)应按照法律程序接收(申请)，以与最后判决相同的方式执行；执行法官不承认任何抗辩，除非是在执行调解法之后提出的”。[2] 有了这一规定，厄瓜多尔不只给予了和解协议超越传统大陆法系的效力，更是给和解协议制定了一个总括的执行程序。

《新加坡调解公约》第 3 条规定，公约的每一当事方应按照本国程序规则并根据本公约规定的条件执行和解协议。这实际上确立了国际商事和解协议跨国直接执行机制，类似于《纽约公约》第 3 条的规定，各缔约方承认仲裁裁决具有约束力，并依援引仲裁地的程序规则及公约所载的条件执行。公约在第 1 条第 3 款中排除了两种和解协议的执行：第一，经由法院批准或者系在法院相关程序过程中订立的协议和可在该法院所在国作为判决执行的协议；第二，已经记录在案并可作为仲裁裁决执行的协议。该款的规定，意味着加入公约成员方原有的执行机制可以与公约并行不悖，不能经成员方原机制执行的和解协议或者并未对国际商事和解协议执行问题立法的国家可依据该公约直接执行。

---

[1] 孙巍：《〈联合国关于调解所产生的国际和解协议公约〉立法背景及条文释义》，法律出版社 2018 年版，第 30 页。

[2] 厄瓜多尔《仲裁与调解法》于 1997 年 9 月 4 日颁布，后于 2006 年 12 月 14 日编入正式法典。第 47 条规定：“The mediation act containing the agreement has the effect of a final judgment and of res judicata, and shall be enforced in the same way as a last resort judgment, following the legal procedure for collection; without the enforcing Judge admitting any defense, unless such is originated after the execution of the Mediation Act.”

《新加坡调解公约》中所提倡的和解协议的执行机制与国际上现存的直接执行机制并没有本质上的区别，也同样有着程序更简便、审查条件更明晰、在理论上更具有正当性等优势。同时，由于公约本身是一个统一的国际法律框架，依托于此的直接执行模式相比各国国内机制天然地更加具有“国际”力量，能在和解协议的“跨国”执行方面提供坚实有力的保障。

2. 直接执行机制更有利于商事和解协议的执行

相较于审查机制，直接执行机制更利于商事和解协议执行效果的实现，其突出优势体现在如下三个方面：

第一，程序更加简便。和解协议直接执行大幅度降低了执行程序的烦琐程度，提供了一种简单且直接的机制。无论是将和解协议转化为法院判决还是仲裁裁决执行，都要“两步走”，当事人先通过调解达成和解协议，然后向法院申请司法确认，或向公证机构申请公证，或向仲裁机构申请作出仲裁裁决。这在程序上较为烦琐，增加了当事人的负担。此外，法院对和解协议进行司法确认，涉及两个方面的问题，一是审查方式，二是审查形式。对于审查方式，可以采取书面审或者开庭审。根据我国《司法确认规定》，在审查形式上，当事人向法院申请司法确认，必要的时候甚至要到庭进行陈述。有观点认为，只需要审查形式条件即可。[1] 也有观点认为，避免虚假调解，应适当进行实质审查。[2] 若对人民调解协议进行实质审查，为了避免虚假性质的调解，应当进行适当的形式的实质审查。如果对人民调解进行实质性审查的话，那么司法确认的时间将会被拉长，协议的执行时间点也会向后拖延。而在对和解协议进行公证的程序中，公证机构一般也会对和解协议进行实质审查，除此之外，当事人还需缴纳价格不低的公证费用。

在仲裁机构将和解协议转化为仲裁裁决的程序中，当事人达成和解协议后，通过在和解协议中设置仲裁条款或另行签订仲裁协议，请求仲裁庭就和解协议确定的内容作出裁决书。采用此种执行机制，当事人除了调解程序外，还需承担仲裁程序所带来的程序负担。为了将和解协议通过与仲裁程序衔接而得到一个可被强制执行的裁决书，当事人需要在和解协议中就

---

〔1〕 廖中洪：《民事司法确认程序若干问题研究》，载《西南政法大学学报》2011 年第 1 期。

〔2〕 郭娟、车志平（湖北省宜昌市中级人民法院课题组）：《人民调解协议司法确认制度的运行偏差与本位回归——基于对 H 省 Y 市各基层法院司法确认制度运行状态的考察分析》，第八届“中部崛起法治论坛”论文，2015 年 10 月 19 日。

仲裁的程序、方式以及其适用规则给予限定和明晰的表述，进而由仲裁机构指定仲裁员，抑或原调解程序中的调解员对和解协议作出裁决。

而国际商事和解协议直接执行的机制比上述两种机制的程序更加简便。当事人达成和解协议后，无须向法院申请司法确认或向公证机关申请公证，以获得与判决相同效力的文书；也无须通过另启仲裁程序获得仲裁裁决。在直接执行机制下，国际商事和解协议具有强制执行的效力，当事人可直接向执行国法院申请执行，执行国法院根据相关条件对和解协议进行审查，决定是否执行。

第二，对和解协议的审查条件更加明确。直接执行当事人之间达成的和解协议，对于执行国法院来说，需要审查的仅仅是和解协议是否符合法律规定的条件，只要法院经审查后认为申请执行的和解协议符合内容属于可调解范围、经过了正当的调解程序、不违反执行国的公共政策等条件，便可准予直接执行。而在经法院司法确认、经公证后执行或转化为仲裁裁决执行的机制下，执行国法院除上述审查条件外，还暗含着一个最基础的审查条件：即该经和解协议转化而来的“文书”是否能被认定为具有判决效力或裁决效力。

经司法确认或公证机构公证的确可以使和解协议获得强制执行力，但这种强制执行力仅及于作出司法确认或公证的国家，若要使和解协议得到跨国执行，当事人必须再次向执行国法院提出申请，执行国法院对于此时当事人手中的“判决”将按照两国共同加入的有关外国判决承认与执行的公约或者两国缔结的司法协助条约进行界定，判断其是否属于可被执行的“判决”。经过上文分析可以看出，对于经过司法确认或经过公证机构公证的和解协议是否属于可被执行的与判决有同等效力的文书，尚存在模糊不清的地方，因为国际公约和双边条约中并未进行详细规定。因此，执行国法院在该审查条件尚不明确的情况下，极有可能拒绝在本国已经被司法确认或已经被公证的和解协议。

在和解协议达成后直接就其内容提交仲裁的做法也极具风险。仲裁作为一种重要的争议解决方式，其主要目的是解决当事人之间有争议的事项，而将和解协议转化为仲裁裁决的做法仅仅只是为了使和解协议获得强制执行力，此时当事人之间的争议已经不存在，仲裁庭以当事人达成的处理意见作为裁决内容，是一种合意裁决。

第三，在理论上更具有正当性。经法院司法确认或经公证机关公证的和解协议具有强制执行力是因为其依托的是国家公权力,作为国家司法机构和行政机构,法院拥有国家赋予的司法审判权,公证机构拥有国家赋予的行政审批权。然而,仲裁裁决的作出并不依附于国家权力,而是由民间仲裁机构作出,国际与国内的立法却允许在最大限度上对仲裁裁决准予执行。

国际商事调解不同于人民调解、行业调解,尤其是在其调解机构实力、调解人员素质等方面,均表现出与法院、仲裁机构相当的水平。在这种前提下,由商事调解机构主持所产生的和解协议仅仅具备民事合同性质,还需要法院或仲裁机构对其做下一步的转化才能使其具有强制执行力,商事调解自身的特性和优势并没有在其和解协议的效力层面体现出来,因此此种规定亦存在不合理之处。

在很多情况下,合同的不履行或不完全履行是引起当事人商事纠纷产生的主要原因。经过商事调解后,和解协议依然还是合同性质,其仍然具有不被履行的风险和进一步救济的需求。这种"合同套合同"的纠纷解决方式在实践中效率很低。况且,商事调解是一种专业性的调解,需要配置高水平的人员、专门的机构、成体系的规范。经过这样一套社会成本并不低廉的救济,得出的和解协议文书仍然还是合同性质,纠纷解决机制的产出与投入比明显过低。[1]

二、不主张执行和解协议的情形

(一)基本解释

《新加坡调解公约》适用于当事人可能不主张执行和解协议,而是在其他程序中依赖和解协议的情形之下,例如,在某项争议中引入和解协议作为抗辩理由。

(二)形成过程

草案初稿未对本款内容进行讨论。从草案二稿开始,本款在工作组历次会议中经历了如下变化:

1. 草案二稿将本款安排在第6条[2]:"Draft provision 6(Recognition

〔1〕 侯金剑:《论中国商事调解以商会商事调解为中心》,中国政法大学2011年硕士学位论文,第33页。

〔2〕 工作组第六十三届会议工作报告(A/CN.9/WG.Ⅱ/WP.861,第83段)。

and enforcement) Option 1: International commercial settlement agreements resulting from conciliation shall be recognized and be given legal effect under the conditions laid down in this [instrument]. Option 2(if the instrument were to take the form of a convention): A Party to this Convention shall recognize international commercial settlement agreements resulting from conciliation and give legal effect to them under the conditions laid down in this Convention." "应根据本[公约]规定的条件对调解所产生的国际商事和解议给予承认并赋予法律效力。(如果采取公约形式):本公约当事人应承认调解所产生的国际商事和解协议,并根据公约规定的条件赋予其法律效力。"草案二稿的行文中包含"承认""法律效力"的表述,工作组在后续的讨论中决定删除这些表述。

2. 草案三稿将本款安排在第3条第1款[1]:"3(1) A settlement agreement shall be given legal effect between the parties and enforced in accordance with the rules of procedure of [option 1, legislative provision: this State][option 2, convention: the State where the settlement agreement is sought to be relied upon], and under the conditions laid down int his[instrument]。" "3(1)应当按照[立法条文:本国][公约:依据和解协议寻求救济的国家]的程序规则,并根据本[公约]中规定的条件,在当事人之间赋予和解协议法律效力并执行和解协议。"

3. 草案三稿的行文中提及"赋予和解协议法律效力",工作组在后续的讨论中决定删除这些语句。

4. 草案四稿将本款安排在第3条第2款[2]:"3(2)[Legislative provision:] If a dispute arises concerning a matter that a party claims was already resolved by a settlement agreement, the party may invoke the settlement agreement in accordance with the rules of procedure of this State and under the conditions laid down in this Law, [in order to conclusively prove that the matter has been already resolved.][Convention:] If a dispute arises concerning a matter that a party claims was already resolved by a settlement agreement, a Contracting State shall allow the party to invoke the settlement agreement in

〔1〕 工作组第六十六届会议秘书处的说明(A/CN. 9/WG. Ⅱ/WP. 200,第29段)。

〔2〕 工作组第六十七届会议秘书处的说明(A/CN. 9/WG. Ⅱ/WP. 202,第29段)。

accordance with its rules of procedure and under the conditions laid down in this Convention [in order to conclusively prove that the matter has been already resolved]。""3(2)[立法条文]如果就一方当事人声称已由和解协议解决的事项发生争议,该方当事人可以按照本国程序规则并根据本法规定的条件援用和解协议[以便以确定无疑的方式证明该事项已得到解决]。[公约]如果就一方当事人声称已由和解协议解决的事项发生争议,缔约方应允许该方当事人按照其程序规则并根据本公约规定的条件适用和解协议[以便以确定无疑的方式证明该事项已得到解决]。"

5. 草案五稿将该款从第3条中独立出来,该款为现行生效公约的第2条第2款〔1〕:"2(2) If a dispute arises concerning a matter that a party claims was already resolved by a settlement agreement, Contracting State shall allow the party to invoke the settlement agreement in accordance with its rules of procedure and under the conditions laid down in this convention, in order to prove that the matter has been already resoled。""2(2)如果就一方当事人声称已由和解协议解决的事项发生争议,缔约方应允许该方当事人按照其程序规则并根据本公约规定的条件援用和解协议,以证明该事项已得到解决。"变更该款位置的考量与本条第1款相同。另外,草案五稿删除了草案四稿方括号内语句中"以确定无疑的方式(conclusively)"这一表述。

6. 在终稿中,本条与"定义"条款位置对调,最终定为第3条〔2〕:"3(2) If a dispute arises concerning a matter that a party claims was already resolved by a settlement agreement, a Party to the Convention shall allow the party to invoke the settlement agreement in accordance with its rules of procedure and under the conditions laid down In this Convention, in order to prove that the matter has been already resolved. ""3(2)如果就一方当事人声称已由和解协议解的事项发生争议,公约当事方应允许该当事人按照本国程序规则并根据本公约规定的条件援用和解协议,以证明该事项已得到解决。"

---

〔1〕 工作组第六十七届会议秘书处的说明(A/CN. 9/WG. Ⅱ/WP. 205/Add. 1)。

〔2〕 关于调解所产生的国际和解协议的公约草案秘书处的说明(A/CN. 9/942,第4段)。

（三）要点分析

1. 回避“承认”相关规定

关于执行，公约中避免适用“承认”一词，主要原因在于各国对和解协议的承认存在不同的看法，部分国家认为和解协议属于私主体达成的文件，不涉及国家承认的问题。所以公约在此问题上灵活处理，在不使用“承认”一词的情况下，间接表述当事人可以按照本国程序规则援用和解协议，以证明相关的争议事项已解决。此规定较好地解决了各国对于“承认”的理解分歧。

2. 和解协议可用于非执行程序

本款是关于在非执行程序中援用和解协议的规定。工作组第六十三届会议指出：援用和解协议可能涉及各种不同情形，例如，以争议已经和解协议解决为由驳回一项主张[1]。同时，工作组第六十七届会议明确，本款的适用情形包括因抵消目的援用和解协议。

3. 保留“以便证明该事项已得到解决”这一表述有利于消除不确定性

关于本款的措辞，草案四稿将“以便以确定无疑的方式证明该事项已得到解决”放在方括号内，作为待审议的表述。有代表建议删除这一表述，理由是该表述可能缩小该款的适用范围，因为抗辩理由并非仅限于证明争议已经得到解决。

美国代表反对删除这一表述，其认为，由于“承认”一词在不同的法域可能具有不同的法律后果，工作组决定不将“承认”一词写入本条。因此，工作组决定条款表述不直接提及“承认”，而是具体规定承认的法律效果，即援用和解协议作为抗辩。如果略去方括号内的语句，第 3 条第 2 款（现行公约的第 2 条第 2 款）有可能被理解为和解协议仅具有参照作用或仅作为证据。反之，如果保留括号内的语句，则可消除援用和解协议进行抗辩的含糊之处，明确指出可以援用和解协议，以确定无疑的方式证明争议得到解决。

工作组第六十七届会议对该问题进行了审议，工作组最终采纳了美国的意见，决定保留这段案文，但是删除“以确定无疑的方式”这一表述。会上指出，删除“以确定无疑的方式”不会改变该条文的含义，这一表述没有太大价值。

---

〔1〕 工作组第六十三届会议工作报告（A/CN. 9/861，第 74 段）。

4. 我国国际商事和解协议跨国执行制度的构建

总的来说，联合国国际贸易法委员会制定的《新加坡调解公约》是国际商事领域的一大发展，促进了国际商事调解地位的提升，让更多人愿意使用国际商事调解达成和解协议。不难想象，公约必然会对国际争议调解的发展产生巨大的影响，这不仅是当代国际社会对国际经济纠纷解决的共同期望，也是我国"一带一路"国家战略中所积极倡导的多元化争议解决的发展方向。但需要提出的是，由于调解本身的性质与跨境执行的特殊性，公约作为一个多方妥协的结果，本身仍有许多需要改进的地方。例如，执行的主动权仍然掌握在各个国家手中，由各国的国内法决定具体执行程序。所以，协调这一领域的国际、国内立法仍然需要一定时间。

国际商事和解协议的执行机制是个大的命题，协议直接执行意味着被申请执行国的主管机关（在我国主要是指人民法院）像对待仲裁裁决一样对和解协议进行司法审查，然后强制执行。这当中涉及方方面面的制度设计。以《新加坡调解公约》为参考，我国立法中应当建立和解协议直接执行机制，同时也有必要具体细化和解协议的认定与执行制度。

（1）确定和解协议的执行效力

对于和解协议在我们国家的效力，我国长期以来是依据契约理论来应对这一问题的。2009 年最高人民法院颁布的《关于建立健全诉讼与非诉讼相衔接的矛盾纠纷解决机制的若干意见》明确了和解协议的性质属于合同并且对于当事人具有拘束力，第 9 条中指出，仲裁机构的独立调解产生的和解协议属于合同性质，同时提出了和解协议应当产生于按照贸易法委员会调解规则进行的调解程序并且应当满足当事人签字盖章的形式要件。[1]因此我国对于和解协议的效力问题应当通过《民法典》的相关规定进行判断，和解协议的有效性依赖于一般的合同效力规则。在和解协议的执行性方面，我国仍然同其他国家实践主流做法一样，和解协议本身并不具有直接的可执行性，而需要转化过程和确认程序。《关于建立健全诉讼与非诉讼相衔接的矛盾纠纷解决机制的若干意见》第 20 条的规定指出，经过行政机关、

〔1〕《关于建立健全诉讼与非诉讼相衔接的矛盾纠纷解决机制的若干意见》第 9 条规定："没有仲裁协议的当事人申请仲裁委员会对民事纠纷进行调解的，由该仲裁委员会专门设立的调解组织按照公平中立的调解规则进行调解后达成的有民事权利义务内容的调解协议，经双方当事人签字或者盖章后，具有民事合同性质。"

人民调解组织、商事调解组织、行业调解组织或者其他具有调解职能的组织调解并由此形成的具有合同性质且经过调解组织和调解员盖章或签字后的和解协议,可以由当事人向拥有管辖权的人民法院申请确认效力。确认和解协议的效力,必须基于当事人的自愿,且法院在确认和解协议的执行力时也应当对于当事人是否愿意进行确认进行询问。《关于建立健全诉讼与非诉讼相衔接的矛盾纠纷解决机制的若干意见》也明确了法院对于和解协议可以不予确认的情形,包括和解协议内容违反国家法律规定、内容侵犯国家利益、社会公共利益和第三人的利益、内容涉及对于当事人的刑事责任进行追责的、和解协议的内容不明确造成无法对其进行确认和执行。对于涉及调解程序中强迫进行调解和调解组织、调解员不当行为的和解协议,法院也可以不予确认。

而对于确认和解协议的救济,当事人仍然可以通过诉讼提出抗辩进而要求法院变更、撤销和解协议或者确认和解协议无效。这一救济也是和解协议的合同性质所决定的。既然是合同,当事人在合同生效之后因为法定或约定的理由请求法院变更或撤销即为之提供了法理上的可行逻辑。这与仲裁有所区别,对于终局性的仲裁裁决,当事人可以依据仲裁法向管辖法院申请撤销裁决,但是无法请求法院就裁决的实体内容进行变更和撤销。这是由和解协议与仲裁裁决在性质上的根本差异所导致的。

在中国,还可以将和解协议通过公证程序变为公证债权文书,或者使和解协议以支付令的形式得到执行。但这只是在实际效果上如何使得和解协议内容被执行的替代路径。这两种方式的本质仍然是对公证债权文书和支付令的执行而不是对于和解协议的执行,其只是借助公证债权文书和支付令的形式进而实现了当事人和解协议内容的执行,本质上并不涉及我们所讨论的和解协议的可执行性的问题。

《新加坡调解公约》不像《海牙选择法院协议公约》和《纽约公约》那样强调外国判决或者仲裁裁决的"承认和执行",《新加坡调解公约》并未再提及"承认"二字。在公约的讨论阶段,许多国家认为该词并非一个严谨术语,因为其在不同的法域拥有不同的含义。[1] 此外,承认和执行在各国法律实践中也有不尽相同的含义。比如,国际投资仲裁案中,外国投资者诉东道

---

〔1〕 温先涛:《〈新加坡公约〉与中国商事调解——与〈纽约公约〉〈选择法院协议〉》,载《中国法律评论》2019 年第 1 期。

主，即便仲裁裁决被承认有效，仲裁裁决被拒绝执行也是常有之事。

同时，承认往往涉及和解协议的既判力问题。一般认为，既判力的完整内涵包括两部分，一是禁止反复的积极既判力，即当事人不得再起诉；二是禁止重复的积极既判力，即法院可将其作为后诉裁判的基础。有学者认为，经和解协议转化而来的包括司法确认文书、公证债权文书和支付令在内的各种法律文书都不应该具有既判力，因为当事人没有得到辩论机会，这些转化过程都没有提供最低限度的正当程序保证，而这种正当程序实质性保障下的自我归责原理恰恰是既判力的根基所在。[1] 因此，不经过上述转化过程的和解协议本身当然也不应该具有既判力。

然而，就像承认和执行可以分离一样，不具有既判力的和解协议并不意味着其当然不可以拥有执行力。尽管和解协议在性质上与普通的民事合同并无二致，但和解协议的不同之处在于其加入了第三方调解员的见证行为，在客观上起到了类似证明，甚至公证的作用。故此可以认为当事人对和解协议所确认的双方权利义务没有实质性的争议，具备转化执行的基础。因此，我国可以在商事调解立法中确定和解协议的执行效力，采取"商事和解协议应当根据本法规定的条件执行"等类似的措辞，确保和解协议的当事人能够在执行地要求直接执行，且不要求和解协议来源国对和解协议进行审查。

(2)制定统一的调解领域的专门立法

2002 年联合国国际贸易法委员会颁布的《国际商事调解示范法》以及近些年来各国(地区)进行的专门立法，如 2008 年欧盟、2012 年我国香港特区以及 2017 年新加坡都制定有专门的调解法律。而这些立法的出台也在客观上推动了各自法域内调解制度的发展。因此，一部统一的调解法将为一国未来的调解制度发展保驾护航，我国有必要在借鉴丰富的国际经验基础上制定并出台专门的商事调解法。建议在调解法的立法过程中注意以下问题：第一，要明确适用范围，包括理顺现存各个调解类型与国际和国内调解的关系，对于人民调解、行政调解、司法调解与商事调解的划分衔接等关系进行厘清，对于可调解的争议事项进行明确，进而保证调解法对于一切中国领域内的调解活动有统一的适用性。第二，应当突出和明确意思自治的这一原则，以衔接《新加坡调解公约》中体现的对于当事人意思自治的价值

---

〔1〕 肖建国、黄忠顺：《调解协议向执行名义转化机制研究》，载《法学杂志》2011 年第 4 期。

追求,在商事调解领域破除行政色彩和司法色彩浓重的障碍,为当事人意思自治开辟空间。第三,应当规定调解保密性的相关要求,而这种设计应该是具有平衡性的保护功能,既要保护相关信息保密,又不能妨碍程序的灵活性,更不得破坏当事人的意思自治。第四,要赋予和解协议可执行性。这种可执行性在理想化的程度上,应该是无论国内调解还是国际调解所产生的和解协议都应该具有直接的执行性。但是由于我国立法以及调解实践在客观上并不成熟也缺乏相应的实践经验,因此,在短期内如果要实现关于可执行性的立法效果我国可考虑采用如新加坡的立法模式即国际和解协议和国内和解协议在可执行性问题上的双轨制模式。

(3)细化和解协议的执行程序

在法律条文中确定和解协议的可执行性是开始。为了更好地实施,和解协议执行的程序也应当进一步细化,以提供更详尽的操作指引。参照我国承认与执行外国判决或仲裁裁决的程序,国际商事和解协议的执行程序可以包括以下几个方面:申请执行期间、管辖法院、费用缴纳、审查机构。

在执行期间方面,我国《民事诉讼法》第 246 条规定申请执行的期间为两年。针对外国判决或者仲裁裁决,该期间未变。因此,对于和解协议,我国法律也不宜对其申请执行期间作出异于前两者的规定,执行期间可规定为两年,并适用与国内相同的时效中断和中止理由。

在法院管辖方面,按照一般思路,被执行人住所地或者财产所在地的基层人民法院皆可作为管辖法院。若出现和解协议标的额过大或和解协议确定的事项有重大影响等特殊情况,在达到了管辖标准的前提下,亦可由中级或者高级人民法院管辖。在费用缴纳方面,我国法律规定申请执行外国判决或者仲裁裁决应当缴纳申请费,且最终由被执行人承担。和解协议体现双方当事人的自由意志,理应得到遵守和履行,不履行一方应承担由此发生的任何合理费用。因此,因申请执行和解协议产生的费用,包括申请费用和执行费用皆应由被执行人承担。在具体操作中,申请费用可先由申请方预交,待执行时连同其他费用一起交由对方负担。在审查机构方面,可以由法院的执行部门进行审查。因为和解协议的直接执行机制倡导的是一种迅捷高效的精神,所以原则上只对和解协议进行形式上的审查,《新加坡调解公约》第 4 条对形式要求已作出了规定,但考虑国际商事调解复杂专业、标的额较大特性,可以允许当事人申请实质审查,交由法院的专门机构进行。

(4)规定拒绝执行和解协议的理由

拒绝执行国际商事和解协议的理由是执行国法院对和解协议进行司法审查的标准,因此,明确的拒绝理由会为法院的司法审查内容提供更加详尽的指引,避免法院因立法空白而随意裁量。我国对此尚无针对性立法,因此,有必要进行明确规定。经过分析比较得出,《新加坡调解公约》中的规定更加全面、细致,我国可以借鉴其内容安排。同时,尽管我国已签署该公约,但对其批准加入为时尚早,因此,对其相关制度的借鉴不必全盘接受,应当是有选择地、循序渐进地进行推进。主要可以从以下方面入手:和解协议相关的理由、违反正当程序、违反公共政策以及争议事项不可调解。

首先,与和解协议相关的理由可以分为两部分,一是对和解协议的合同效力的审查,内容包括当事人是否具有行为能力,或是否存在其他使和解协议无效、失效或无法履行的情况。在和解协议的语境下,当事人的无行为能力不单单包括其未达到民事责任年龄或精神残缺,而是与仲裁相似,自然人无能力判断自身利益的情形也被囊括其中。同时,因欺诈、胁迫和错误等情形的出现致使当事人达成的和解协议不是出于其最真实的意思表示在调解过程中是极有可能发生的,但在我国,出现上述情形并不必然导致合同无效。因此,不必特别列出欺诈、胁迫、重大误解等意思表示不真实的情况。二是对和解协议的终局性和约定义务的审查,内容包括和解协议是否具有终局性,约定的义务是否是清楚明了且恰好应当被履行的。

其次,对和解协议的达成是否遵循正当程序的审查。根据现有的调解程序要求,调解程序经由当事人的调解合意而启动,接下来是调解员的确定、调解前的准备以及调解会议的阶段和具体环节,每一个步骤都有可能涉及程序的正当性问题。例如,调解员的确定包括具体的调解员人选的问题。实践中的做法是,当事人会收到由调解组织提供的一份调解员名单,可从中选择调解员。被设以披露可能会影响其中立性或公正性有关情况的义务,是一个人被选为调解员的前提。《新加坡调解公约》中对于正当程序的规定有两项,皆是针对调解员的不当行为,鉴于我国目前的立法和各机构的贸易法委员会调解规则中对此规定较少,贸然增加会引起实践中的不适应,因此,我国可暂不规定细化条款,待各机构贸易法委员会调解规则进行完善之后再考虑。

最后,对和解协议确定的事项是否违反公共政策以及争议是否具有可调解性的审查。公共政策留给各国自由裁量的权力极大,因而容易导致该条款的滥用,因此,将其作为兜底条款是最为合适的做法。该条款之前规定具体的拒绝理由,执行国法院在对和解协议进行司法审查的时候,须先审查这些理由,若不存在规定的情形,则最后再审慎地审查其是否违背了当地公共政策,这样,既能避免因限缩公共政策范围而忽视其他重要的审查因素,又能避免扩大公共政策范围而导致该条款的滥用。同时,对和解协议解决事项可调解性的审查其实也属于公共政策的范畴,因为其通常被国内法所限制。就商事调解而言,判断争议事项的可调解性主要是判断其是否属于商事范畴。关于商事性这一概念国际上已有许多的讨论。目前实践中对商事调解达成的和解协议的国际立法和讨论仅关涉执行问题而避开了承认问题,也就是说暂时只有较少观点认为和解协议拥有既判力,那么,我国对于可调解性的要求应该可以较为宽松。

尽管现有的国际商事和解协议的执行力比不上法院判决和仲裁裁决,但对于其执行力的讨论与展望必不可少,因为国际商事调解程序本身拥有独立的价值,其成果得到更合理的执行其价值便更能彰显。国际社会将国际商事和解协议的执行套入判决执行机制与仲裁裁决执行机制的做法,仅仅是从迫切的现实需求出发,缺少深层次的理论探讨,忽略了“移植”的种种排异反应,最突出的便是拒绝执行和解协议的理由的混乱不明。和解协议的直接执行机制在理论上具有正当性,程序的简便和高效亦是现有的执行转化模式不可比拟的。在直接执行机制的基础上,对执行抗辩理由进行进一步梳理,探讨各类拒绝执行和解协议的理由方能顺理成章。

随着我国对外商事交往的加深,我国与他国商事纠纷愈加增多,国际商事调解作为一种争端解决机制因其优势的凸显将会越来越多地被商事主体所利用,但我国在和解协议的执行方面立法仍有很多不足。值此《新加坡调解公约》生效之际,我国应正视公约对我国带来的积极意义,探讨我国商事调解制度尤其是执行制度的构建,推动我国这方面法律制度的完善。

用简化执行机制的原因以及合理性在于:第一,和解协议不同于法院判决与仲裁裁决,和解协议的来源国难以确定;第二,审查机制可能会导致和解协议的执行需要经过双重执行确认,这有悖于《新加坡调解公约》的目的;第三,鉴于当事人可以对和解协议的执行提出抗辩,来源国的审查将成为多余。[1]《新加坡调解公约》确立的执行机制,保障了《新加坡调解公约》下的执行程序更为简单、直接、高效,具有更加明显的优势。

第四节 对于依赖于和解协议的要求

表 2.4 第 4 条 对于依赖于和解协议的要求

Article 4 Requirements for reliance on settlement agreements

中文	1. 当事人根据本公约依赖于和解协议,应向寻求救济所在公约当事方主管机关出具:(a)由各方当事人签署的和解协议;(b)显示和解协议产生于调解的证据,例如:(一)调解员在和解协议上的签名;(二)调解员签署的表明进行了调解的文件;(三)调解过程管理机构的证明;或者(四)在没有第(一)目、第(二)目或第(三)目的情况下,可为主管机关接受的其他任何证据。 2. 符合下列条件的,即为在电子通信方面满足了和解协议应由当事人签署或者在适用情况下应由调解员签署的要求: (a)使用了一种方法来识别当事人或者调解员的身份并表明当事人或者调解员关于电子通信所含信息的意图;并且 (b)所使用的这种方法: (一)从各种情况来看,包括根据任何相关的约定,对于生成或者传递电子通信所要达到的目的既是适当的,也是可靠的; (二)或者其本身或者结合进一步证据,事实上被证明具备前述(a)项中所说明的功能。 3. 和解协议不是以寻求救济所在公约当事方正式语文拟订的,主管机关可请求提供此种语文的和解协议译本。 4. 主管机关可要求提供任何必要文件,以核实本公约的要求已得到遵守。 5. 主管机关审议救济请求应当从速行事。
英文	1. A party relying on a settlement agreement under this Convention shall supply to the competent authority of the Party to the Convention where relief is sought: (a) The settlement agreement signed by the parties; (b) Evidence that the settlement agreement resulted from mediation, such as: (i) The mediator's signature on the settlement agreement; (ii) A document signed by the mediator indicating that the mediation was carried out; (iii) An attestation by the institution that administered the mediation; or (iv) In the absence of (i), (ii) or (iii), any other evidence acceptable to the competent authority.

[1] 孙巍:《〈联合国关于调解所产生的国际和解协议公约〉立法背景及条文释义》,法律出版社 2018 年版,第 27 页。

续表

	2. The requirement that a settlement agreement shall be signed by the parties or, where applicable, the mediator is met in relation to an electronic communication if:(a) A method is used to identify the parties or the mediator and to indicate the parties' or mediator's intention in respect of the information contained in the electronic communication; and (b) The method used is either:(i) As reliable as appropriate for the purpose for which the electronic communication was generated or communicated, in the light of all the circumstances, including any relevant agreement; or (ii) Proven in fact to have fulfilled the functions described in subparagraph (a) above, by itself or together with further evidence. 3. If the settlement agreement is not in an official language of the Party to the Convention where relief is sought, the competent authority may request a translation thereof into such language. 4. The competent authority may require any necessary document in order to verify that the requirements of the Convention have been complied with. 5. When considering the request for relief, the competent authority shall act expeditiously.

一、依赖于和解协议的程序

《新加坡调解公约》第4条对当事人依赖于和解协议的程序进行了规定。其中的第1款较为具体地规定了当事人在向主管机关寻求救济时,须向主管机关提出申请所需的文件以及对这些文件的形式要求。下文将结合工作组会议的讨论情况,详述该款条文和措辞方面的演变以及条文的形成过程,并详细分析和厘清条文理解与适用中的要点。

(一)基本解释

第4条对当事人依赖于和解协议的程序进行了规定。工作组第六十八届会议之前,公约草案第4条采用的标题为"申请"。工作组第六十八届会议决定将标题修改为"对依赖于和解协议的要求"。修改第4条标题的考量在于"申请"不能直观反映本条的实质内容,"依赖于和解协议的要求"与本条内容更贴切。[1]

---

〔1〕 参见孙巍:《〈联合国关于调解所产生的国际和解协议公约〉立法背景及条文释义》,法律出版社2018年版,第40页。

本款内容是参照《纽约公约》第4条[1]订立的，规定了当事人向主管机关提出申请依赖于和解协议所需要的文件和对这些文件的形式要求。该条一共由两项组成，第一项规定当事人应向主管机关提供由各方签署的和解协议；第二项则规定了调解人员参与调解过程中的证明手段。

(二)形成过程

本款行文在工作组历次会议中经历了如下演变：

1. 草案一稿

草案一稿还未形成具体的条文表述，但在会议上列出了一些形式要求。会议提出，对于和解协议形式上的要求应当是非强制性的简短列出，为其保留一定的灵活性。但为了使和解协议区别于其他的合同，也有一些关于对和解协议的形式进行限制的建议被提出，例如：使其成为一份"单一文件"；和解协议应当指明和解协议取代当事人之间先前所有相关协议；文书应当要求由一个公共机构或监督机构记录或保存和解协议，以便于监测其履行情况。工作组审议了对于和解协议的进一步要求，这些要求需表明：(1)调解员参与了调解过程；(2)和解协议产生于调解；(3)和解协议的当事人在订立和解协议之前或订立和解协议时被告知协议的可执行性；(4)当事人选择适用文书所设想的执行机制。

就这些进一步的要求如何行文，各方发表了不同意见。其中一项意见是，应当规定具体的形式要求。例如，调解员须在和解协议中署名，以之作为此项调解活动真实存在的证据，证明确曾有调解发生。另有代表认为，调解员的身份应于和解协议中注明，或者调解员应向主管方出具一份单独的文件以达到同样的目的。对和解协议作出这样的形式要求的优点是避免文书适用性上的不确定性。但同时，拟订此种形式要求将违背提供简单、直接的执行机制以促进调解的目标。调解程序所需要的手续及其结果在各法域有所不同，此种具体要求将添加又一层复杂性。因此，对于确定性与灵活

[1] 《纽约公约》第4条规定："一、声请承认及执行之一造，为取得前条所称之承认及执行，应于声请时提具：(甲)原裁决之正本或其正式副本，(乙)第二条所称协定之原本或其正式副本。二、倘前述裁决或协定所用文字非为援引裁决地所在国之正式文字，声请承认及执行裁决之一造应备具各该文件之此项文字译本。译本应由公设或宣誓之翻译员或外交或领事人员认证之。"

性、简单性的平衡与取舍,还需进行进一步讨论。[1]

2. 草案二稿

草案二稿将本款安排为第 7 条第 1 款[2]:"(1)为获得对和解协议的[承认和]执行,提出[承认和]执行申请的当事人应在申请时提供:(a)和解协议;(b)调解人参与程序的[证据][凭证];以及(c)和解协议产生于调解的[证据][凭证]。"

3. 草案三稿

草案三稿将本款安排为第 3 条第 2 款[3]:"2. 当事人根据本[文书]依赖于和解协议,包括为了执行和解协议而依赖于和解协议,应当出具:(a)由各方当事人签署的和解协议;(b)显示和解协议产生于调解的[证据][说明],例如,通过在和解协议上包括调解人的签名、通过提供调解人的单独声明证明其参与了调解进程,或者通过提供调解过程管理机构的证明;和(c)主管机关可能要求提供的此种其他必要文件。"

4. 草案四稿

草案四稿将本款安排为第 3 条第 3 款[4]:"3. 当事人根据本[文书]依赖于和解协议,应向[立法条文:本国][公约:寻求救济所在缔约方]主管机关出具:(a)由各方当事人签署的和解协议;(b)显示和解协议产生于调解的[证据][说明],例如,通过在和解协议上包括调解人的签名、通过提供调解人的单独声明证明调解人参与了调解进程,或者通过提供调解过程管理机构的证明;以及(c)主管机关可能要求提供的此种其他必要文件。"

5. 草案五稿

草案五稿将本款安排为第 4 条第 1 款。本次草案与前面的草案三稿、四稿相比,主要的变化为:第一,会议上工作组对行文中使用"证据"还是"说明"一词进行了讨论,[5]最终确定了使用"证据"一词;第二,原草案(c)项为兜底条款,主管机关可以要求当事人提供其他的必要文件,工作组最终决定删除该项规定,并决定在(b)项的最后加上一条兜底条款:"调解过程管理机

---

〔1〕 工作组第六十四届会议工作报告(A/CN. 9/867,第 136 段)。

〔2〕 工作组第六十五届会议秘书处的说明(A/CN. 9/WG. Ⅱ/WP. 198)。

〔3〕 工作组第六十六届会议秘书处的说明(A/CN. 9/WG. Ⅱ/WP. 200)。

〔4〕 工作组第六十七届会议秘书处的说明(A/CN. 9/WG. Ⅱ/WP. 202)。

〔5〕 参见《新加坡调解公约》第 4 条第 1 款(b)项。

构的证明;或者(四)在没有第一目、第二目或者第三目的情况下,可为主管机关接受的其他任何证据。”草案五稿中使用“公约当事方”(the party to the convention)而现行条款中使用“公约当事方”(the contracting state),其英文条款的措辞虽然不同,但实质上其意义并无相左。

(三)要点分析

1. 第1款(a)项:当事人签字可使用电子及其他通信手段。

第1款(a)项规定当事人若要申请依赖于和解协议,则应提交各方当事人签字的和解协议。考虑到和解协议应是各方当事人经过调解达成的合意,当事人的签字具有重要的意义。如今,电子签名及其他通信手段已在多数国家被普遍使用,和解协议的当事人也有很大的可能遍布在世界各地,因此工作组最终经过讨论认为,将电子签名及其他通信手段纳入可接受的签署方式之中。

2. 第1款(a)项:无须载明和解协议为“授权代表人”签署。

在工作组第六十七届会议上,工作组就草案是否应规定和解协议可由当事人“或其受权代表”签署的问题进行了审议。工作组会议上指出,当事人的代表代其签署和解协议是各国的常见做法,草案条文中仅提及当事人有可能不当限制申请要求。然而,对于当事人代表的概念,不同法域以及在不同情况下可能会有不同理解。若在草案中使用“或其授权代表”的措辞可能会造成更加复杂的情况和差异,因为文书中还有提及“当事人”的其他情形。最终工作组决定,不在公约中明确使用“授权代表人”一词,但其应当被理解为已经暗含在条文中。

3. 第1款(a)项:和解协议不需要载明可执行的内容。

各方对和解协议是否需要载明可执行的内容发表了不同的意见。有的提出,只有具有可行性的内容的和解协议才能依赖于本公约寻求执行。会议经过讨论认为将此要求加入至抗辩理由中更为合适,因此不再本款中提及。

4. 第1款(b)项:禁止公约当事方作出排除使用本条款的保留声明。

根据工作组第六十五届会议工作报告第70段[1]:“关于第2款,虽然对除第1款中规定的形式要求以外列入其他形式要求表示有疑问,但普遍

---

[1] 工作组第六十五届会议工作报告(A/CN.9/896,第70段)。

认为，文书需以某种方式规定，和解协议应指明调解人参与了该调解过程并且和解协议也产生于此调解过程。与会专家普遍认为，表明这一点将使和解协议有别于其他合同并规定法律确定性，便利执行程序从而防止可能的滥用情形。但与此同时，会议又强调，相关额外要求不应过于烦琐，而应尽可能地简单。”工作组认为，适用于本公约的和解协议应当产生于调解，且应有调解员参与调解过程，这样的调解协议有别于其他的合同，更具有法律确定性，也更便于执行程序，能够防止滥用情形。

工作组第六十五届会议工作报告第 41 段〔1〕指出：“会议讨论了为各国提供灵活操作的可能。例如，文书采用常见的公约立法模式，或许可以提供一种保留机制，允许缔约方声明将公约的适用扩大到未经第三人协助而达成的和解协议，或者将公约的适用仅限于第三人协助当事人的情形。会议还提到，如果文书采用示范立法条文的形式，可以进一步阐明这种可能性，例如，在脚注中作进一步阐述。会议商定，可在此后阶段根据文书形式的审议情况讨论这一事项。”

工作组也曾在会议上审议过保留性条款的提案：公约当事方可以提出保留，申明本公约也适用于无第三人协助达成的解决争议的协议。但根据工作组第六十五届会议工作报告第 72 段，〔2〕最终确定本公约不允许当事方作出排除适用本条款的保留声明：“会议提出，在当事人证明调解人参与了调解过程并证明和解协议产生于调解方式时，文书应当为和解协议的有效执行提供更加灵活方案。作为要求调解人签署和解协议的一种替代办法，会议提议，调解人只要作出声明，证明其参与了调解过程就足够了。这种声明通常附随于和解协议，但并不是和解协议的组成部分。而另一项建议是，和解协议需要为证明调解人确实参与了调解过程提供更充足的证据，但这一建议未获广泛支持。”

5. 第 1 款(b)项：调解人员参与调解过程的证明手段。

第 1 款(b)项列举出当事方应提供的调解人员参与调解过程的证明手段，包括由参与调解的调解员在和解协议上署名、调解员签名的证明以进行调解的文件以及参与调解过程的管理机构出具的证明。工作组第六十七届会议决定在第 1 款(b)项中新增兜底条款：“不具备上述(一)(二)(三)的情

〔1〕 工作组第六十五届会议工作报告(A/CN. 9/896，第 41 段)。

〔2〕 工作组第六十五届会议工作报告(A/CN. 9/896，第 72 段)。

况下,可为主管机关接受的其他任何证据。”

对于调解手段应为示例性还是穷尽的,工作组进行了讨论。工作组第六十五届会议指出调解员参与调解过程的证明手段不应被解释为穷尽清单。“因此,会上提出,如果在条文5(2)草案中提供具体例子,还应加上一个第三项,该项将宽泛到足以涵盖一方当事人为证明和解协议产生于调解而使用的其他任何办法,特别是如果调解人无法签署和解协议的话。会议还提及,此种模式接受程度的问题应交由执行机关裁量决定。”[1]

工作组第六十七届会议和第六十八届会议也认为列举式(示例性)清单更可取。部分专家还提出一种路径即就证明和解协议产生于调解的各种方式划分等级,但工作组最后并未采纳这一建议:“会议虽对这一建议表示了一定程度的认可,因其在开放清单和封闭清单这两者之间提供了一种中间办法。但会议强调,条文3(3)(b)现行草案中提供的灵活办法更可取。如果清单是开放清单的话,是难以进行等级划分,硬性规定等级将使某些做法取得优势地位,对于其他做法则不利,并且也有悖于现行法律和惯例。另外,会议还提出,这项建议执行起来也很困难,比如在有多名调解员参与调解的情况下,对于那些负有证明义务的当事人而言,让其证明已做相关获取证据的尝试还是十分困难的。”[2]

在会议上,各方也曾对和解协议中的证明手段进行过提议与审议。俄罗斯代表提出和解协议中应当列入调解员的身份信息,但经工作组讨论之后,最终认为,在实践中,通常不会采用这种做法,所以并未采用该建议。即“会上提出,和解协议可以包括关于调解员身份的信息。但会议同时指出,在实践中,关于调解员的信息通常并不包括在和解协议中。”[3]挪威代表提出和解协议应当确认调解员具备的资格。但经会议讨论过后,工作组认为并非所有的法域都要求调解员具备某种特定的资格。而且各国国内立法的规定不应限制和解协议的可执行性。即“会上提出和解协议应当包括提及调解员资格的内容,会议对此提出,并不是全部的法域都会对此种资格提出要求,并且原则上讲,各国国内立法中的要求也不应限制文书所设想的制度

[1] 工作组第六十五届会议工作报告(A/CN.9/896,第188段)。

[2] 工作组第六十七届会议工作报告(A/CN.9/929,第58段)。

[3] 工作组第六十七届会议工作报告(A/CN.9/861,第57段)。

下和解协议的可执行性。”[1]因此,最终也没有在公约条文中提及调解员资格的问题。

对于“参与调解过程的管理机构证明”这一建议,北京仲裁委员会/北京国际仲裁中心(BAC/BIAC)代表结合中国仲裁机构的实践,认为将机构证明作为申请的一个要件列举在公约的条文中对机构实践的发展是有利的。另外,考虑到个人调解在许多国家不具备公信力,机构证明可以作为对调解本身合法性、公信力的保障。

最后,工作组决定在本款中列入的调解手段中包括调解员在和解协议上署名、调解员签名的证明已经进行调解的文件、调解过程管理机构出具的证明,以及为了增加工作的灵活性,工作组第六十七届会议决定在第1款(b)项中新增兜底条款:“不具备上述(一)(二)(三)的情况下主管机关认可的其他证据。”工作组第六十八届会议重申只有在无法出具上述三组情况所提及的证据的前提下,才允许请求当事人提交其他证据。

二、电子通信方式的证据要求

《新加坡调解公约》第4条第2款较为具体地规定了当事人使用电子及其他通信手段满足和解协议的形式要求。结合工作组会议的讨论情况,下文将详细阐释该款条文规定的内容及要点。

(一)基本解释

本款条文参照《国际合同使用电子通信公约》第9条第3款[2]订立,即允许当事人使用电子及其他通信手段满足和解协议的形式要求。在措辞上,工作组曾考虑简化本款表述,或援引《国际合同使用电子通信公约》第9

---

[1] 工作组第六十七届会议工作报告(A/CN.9/861,第59段)。

[2] 《国际合同使用电子通信公约》第9条第3款规定:“凡法律要求一项通信或一项合同应当由当事人签字的,或法律规定了没有签字的后果的,对于一项电子通信而言,在下列情况下,即满足了该项要求:(a)使用了一种方法来鉴别该当事人的身份和表明该当事人对电子通信所含信息的意图;而且(b)所使用的这种方法:(i)从各种情况来看,包括根据任何相关的约定,对于生成或传递电子通信所要达到的目的既是适当的,也是可靠的;或者(ii)其本身或结合进一步证据事实上被证明已履行以上第(a)项中所说明的功能。”

条第 2 款[1]的方式取代现有表述。但为使公约与贸易法委员会其他法律文件的标准保持一致性,工作组最终保持本款的行文。

《国际合同使用电子通信公约》第 9 条列出了确立电子通信和纸面文件之间以及电子认证方法和手写签名之间功能等同的标准。本款的目的与之相同,为识别当事人或适当情况下调解员的签名提供了标准。

(二)形成过程

1. 草案一稿

草案一稿中还未提及电子通信方面的形式要求的具体内容。

2. 草案二稿

草案二稿将本款安排为公约的第 5 条第 3 款[2]:"就本条而言:(a)以任何形式订立的和解协议均为书面形式,[无论该协议是以口头方式、以行为方式还是以其他方式订立的];并且(b)电子通信所含信息应当是可以调取以备日后查用的,即应当满足和解协议的书面形式要求;'电子通信'是指当事人以数据电文方式发出的任何通信;'数据电文'是指经由电子手段、磁化手段、光学手段或类似手段生成、发送、接收或储存的信息,这些手段包括但不限于电子数据互换、电子邮件、电报、电传或传真;并且(c)法律要求和解协议应由当事人[或者调解人]签字的,对于一项电子通信而言,在下列情况下,即满足了该项要求:(a)使用了一种方法来识别该当事人的身份并表明该当事人对电子通信所含信息的意图;而且(b)所使用的这种方法:(一)从各种情况来看,包括根据任何相关的约定,对于生成或传递电子通信所要达到的目的既是适当的,也是可靠的;或者(二)其本身或结合进一步证据事实上被证明已履行前述(a)项中所说明的功能。"

3. 草案三稿

草案三稿将本款安排为公约的第 3 条第 3 款[3]:"符合下述条件的,即为在电子通信方面满足了和解协议由当事人签署或在适用情况下由调解人

---

[1] 《国际合同使用电子通信公约》第 9 条第 2 款规定:"凡法律要求一项通信或一项合同应当采用书面形式的,或规定了不采用书面形式的后果的,如果一项电子通信所含信息可以调取以备日后查用,即满足了该项要求。"

[2] 工作组第六十五届会议秘书处的说明(A/CN.9/WG.Ⅱ/WP.198,第 21 段)。

[3] 工作组第六十六届会议秘书处的说明(A/CN.9/WG.Ⅱ/WP.200,第 10 段)。

签署的要求:(a)使用了一种方法来识别当事人或调解人的身份并表明当事人或调解人对于电子通信所含信息的意图;以及(b)所使用的这种方法:(一)从各种情况来看,包括根据任何相关的约定,对于生成或传递电子通信所要达到的目的既是适当的,也是可靠的;或者(二)其本身或者结合进一步证据事实上被证明已履行前述第 2 条第 2 款中所说明的功能。"工作组探讨了如何在与贸易法委员会电子商务法规一致的情况下满足这一要求。

4. 草案的第四稿和第五稿

草案的第四稿和第五稿并未再对此款进行修改,工作组认为应使本款内容与联合国贸易法委员会电子商务法规对电子通信的要求相一致。

(三)要点分析

第 2 款(b)项:所使用的这种方法:(一)从各种情况来看,包括根据任何相关的约定,对于生成或者传递电子通信所要达到的目的既是适当的,也是可靠的;(二)或者其本身或者结合进一步证据,事实上被证明具备前述(a)项中所说明的功能。

如前所述,本款条文的制定是参照《国际合同使用电子通信公约》第 9 条第 3 款订立的。在电子商务工作组第四十四届会议上,工作组曾对本款的去留进行过审议。有与会者建议删除确定电子签名可靠性先决条件的第 3 款(b)项。提出这一建议的主要理由如下:(a)《联合国国际贸易法委员会电子商务示范法》第 7 条中的相应条文在这方面起到了一定作用,因为在该条中签名的可靠性问题和数据电文归属的条件问题是用互为相关的方式来处理的。(b)示范法第 7 条和第 13 条均确认电子签名的有效性。另外,为简化适用程序,方便各方当事人,《贸易法委员会电子商务示范法》规定,收件人使用与发端人商定的方法核实电文的真实性即可将电文归属发端人。如此当事人即不必证明电子签名本身的真实性。(c)然而,按照工作组先前商定的意见(A/CN. 9/546,第 127 段),公约草案并未涉及数据电文的归属问题。换言之,第 3 款(b)项可以对应以下情况:即使双方当事人对于发端人的身份或签名事实并不存在任何纠纷,法院仍然有可能以数据电文中所涉技术或方法原则上不足以适用所述交易为由否认整个和解协议的法律效力。在电子商务工作组第四十二届会议中,有与会者支持可以将本条草案的范围扩大,使之包括关于数据电文归属的规则,指明因计算机之间或计算机与人之间的互动而产生的合同系由订立合同所用名义的当事人所订立。

然而,有与会者强烈反对这一建议,其理由是,正如在编写示范法第 13 条期间的情况所示,考虑到必须加以顾及的实际情况千差万别,就与数据电文归属有关的法律问题很难找到一个可以为人所接受的解决办法。工作组注意到未就是否有必要在公约草案中列入归属规则达成协商一致的意见,因此决定不拟订这样的规则。

三、和解协议译本的规定

《新加坡调解公约》第 4 条第 3 款是关于和解协议译本的规定。公约明确,如果和解协议不是使用寻求救济所在的公约缔约方的官方语言而拟订的,那么该国的主管机关有权要求相关当事方提供和解协议的译本。关于该款规定的理解和适用,详述如下。

(一)基本解释

《新加坡调解公约》第 4 条第 3 款条文参考了《纽约公约》中第 4 条第 2 款的内容,是关于有关当事方提供和解协议译本的规定。《纽约公约》第 4 条第 2 款"如果前述裁决或协定所用文字不是以裁决地所在国的官方语言订立的,则申请承认和执行裁决或协定的一方应将这些文件翻译成该语言,译者应为经过宣誓的翻译员或外交或领事代理人担任。《新加坡调解公约》对于有关当事方提供和解协议译本的规定,在借鉴《纽约公约》内容的前提之下,加入了对于主管机关请求提供此种语文的和解协议译本该项权利的表述,提升了主管机关在《新加坡调解公约》下解决和解协议语言问题的方式,更加简单、直接和高效。"

(二)形成过程

本款条文措辞在具体制订的过程中,发生过如下变化:

在第二工作组第六十八届会议之前,本款条文使用的措辞为"提出申请所在缔约方"和"提出申请的当事人",即"和解协议不是以提出申请所在缔约方正式语文拟订的,主管机关可请求提出申请的当事人提供此种语文的和解协议译本"。

工作组第六十八届会议[1]决定将措辞修改为“寻求救济所在缔约方”和“请求救济的当事人”，即“和解协议不是以寻求救济所在缔约方正式语文拟订的，主管机关可请求救济的当事人提供此种语文的和解协议译本”。此次修改将此前的“提出申请所在缔约方”扩展到“寻求救济所在缔约方”，将“提出申请的当事人”扩展到“请求救济的当事人”，补充适用对象的情况。

现行条款将工作组第六十八届会议决定的“寻求救济所在缔约方”修改为“寻求救济所在公约当事方”。

工作组将现行《新加坡调解公约》寻求救济的一方由“缔约方”扩展为“公约当事方”，作出此种修改的原因在于，工作组认为本公约第 4 条的规定应当适用于公约第 2 条规定的两种情形，即请求执行和解协议和作为针对一项请求的抗辩援用和解协议。而“申请”一词意为向上级说明理由、提出请求，因此在实际适用过程中可能被理解为仅可以被适用于执行和解协议而不适用作为抗辩援用和解协议，这样一来将会与本公约的制订立意与目的出现一定的差异。工作组为了避免产生歧义，引起混淆，决定不使用“申请”一词。[2]《新加坡调解公约》草案暂定使用“公约当事方”这一术语，而不使用“缔约方”，理由是，在《维也纳条约法公约》第 2 条第 1 款(己)项中提到的“缔约方”指的是无论条约生效与否都同意受条约拘束的国家(A/CN. 9/934，第 116 - 118 段)委员会似宜注意，“缔约方”一词已在国际贸易法领域现有公约中使用，目的是避免混淆公约当事方和公约所涵盖合同关系的当事人。例如，1958 年《纽约公约》、1974 年《联合国国际货物销售时效期公约》、1980 年《联合国国际货物销售合同公约》、1995 年《联合国独立担保和备用信用证公约》、2001 年《联合国国际贸易应收款转让公约》、2005 年《联合国国际合同使用电子通信公约》、2008 年《联合国全程或者部分海上国际货物运输合同公约》(《鹿特丹规则》)、2005 年海牙国际私法会议《选择

---

〔1〕 工作组第六十八届会议 A/CN. 9/934 第 37 段：(iii) the words “where the application is made” and “the party making the application” in article 4(3) of the draft convention and 17(3) of the draft amended Model Law should be replaced respectively by the words “where relief is sought” and “the party requesting relief”.

〔2〕 参见孙巍：《〈联合国关于调解所产生的国际和解协议公约〉立法背景及条文释义》，法律出版社 2018 年版，第 47 页。

法院协议公约》等。委员会审议本公约草案中应当使用的术语。[1] 此番修改涵盖的对象范围更加广泛，包含请求执行和解协议的当事方和作为针对一项请求的抗辩援用和解协议的当事方，不仅丰富了本款条文涉及对象的类型和模式，更加具象化，而且保障了从事国际贸易各方的合法权益，有利于促进国际贸易的发展和转型，有着深刻的现实意义，符合贸易国际化的大趋势。

各国各行业在商事活动中，都会存在和解协议不是通过其正式语文拟订的情况，语言译本差异的问题可能会引起翻译译本意义变化、不全等情况，从而导致司法实践产生不必要的麻烦。因此，《纽约公约》和《新加坡调解公约》这两个公约均明确主管机关可要求当事人提供相关译本，以此保证调解、仲裁等解纷过程中保证准确和公正。工作组第六十六届会议秘书处的说明[2]和工作组第六十七届会议秘书处的说明[3]载列的草案措辞为“提出[承认和]执行申请的当事人应出具此种语文的和解协议译本”。现行条款将其修改为“主管机关可请求提供此种语文的和解协议译本”。措辞的改变意味着提供和解协议译本并非当事人的法定义务，而是转变为根据主管的请求和要求提供。此种修改取消了将“提供此种语文的和解协议译本”作为当事人的法定义务，不再具有其强制性，同时也给予了当事人和法院对于语言的差异以及和解协议译本提供更大的自由度。

就该条款的措辞而言，《新加坡调解公约》规定主管机关可请求当事人提供寻求救济所在国的和解协议译本，《纽约公约》也有此要求且规定了相应的认证程序。《纽约公约》第 4 条第 2 款中针对语言的问题，强调了“……声请承认及执行裁决之一造应备具各该文件之此项文字译本”以及“译本应由公设或宣誓之翻译员或外交或领事人员认证之”。

联合国国际贸易法委员会工作组为简化行为以及使第 3 款和第 4 款一致起见，在《新加坡调解公约》中删除了第 3 款“可请求”后面的“提出救济请求的当事人出具”字样，提升了条款的简洁直接性，同时也保持了条约间的相互一致性。

---

〔1〕 关于调解所产生的国际和解协议的公约草案秘书处的说明（A/CN.9/942，第 7 段）。

〔2〕 工作组第六十六届会议秘书处的说明（A/CN.9/WG.Ⅱ/WP.200，第 7 段）。

〔3〕 工作组第六十七届会议秘书处的说明（A/CN.9/WG.Ⅱ/WP.202，第 16 段）。

四、必要文件的提供要求及目的

《新加坡调解公约》第 4 条第 4 款条文规定了主管机关对于提供相关必要文件的要求以及提供相关必要文件的目的。

（一）基本解释

联合国国际贸易法委员会工作组在第六十七届会议[1]决定新增本款。《新加坡调解公约》第 4 条第 4 款条文主要表达了主管机关对于相关必要文件的提供要求以及提供相关必要文件的目的，补充了《纽约条约》相关条文的缺失，同时添加了主管机关对于要求公约当事方提供任何必要文件的权利，保证了司法实践活动过程中对于多方面、多层次证据参考的全面性，有助于促进调解与仲裁过程中的公正性、公平性和平等性。

（二）形成过程

《新加坡调解公约》第 4 条第 4 款参照《选择法院协议公约》第 13 条第 2 款订立，该款规定："如果判决的内容无法使被申请法院核实本章所列的条件是否得到满足，该法院可要求提供任何必要的交件。"

在工作组第六十七届会议工作秘书处的说明报告中写到："公约第 4 条本款允许主管机关要求当事人提供必要文件证明已满足本公约规定的条件。"[2]

（三）要点分析

1. 术语的适用——"可"

《新加坡调解公约》第 4 条第 4 款中的措辞"可"表达了给予主管机关一定的选择性和建议性的含义，并不具有强制性。因此，本款是一条授权性而非强制性的条款。

2. 术语的适用"条件"——"要求"

关于本款条约和《国际商事调解示范法》修正草案第 17 条第 2 款，工作组审议了使用"条件"还是"要求"一词。经过讨论，会议商定，为与《国际商

---

〔1〕 工作组第六十七届会议工作报告（A/CN. 9/901，第 26 段）。

〔2〕 工作组第六十七届会议秘书处的说明（A/CN. 9/929，第 62 段）。

事调解示范法》保持一致起见(见公约草案第4条第2款和《国际商事调解示范法》修正草案第17条第2款,分别提及“要求”),本款使用“要求”一词更加规范。[1]

3. 术语的适用——“必要文件”

《纽约公约》第4条规定了在当事人承认与执行仲裁裁决时需提供裁决书及仲裁协议的正本或副本等必要文件。《新加坡调解公约》中则要求寻求救济的当事人向执行地的主管机关提供的文件包括和解协议与证明和解协议曾经产生的证据,例如调解员的签名、调解员签署的表明进行了调解的文件、以及调解机构的证明等。可见,《新加坡调解公约》对所提供文件证明和解协议的真实性和可靠性的证明力度之要求更为严格。另外,本款是关于主管机关审议申请时有权要求提交其他必要文件的兜底条款,为主管机关在审议申请时提供更大的自由裁量空间。

4. 条款设置的必要性和灵活性

有某些国家的代表认为,本条第1款第2项已经新增了兜底条款,因此没有必要再新增本款。工作组对该项意见做出了回应,工作组在第六十七届会议工作秘书处的说明报告中指出:“虽然有意见认为,考虑到条文3(3)(b)草案已纳入第4目(在没有和解协议上调解人的签名、一份由调解人签署的表明已进行的调解文件、调解过程管理机构的证明的情况下,主管机关可接受的其他任何证据——编者注),因此没必要再列入所谓主管机关可要求当事人提交相关文件的条款,但会议最终仍坚持了纳入做法。会议强调,条文3(a)和3(3)(b)草案处理当事人在提交申请时需要向主管机关提交的材料,而此次新的一款着眼于处理主管机关有权要求提交哪些必要文件才能审议申请。并且本次新的一款将为主管机关提供更为广泛的灵活性空间,因为条文3(3)(b)草案第4目限于主管机关可接受的证明和解协议产生于调解的其他任何证据。”这也就是说,本条第1款第2项的兜底条款主要是关于调解手段的兜底条款,而本款则是关于主管机关在审议申请时有权要求提供其他任何必要文件的规定。因此,本条第1款第2项与本条款并不重复。此外,本款为主管机关在审议救济请求时提供了更大的自由裁量空间,在一定的原则规范之下,有了更加大的灵活性和实际性。[2]

---

〔1〕 工作组第六十八届会议秘书处的说明(A/CN.9/934,第39段)。

〔2〕 工作组第六十七届会议秘书处的说明(A/CN.9/929,第63段)。

由于《新加坡调解公约》强调相关和解协议须基于调解产生，故而还要求当事人给出和解协议是基于调解而产生的证明，并留有开口——主管机关可要求提供任何必要文件，以核实本公约的要求已得到遵守。

五、主管机关审议救济请求的要求

《新加坡调解公约》第 4 条第 5 款条文规定了主管机关审议救济请求的时限要求。本款强调，缔约方主管机关在审议当事人救济请求时必须遵循“从速行事”的基本要求，进行确保和解协议的执行效率，发挥调解、高效解决商事纠纷的功能。

（一）基本解释

《新加坡调解公约》第 4 条第 5 款条文是对主管机关审议救济请求的时限要求，与条约的目的相一致的，即通过订立一部经调解达成国际商事和解协议的可执行性多边公约，以与《纽约公约》促进仲裁发展相同的方式鼓励调解，解决依据合同法跨境执行烦琐且费时的弊端。

（二）形成过程

联合国国际贸易法委员会工作组第六十八届会议之前，本款的措辞为“审议申请应当从速行事”，即“主管机关审议申请应当从速行事”。工作组第六十八届会议决定将其修改为“审议救济请求应当从速行事”。修改的考量在于工作组决定不使用“申请”一词，旨在扩大主管机关审议的内容，鉴于本条第 3 款对原因进行了具体说明，此处不再赘述。

（三）要点分析

1. 先进性与高效性

与我国《仲裁法》的立法宗旨相似，工作组在订立本公约时也充分考虑了如何使得调解高效、先进得进行。《仲裁法》的立法宗旨体现在《仲裁法》的第 1 条，即“保证公正、及时地仲裁经济纠纷，保护当事人的合法权益，保障社会主义市场经济健康发展”。仲裁的特点本来是高效、快速、一裁终局，然而，此前《纽约公约》并未强调“快速行事”之类的规定，《选择法院协议公约》也未有快速解决纠纷的条款。

《新加坡调解公约》第 4 条第 5 款强调了主管机关在审议救济请求时

"应当从速行事",将主管机关审议和仲裁的时间作了进一步的强制性要求,不仅体现了调解"快速、便捷、高效"的特点,大大缩短了当事人解决纠纷的时间成本,鼓励着更多的国家与组织在《新加坡调解公约》的框架下以调解作为解决争议的方式,而且体现了本公约相较于《纽约公约》和《选择法院协议公约》的高效性和先进性,在一定程度上有助于提升本公约的公信力。《新加坡调解公约》第 4 条第 5 款规定主管机关应从速审议公约当事方的救济请求,这对于鼓励《新加坡调解公约》所在当事方选择调解具有十分重大的积极意义,有助于《新加坡调解公约》在国际贸易纠纷调解中的实际运用和普及。

2. 术语的适用——"应当"

《新加坡调解公约》第 4 条第 5 款中的措辞"应当"表达了对于主管机关从速行事的要求,具有一定的强制性。因此,本款是一条强制性的条款。主管机关面对《新加坡调解公约》所在当事方的救济请求"应当"从速行事,及时进行调解和仲裁,解决在国际贸易实践活动中产生的纠纷,做到及时处理、准确处理、高效处理,提升《新加坡调解公约》的国际公信力,加强国际贸易争议解决法律框架,维护国际贸易活动各方的合法权益,促进国际贸易的发展和联合。

第五节 拒绝准予救济的理由

表 2.5 第 5 条 拒绝准予救济的理由

Article 5 Grounds for refusing to grant relief

中文	1. 根据第 4 条寻求救济所在公约当事方的主管机关可根据寻求救济所针对当事人的请求,拒绝准予救济,唯需该当事人向主管机关提供以下证明:(a)和解协议一方当时是人处于某种无行为能力状况;(b)所寻求以来的和解协议:(一)根据当事人有效约定的和解协议管辖法律,或者在没有就此指明任何法律的情况下,根据在第 4 条下寻求救济所在公约当事方主管机关认为应予适用的法律,无效、失效或无法履行;(二)根据和解协议的条款,不具约束力或者不是终局的;或者(三)随后被修改;(c)和解协议中的义务:(一)已经履行;或者(二)不清楚或者无法理解;(d)准予救济将有悖和解协议条款;(e)调解员严重违反适用于调解员或调解的准则,若非此种违反,该当事人本不会定理和解协议,或者(f)调解员为向各方当事人披露可能对调解员公正性和独立性产生政党怀疑的情形,并且此种位于披露对一方当事人有实质性影响或不当影响,若给此种位于披露,该当事人本不会订立和解协议。

续表

	2. 根据第 4 条寻求救济所在公约当事方主管机关如果作出以下认定，也可拒绝准予救济： (a)准予救济将违反公约该当事方的公共政策；或者 (b)根据公约该当事方的法律，争议事项无法以调解方式解决。
英文	1. The competent authority of the Party to the Convention where relief is sought under article 4may refuse to grant relief at the request of the party against whom the relief is sought only if that party furnishes to the competent authority proof that: (a) A party to the settlement agreement was under some incapacity; (b) The settlement agreement sought to be relied upon: (i) Is null and void, inoperative or incapable of being performed under the law to which the parties have validly subjected it or, failing any indication thereon, under the law deemed applicable by the competent authority of Party to the Convention where relief is sought under article 4; (ii) Is not binding, or in not final, according to its terms; or (iii) Has been subsequently modified; (c) The obligation in the settlement agreement; (i) Have been performed; or (ii) Are not clear or comprehensible; (d) Granting relief would be contrary to the terms of the settlement agreement; (e) There was a serious breach by the mediator of standards applicable to the mediator or the mediation without which breach that party would not have entered into the settlement agreement; or (f) There was failure by the mediator to disclose to the parties circumstances that raise justifiable doubts as to the mediator's impartiality or independence and such failure to disclose had a material impact or undue influence on a party without which failure that party would not have entered into the settlement agreement. 2. The competent authority of the Party to the Convention where relief is sought under article 4 may also refuse to grant relief if it finds that: (a) Granting relief would be contrary to the public policy of that Party; or (b) The subject matter of the dispute is not capable of settlement by mediation under the law of that Party.

一、拒绝准予救济的一般抗辩理由

《新加坡调解公约》第 5 条规定了拒绝准予救济的抗辩理由，其中第 1 款(a)项条文主要规定了和解协议一方当事人处于某种无行为能力的状况。下文将结合工作组会议的讨论情况，详述该款条文在行文措辞方式的改变以及条文的形成过程，并详细分析和厘清条文理解与适用中的要点。

(一)无行为能力

1. 基本解释

本公约的抗辩理由大致分为四类，第一类就是与当事人有关的抗辩理由，第1款(a)项对比进行规定。当事人一方无行为能力作为一项基本的抗辩理由，也常见与各种国际公约以及国内法中。

2. 形成过程

第六十三届会议上工作组提出审议执行和解协议是的抗辩情形，主要分为两类：一类是与当事人有关；另一类是与协议有关。当事人无行为能力属于第一类情形。[1]

第六十四届会议上工作组在《纽约公约》第5条和工作组第六十三届会议讨论的基础上拟定了草案初稿。初稿没有将受到胁迫或欺诈订立国际和解协议作为抗辩理由，仅规定当事人处于某种无行为能力状况这个抗辩理由："根据适用于该和解协议的法律，该协议的一方当事人处于某种无行为能力状况。"[2]草案二稿与草案初稿表述相同。

从第六十六届会议开始，工作组拟定的草案中还进一步去掉了"根据使用该国际和解协议的法律"这个表述，修改为："A party to the settlement agreement was under some incapacity…""和解协议的一方当事人处于某种无行为能力状况……"

3. 要点分析

(1)和解协议当事人一方无行为能力可作为抗辩理由

以色列代表提出不应将"无行为能力"规定为抗辩理由。具体原因有以下几点：第一，若一方当事人无行为能力，那么在调解过程中或者在订立和解协议时，另一方当事人就会提出抗辩，终结调解过程或者终止和解协议定理过程。第二，许多国际条约或国内法都规定了当事人在开始调解过程或者订立和解协议是需要具备行为能力。所以根据这些规则，无行为能力会导致调解过程或者订立和解协议的过程无法继续进行。在这种情况下也就不会发展到执行和解协议这一步。无行为能力这一抗辩理由没有存在的必要。第三，如果订立和解协议的当事人一方处于某种无行为能力状态，和解协议实际上是缺少实质要件的，和解协议应该被认定为无效。所以本项的内容实际上可以涵盖在第1款(b)项中。

越南代表同意以色列代表的观点。工作组认为无行为能力应该作为一种抗辩理由：无行为能力涵盖各种情形，可能当事人在和解的过程中有行为

---

〔1〕 工作组第六十三届会议秘书处的说明(A/CN.9/WG.Ⅱ/WP.190，第46段)。

〔2〕 工作组第六十四届会议秘书处的说明(A/CN.8/WG.Ⅱ/WP.195，第56段)。

能力,但在依本公约申请执行时无行为能力。比如被申请执行人在和解协议缔结后到被申请执行这一阶段中破产就属于这种情况。在这种情形下当事人在调解过程中具有行为能力,所以不会因此导致和解协议无效,不能依据第1款(b)项提出抗辩,本项的内容并没有被(b)项完全涵盖。因此,应当将当事人一方无行为能力作为抗辩理由之一。这种规定在各种国际公约和国内法中也很常见。

(2)不将"受到胁迫"和"欺诈"明文规定为抗辩理由,因为它们属于本款(b)项的应有之义

以色列代表和美国代表提出了可以将"受到胁迫"和"欺诈"也作为抗辩理由规定在本项中。

科威特代表则提出不应将"收到胁迫"和"欺诈"规定在抗辩理由中,因为(b)项的规定实际上涵盖了胁迫和欺诈。如果当事人一方受到胁迫和欺诈,那么无论是根据当事人约定适用的法律还是根据申请所在缔约方主管机关认为应适用的法律,都会导致和解协议无效或者没有效力,那么收到胁迫或欺诈的当事人就可以根据(b)项进行抗辩。因此,单独将"受到胁迫"和"欺诈"明文作为抗辩理由没有必要。国际商会代表表示同意,并补充,各国对胁迫和欺诈这两种行为有不同的措辞,在公约中使用"受到胁迫或者欺诈"可能造成不同国家有不同解释的问题。

工作组认同如果当事人受到胁迫和欺诈,其可以请求拒绝准予执行和解协议。但是工作组不将它单独列为抗辩理由,因为它确实被本款(b)项涵盖。(b)项的措辞已被拟定得足够宽泛,足以涵盖与胁迫和欺诈有关的事项。

(3)本项不对法律适用问题作出规定

在"当事人一方处于某种无行为能力状况"前,是否加上"根据该国际和解协议所适用的法律"这一语句也是争议点之一。芬兰代表提出应该删除"根据该国际和解协议所适用的法律"这一表述。芬兰代表提到《国际商事仲裁示范法》第36条第1款(a)项(i)目中就没有规定适用何种法律判定当事人一方处于某种行为能力状况。[1] 因为这种规定用词模糊,可能造成法

---

〔1〕《国际商事仲裁示范法》第36条第1款(a)项(拒绝承认或执行的理由)规定:"不论在何国境内作出的仲裁裁决,仅在下列情况下才可拒绝承认或执行:(a)裁决仅有受裁决援用之当事人一方向申请承认或执行之管辖法院提出证据证明:(i)第七条所指仲裁协议之当事人有某种无行为能力情形;或根据当时各方所同意遵守的法律,或未指明何种法律,则根据才绝地所在国法律,该协议是无效的。"

律适用上的冲突。新加坡、加拿大、墨西哥、以色列代表同意。韩国代表反对删除这一语句,他们认为无行为能力的判断不存在国际标准,所以在判断当事人是否具备行为能力是都要采用国内法。保留"根据该国际和解协议所适用的法律"可以澄清判断行为能力的标准。

工作组同意去掉"根据该国际和解协议所适用的法律"这一表述,因为这不是一个完整的冲突规则,"适用于该和解协议的法律"到底是什么法律,是不明确的,可能引起误导。该表述最初载于《纽约公约》[1]中,但为避免产生歧义,《国际商事仲裁示范法》已删除这一表述。工作组认为,本公约应采取同样做法,不对法律适用问题做出规定。工作组指出,可以受理法院或执行机关通常适用执行地的法律为冲突规则,并在某些情况下考虑当事人在和解协议中选择适用的法律,故公约无须再对此作出规定。

(二)有缺陷的和解协议

《新加坡调解公约》第5条规定了拒绝准予救济的抗辩理由,其中第1款(b)、(c)项和(d)项条文主要规定了与和解协议有关的抗辩理由。第1款(b)项主要包括和解协议无效、无法履行、不具约束力等抗辩理由。

1. 基本解释

本公约的四类抗辩理由中,与和解协议有关的抗辩理由为一大类,包括第1款(b)项、(c)项和(d)项,具体如下:(1)根据当事人有效约定的和解协议管辖法律,或者在没有就此指明任何法律的情况下,根据在第4条下寻求救济所在公约当事方主管机关认为应予适用的法律,无效、失效或无法履行;(2)根据和解协议的条款,不具约束力或者不是终局的;或者(3)随后被修改。

2. 形成过程

本项在历次工作组会议中经历了如下变化:

---

[1] 《纽约公约》第5条第1款第1项规定:"裁决唯有于受裁决援用之一造向声请承认及执行第之主管机关提具证据证明有下列情形之一时,使依该造之请求,拒予承认及执行:(a)第二条所称协定之当时任依对其适用之法律有某种无行为能力清醒着,或该项协定依当事人作为协定准据之法律属无效,或为指明以何法律为准时,依裁决地所在国法律属无效者。"

(1)草案初稿

草案初稿[1]:"(c)根据当事人约定适用的法律,或者在没有就此指明任何法律的情况下,根据主管机关认为适用的法律,和解协议[无效、无实际效力或无法执行][没有效力];(d)和解协议对当时任无约束力,非争议最终解决办法,随后已为当事人修改……"

(2)草案二稿

草案二稿[2]:"(b)和解协议对当事人无约束力,非争议[或者其中相关部分]的最终解决办法,随后已为当事人修改……(d)根据当事人约定对和解协议适用的法律,或者在没有就此指明任何法律的情况下,根据[本国][被提出(承认和)执行请求的国家的]主管机关认为应与适用的法律,和解协议无效、无实际效力或者无法执行[没有效力]。"

(3)草案三稿

草案三稿[3]:"(b)和解协议不具有约束力,或者不是和解协议所涉正义的最后解决办法;或者和解协议中的义务随后已为当事人修改或者已经履行……(c)根据当事人约定对和解协议适用的法律,或者在没有就此指明任何法律的情况下,根据[选项1——立法条文:本国][选项2——公约:提出条文3草案下申请所在国]主管机关认为应予适用的法律,和解协议无效无实际效力或者无法执行。"

(4)草案四稿

草案四稿[4]:"(b)和解协议不具有约束力,或者不是和解协议所涉及争议的最后解决办法;或者和解协议中的义务随后已为当事人修改或者已经履行……(c)根据当事人约定对而和解协议适用的法律,或者在没有就此指明任何法律的情况下,根据[选项1——立法条文:本国][选项2——公约:提出条文3草案下申请所在缔约方]主管机关认为应予适用的法律,和解协议无效、无实际效力或者无法执行。"

---

[1] 工作组第六十四届会议秘书处的说明(A/CN.9/WG.Ⅱ/WP.195,第56段)。

[2] 工作组第六十四届会议秘书处的说明(A/CN.9/WG.Ⅱ/WP.198,第35段)。

[3] 工作组第六十六届会议秘书处的说明(A/CN.9/WG.Ⅱ/WP.200,第37段)。

[4] 工作组第六十七届会议秘书处的说明(A/CN.9/WG.Ⅱ/WP.202,第39段)。

(5)草案五稿

草案五稿[1]:"(b)根据当事人有效约定的和解协议的适用法律,或者在没有就此指明任何法律的情况下,根据提出第4条下申请所在缔约方主管机关认为应予适用的法律,和解协议无效、无实际效力或无法执行;或者和解协议中的义务已得到履行;(c)和解协议:(一)根据其条款不具有约束力或者不是最后的;(二)随后被修改……"

(6)草案终稿

草案终稿[2]:"(b)所寻求依赖的和解协议:(一)根据当事人有效约定的和解协议管辖法律,或者在没有就此指明任何法律的情况下,根据在第4条下寻求救济所在公约当事方主管机关认为英语适用的法律,无效、失效或者无法履行;(二)根据和解协议的条款,不具约束力或者不是终局的;或者(三)随后被修改。"

3. 要点分析

(1)和解协议无效、无实际效力或者无法履行可作为抗辩理由

在抗辩理由上,草案初稿拟定了两种条文措辞:一种是和解协议"无效、无实际效力或无法执行",另一种是和解协议"没有效力"。从草案二稿开始,条文表述均采用第一种措辞。

工作组最终决定选择和解协议"无效、无实际效力或无法执行"这种表述,而不是和解协议"没有效力",这样可以使该条与《纽约公约》第2条第3款[3]以及《国际商事仲裁示范法》第8条第1款[4]中适用的措辞保持一致。

以色列代表提议在"无效"后加入"可撤销的"(voidable)一词,以明确地将欺诈、误解、虚假陈述、胁迫等情形下达成的协议包括在抗辩范围内。但工作组认为措辞已足够宽泛,看可以涵盖这些内容,没有必要再加入"可

---

[1] 工作组第六十八届会议秘书处的说明增编(A/CN.9/WG.Ⅱ/WP.205/Add.1)。

[2] 关于调解所产生的国际和解协议的公约草案秘书处的说明(A/CN.9/942,第4段)。

[3] 《纽约公约》第2条第3款规定:"当事人就诉讼事项订有本条所称之协定者,缔约方法院受理诉讼时应依当事人一造之请求,命当事人提交仲裁,但前述协定经法院认定无效、是西奥或不能实行者不在此限。"

[4] 《联合国国际商事仲裁示范法》第8条第1款规定:"向法院提起仲裁协议标的诉讼时,如当事一方在其不迟于其就争议实质提出第一次申诉的时候要求仲裁,法院应让当事各方付诸仲裁,除非法院发现仲裁协议无效、不能实行或不能履行。"

撤销的”一词。

(2)本款的法律适用以当事人意思自治为优先原则

在法律适用这一问题上,巴西代表建议删除“根据当事人有效约定适用的法律”字样,改为“适用按提出申请所指引的法律就是当事人约定适用的法律(如《欧盟关于合同债权法律适用的公约》)”,但是适用法律不应限于当事人指引的法律,还应包括提出申请所在国的强制法律和公共政策,因此应该改为“适用按提出申请所在国的国际私法规则所指引的法律”。芬兰代表赞同这一观点。

工作组决定法律适用仍以当事人的意思自治为优先原则。《纽约公约》第5条第1款(a)项也是采用了当事人意思自治优先的做法。保留这样的规定还可以使公约与《纽约公约》保持一致。而当事人意思自治无论如何都是在强制法律和公共政策的限度内运作的,巴西代表的顾虑是多余的。除此之外,工作组决定在“根据当事人的有效约定对和解协议适用的法律”这一描述中加上“有效”一词,即改为“根据当事人的有效约定对和解协议适用的法律”,强调主管机关可以根据适用的强制性法律和公共政策,评估各方在和解协议中选择法律的有效性。

(3)保留“不具有约束力或不是终局的”这一抗辩事由

墨西哥和美国代表提议删除“不具有约束力”这一抗辩事由,因为和解协议根据本公约第1条第1款〔1〕和第3条第3款(a)项〔2〕具有约束力,所以本抗辩理由没有存在的必要。

墨西哥代表认为,如果当事人签署了调解而产生的、为解决商事争议而以书面形式订立的国际协议,那么该和解协议就对当事人有效力。如果没有满足这条,那么就不构成本公约使用范围内的和解协议,执行申请也不会被受理,不会产生后续的抗辩问题。

委内瑞拉、德国、哥伦比亚、日本、中国代表同意删除。中国代表补充道:公约的第1条、第3条规定了适用本公约的调解,第5条规定了抗辩理由,其中第5条第1款b项规定了“和解协议无效、无实际效力或者无法履

〔1〕《新加坡调解公约》第1条(适用范围)第1款规定:“本公约适用与调解所产生的、当事人为解决商诗正义而已书面形式订立的国际协议(‘和解协议’)。”

〔2〕《新加坡调解公约》第3条(申请)第3款a项规定:“当事人根据本公约依赖于和解协议,应向寻求救济所在缔约方的只管机关出具:(a)由各方当事人签署的和解协议……”

行"这一抗辩理由,这与"和解协议不具有约束力"有所重叠,因此"不具有约束力"这个短语是否有必要保留,应予斟酌。委内瑞拉、德国、哥伦比亚、日本代表同意删除。

欧盟代表认为应该保留"不具有约束力"这一表述,因为它确保了只有具有约束力的协议才能得到执行。公约中的某些条款,如第1条第1款和第3条第3款a项,虽然内容与本项有所交叉,但是服务于其他目的。和解协议不具有约束力需要在执行阶段作为抗辩理由提出。法国、以色列、加拿大代表同意保留。工作组最终采纳了欧盟代表的观点,决定保留无约束力这一抗辩理由。

除此之外,德国代表提议应明确"有约束力"(binding)和"终局"(final)的含义,认为"终局"这个词不是很合适,应进行修改。德国代表认为,和解协议不是争议的"终局"解决办法反映了以下两种情形,但这两种情形只有一种应该作为抗辩理由:

第一,应作为抗辩理由的情形是,当事人达成的和解协议不是最终的和解协议,之后会进行或者已经进行了修改。在这种情形下当事人可以提出抗辩。法国代表提出可以用"草案"或"案文"一词,反映如果和解协议只是和解协议的草案,不是最终的和解协议,当事人之后进行了修改,那么可以进行抗辩。比利时代表认为既然不是最终的和解协议,那么就相当于没有达成和解协议,因此可以用"申请人出具证据证明当事人之间没有达成和解协议"来表达这个抗辩理由。俄罗斯代表反对,他们认为包括《纽约公约》在内的各种公约已经以各种方式解释了"有约束力"和"终局"的定义,没有必要在这里用别的表述替代。

第二,不应作为抗辩利益的情形是,双方当事人的争议复杂,涉及容易解决的和不易解决的部分,双方当事人针对容易解决的部分争议达成和解,表明之后再对不易解决的争议进行讨论。德国代表认为,针对这种和解协议进行的抗辩不能成立。但是,适用"终局"这个词可能被解释为将上述两种情形都作为抗辩理由,因此德国代表认为"终局"一词不是很合适。

经讨论,工作组最终保留了"不是终局的"(not final)这一抗辩理由,确保只有最终的和解协议能得到执行。

(4)保留"随后被修改"这一抗辩理由,删除草案初稿至草案四稿中"为当事人修改"这一对修改主体的限定措辞

草案初稿至草案四稿中对这一点的描述都是"和解协议随后已为当事

人修改”。墨西哥代表建议删去“为当事人”几个字,因为可能存在和解协议在没有当事人参与到情况下被修改的情形(比如,国家机关对和解协议进行强制修改)。这种情况,也可能构成合理抗辩。此外墨西哥代表还提议,该条款的表述应更加清晰,避免双方随后修改和解协议的任一条款,这会导致执行和解协议的申请被拒绝。

加拿大代表建议将“修改”一词改为“随后未经同意修改”,加入“未经同意修改”的目的是确保只有“当事人订立的”和解协议的最新版本应被强制执行,否则可以被提出抗辩的情形太多。

工作组决定统一删去“为当事人”几个字,因为确实存在和解协议在没有当事人参与的情况下被修改的情形。

(5)保留“随后被修改”这一表述,不在“被修改”前加上“大幅度”“实质性”等修饰词

加拿大代表建议在“被修改”前加入“实质性”(substantive)一词,以澄清对和解协议的微小改动不能作为抗辩理由。比如,双方当事人达成和解协议,约定于15日交货,但其后发现是15日是星期日(非工作日),所以就协商交货日期改为16日。这属于对协议的非实质性的小修改,而且双方当事人都同意这种修改,因此这种修改不应导致协议无法执行。

俄罗斯代表认为“实质性”一词容易导致主管机关不合理的自由裁量或主观评估,因此不可取。

工作组采纳了俄罗斯联邦代表的观点,决定保留现有案文,不添加“大幅度”“实质性”等词。

(三)和解协议中的义务

《新加坡调解公约》第5条规定了拒绝准予救济的抗辩理由,其中第1款(b)(c)项和(d)项条文主要规定了与和解协议有关的抗辩理由。第1款(c)项主要规定了和解协议中的义务已经履行或者不清楚或无法理解导致拒绝准予救济的情况。

1. 基本解释

第1款(c)项也是与和解协议有关的抗辩理由。包括和解协议中的义务已经履行或者不清楚或无法理解导致拒绝准予救济这两种情况。

2. 形成过程

本项在工作组历次会议中经历了如下变动:

其一，草案初稿〔1〕："...the obligations therein have been performed." "……其中载明的义务已经履行。"

其二，草案二稿〔2〕："...the obligation in the settlement agreement have been performed..." "……和解协议中的义务已经履行……"

其三，草案三稿〔3〕、草案四稿〔4〕："...the obligation in the settlement agreement have been subsequently modified by the parties or have been performed..." "……或者和解协议中的义务随后已为当事人修改或者已经履行……"

其四，草案五稿〔5〕："(b)……或者和解协议中的义务已得到履行……(c)和解协议……(iv)因其不清楚且无法理解而无法得到执行。"

其五，草案终稿〔6〕："(c)和解系列一中的义务(i)已得到履行，或者(ii)不清楚或者无法理解。"

草案各稿都规定了"和解协议中的义务已经履行"作为抗辩理由，而和解协议不清楚、无法理解是从第六十七届会议才开始作为抗辩理由之一。

3. 要点分析

此外主要分析增加和解协议中的义务"不清楚或者无法理解"这一抗辩理由。草案初稿至草案四稿都没有规定本抗辩理由。在第六十七届会议上欧盟代表建议增加："和解协议没有以明确、全面的方式明确其可执行的内容。"工作组接受了欧盟代表的建议，在草案五稿中措辞增加："因其不清楚且无法理解而无法得到执行。"

喀麦隆代表认为这一抗辩理由没有存在的必要，因为本条第1款(b)项("和解协议无效、无实际效力或无法执行")已完全涵盖了本段规定的抗辩理由，而且保留本段，会给主管机构的审查带来不确定性。墨西哥代表同意喀麦隆代表的观点。他们认为这些措辞可能会造成歧义，并赋予主管机关过款的自由裁量权。俄罗斯联邦代表同意喀麦隆代表和墨西哥代表的观

〔1〕 工作组第六十四届会议秘书处的说明(A/CN.9/WG.Ⅱ/WP.195，第56段)。

〔2〕 工作组第六十五届会议秘书处的说明(A/CN.9/WG.Ⅱ/WP.198，第35段)。

〔3〕 工作组第六十六届会议秘书处的说明(A/CN.9/WG.Ⅱ/WP.200，第37段)。

〔4〕 工作组第六十七届会议秘书处的说明(A/CN.9/WG.Ⅱ/WP.202，第39段)。

〔5〕 工作组第六十八届会议秘书处的说明增编(A/CN.9/WG.Ⅱ/WP.205/Add.1，第5段)。

〔6〕 工作组第六十八届会议工作报告(A/CN.9/934，第59段)。

点，表示本来就只有明确的、可理解的和解协议才具有约束力和可执行力，这条规定没有存在的必要。

以色列代表指出在遇到不清楚且无法理解的协议时，大陆法系的法院通常的做法是对该协议进行解释，因此很少存在因不清楚且无法理解而不能执行的协议。以色列代表提议将该项进一步修改为："因其不清楚且无法理解而无法按其条款执行。"他们认为这一修改会使主管机关明确评估重点是和解协议的内容。只要协议根据其内容本身无法执行，就可以提出抗辩，而无论通过法院解释后协议是否变得可以执行。这样的修改可为主管机关执行协议提供更明确的指导。

工作组副主席 Natalie Yu – Lin Morris – Sharma 女士建议适用"不清楚或者无法理解"这一措辞，因为这是可以尽量是各国代表都满意的这种办法，且该表述已足够清晰，没有必要修改。因此，工作组确定本款措辞为"和解协议中的义务……不清楚或者无法理解"。

（四）准予救济将有悖和解协议条款

《新加坡调解公约》第 5 条规定了拒绝准予救济的抗辩理由，其中第 1 款(b)、(c)项和(d)项条文主要规定了与和解协议有关的抗辩理由。第 1 款(d)项主要规定了准予救济将违背和解协议条款这一特殊的抗辩理由。

1. 基本解释

第 1 款(d)项也是与和解协议有关的抗辩理由。其规定了准予救济将有悖于和解协议条款这一特殊情况。

2. 形成过程

本项在工作组历次会议中经历了如下变动：

其一，草案初稿[1]："(b)和解协议的执行将违背该协议的条款和条件(包括当事人关于将不适用[文书]的约定)。"

其二，草案二稿[2]："(c)和解协议的执行将违背该协议的条款和条件……"

其三，草案三稿至五稿未作变动。

---

〔1〕 工作组第六十四届会议秘书处的说明(A/CN.9/WG.Ⅱ/WP.195，第 56 段)。

〔2〕 工作组第六十五届会议秘书处的说明(A/CN.9/WG.Ⅱ/WP.198，第 35 段)。

其四,草案终稿[1]:“(d)准予救济将有悖和解协议条款。”

3. 要点分析

在工作组第六十五届会议上,法国代表指出本抗辩理由是以当事人的意思自治为依据的。和解协议的执行不应当违背当事人在和解协议中商定的条件,否则就是对当事人意思自治的违反。工作组对本抗辩理由表示支持,但是认为措辞需要进一步修改,以防范围过宽为不合理的抗辩打开大门,并提供了以下三种选项供与会代表讨论:

选项一:准予救济有悖于在当时和情况下和解协议的条款。[2]

俄罗斯联邦代表支持第一个选项,认为该选项避免了提及可能在不同法域中作不同理解的法律术语。而且加入“在当时的情况下”这一表述给主管机关的裁量提供了指导。然而,大多是国家代表都认为这样的措辞反而可能造成含混不清,因此没有存在的必要。

选项二:寻求救济所针对的当事人在和解协议中的义务无法独立于协议其他部分,或者该义务尚未产生。[3]

以色列代表认为第二个选项含混不清,如果真的要保留则应当采用更加明确的措辞,明确指出寻求救济所针对当事人在和解协议中的义务尚未履行或不可能履行,或者受限于尚未发生或不可能发生的事件。

选项三:和解协议是有条件的,以至于寻求救济所针对的当事人在和解协议重点义务尚未产生。[4]

虽然选项三未被最终采纳,但各国针对这一选项的讨论有助于加深对本公约的理解。以色列代表建议将“和解协议是有条件的,以至于(so that)援用和解协议所针对的当事人在和解协议中的义务尚未产生”修改为“和解协议是有条件的,因为(in that)援用和解协议所针对的当事人在和解协议中的义务尚未产生”。[5] 以色列代表认为“so that”一词遗漏了下述情况:双方

---

[1] 工作组第六十八届会议工作报告(A/CN. 9/934,第 59 段)。

[2] 工作组第六十八届会议报告草稿增编(A/CN. 9/WG. II/LXVIII/CRP. 1/Add. 2,第 1 段)。

[3] 工作组第六十八届会议报告草稿增编(A/CN. 9/WG. II/LXVIII/CRP. 1/Add. 2,第 1 段)。

[4] 工作组第六十八届会议报告草稿增编(A/CN. 9/WG. II/LXVIII/CRP. 1/Add. 2,第 1 段)。

[5] 工作组第六十八届会议报告草稿增编(A/CN. 9/WG. II/LXVIII/CRP. 1/Add. 2,第 1 段)。

当事人调解后无意执行和解协议中载明的义务，他们只是将该协议作为日后确定双方关系，澄清相互义务的框架基础。本项规定的重点应该放在当事人不打算在特定情况下履行义务上，而不是放在和解协议本身附带条件上。

关于“有条件的”修饰的应该是义务还是和解协议，各国代表有不同看法。喀麦隆代表指出，如果协议有先决条件的话，那么必须履行先决条件，协议才能得以履行。本段规定“和解协议先决条件没有成就”这一抗辩理由，“有条件的”修饰的应是和解协议。挪威代表指出，本条款的重点应为义务是“有条件的”，义务的先决条件没有满足导致义务没有产生，而不是和解协议是“有条件的”。因此，他们建议将本段修改为：“和解协议载有寻求救济方的义务，该义务不能独立于协议中其他部分而执行，或者双方当事人商定不在寻求救济时予以履行。”

荷兰代表认为“有条件的”一词在不同法域可能具有不同含义。条件可能时中性的，这种条件并不是某一方当事人的义务，比如合同约定市场价超过一定的金额，双方才履行合同。只考虑援用和解协议所针对的当事人的义务是很片面的，双方当事人的义务未履行应该都可作为抗辩理由。因此荷兰代表建议改为“和解协议是有条件的，在于当事方的义务尚未履行”。

经过讨论，工作组最终确定参考选项一的表述，规定那个(d)项内容为：“准予救济将有悖和解协议条款。”因为工作组认为这种措辞范围宽泛，足够涵盖各种影响和解协议义务执行的情形。

(五)调解员违反职业准则

《新加坡调解公约》第5条规定了拒绝准予救济的抗辩理由，其中第1款(e)、(f)项条文主要规定了与调解过程的抗辩理由。第1款(e)项主要规定了调解员严重违反调解员或调解的准则的情况。

1. 基本解释

本公约第5条提供了五类准予救济的理由，第三类为与调解程序有关的理由，该类规定在第5条第1款的(e)、(f)项。(e)项规定了适用于调解或者调解员的准则被严重违反的情形。

2. 形成过程

第六十四届会议的初稿本无此类规定，六十五届会议中，工作组提出了将调解员的不端行为引发实质性后果列入拒绝准予救济的理由。

(1)草案二稿

草案二稿[1]:“调解员未能公平对待各方当事人或者未披露可能对其公正性或者独立性产生有正当理由怀疑的情形。”

草案二稿将调解员未能履行披露义务与未能公平对待各方当事人同列于第5条第1款(e)项。

(2)草案三稿

草案三稿[2]:“调解员显然未公平对待各方当事人,就案件具体情形来看对一方当事人有实质影响或不当影响。”

相比于草案二稿,草案三稿作出如下改变:其一,规定了未能公平对待各方当事人的程度为“明显地”。其二,将未能履行披露义务分列为同款第f项。其三,该种未能公平对待各方当事人须有实质影响或不当影响才能成为拒绝准予救济的理由。

(3)草案四稿、五稿、终稿

草案四稿、五稿、终稿对此规定相同[3]:“调解员严重违反适用于调解员或调解的准则,若非此种违反,该当事人本不会订立和解协议。”

相比于前几稿,草案四稿、五稿、终稿弃用未能公平对待各方当事人而引发实质影响或不当影响之标准,改以严重违反适用于调解员和调解的准则而导致本不会达成的和解协议因此达成了。同时,三稿对违反的程度要求为“明显”,草案四稿、五稿、终稿则为“严重”。此外,草案四稿、五稿、终稿保留了草案二稿将调解员未尽披露事宜单列于同款另一项的做法。

3. 要点分析

(1)适用于调解员或调解的准则

《新加坡调解公约》第5条第1款(e)项规定了主管机关可拒绝准予救济若认定:“调解员严重违反适用于调解员或者调解的准则,若非此种违反,该当事人本不会订立和解协议。”该条款对于适用于调解员或调解的准则的内涵和适用没有进一步的论述。那么寻求救济公约所在当事方的主管机关在适用该条款时如何认定“适用于调解员或调解的准则”?即寻求救济的公约所在当事方的主管机关应当依据什么准则来审查调解员的行为呢?如果

---

[1] 工作组第六十五届会议秘书处的说明(A/CN.9/WG.Ⅱ/WP.198,第35段)。

[2] 工作组第六十六届会议秘书处的说明(A/CN.9/WG.Ⅱ/WP.200,第37段)。

[3] 工作组第六十七届会议秘书处的说明(A/CN.9/WG.Ⅱ/WP.202,第39段)。

和解协议当事人以协议选择了适用于调解员和调解的规则，自当适用之。若和解协议当事人未曾协议选择适用于调解员和调解规则的准则，则各国主管机关拥有对此问题进行判断的自由裁量权。

（2）违反的程度——“严重违反”“造成后果”

违反适用于调解员或调解准则成为寻求救济所在公约当事方主管机关拒绝准予救济的理由，在主观上该种违反是严重的，在客观上该种违反导致了本不应达成的和解协议达成了。

这样的立法操作强化了和解协议的稳定性，防止准予救济被主管当局轻易拒绝，同时也使得寻求救济所在公约当事方在审查上更为轻松。该项中的“严重提供了主观上的审查标准”，若非此种违反，该当事人本不会订立和解协议“提供了客观的审查标准”，即此种违反导致了本不应达成的和解协议达成了。

对比草案二稿、三稿的“调解员未能公平对待各方当事人”和“调解员显然未能公平对待各方当事人”，终稿为主管机关提供了更加客观的审查标准——“若非此种违反，该当事人本不会订立和解协议”“适用于调解员或调解的准则”。此外，终稿比起草案三稿对此的措辞，不再强调调解员未能公平对待当事人这一具体样态，而是强调了该种违反的后果。

无论调解员在调解中担当角色何如，最终是否达成和解协议的决定权还是在当事人，调解最终还是当事人之间的一场博弈，其最终的目的是以最高效的方式妥善地定分止争。因此，并非任何违反调解规则的行为都会影响和解协议的达成，故争端双方当事人可以通过向调解机构投诉调解员的一些轻微不端行为来获得救济，无须径直否定和解协议。轻易地否定和解协议无异于将和解协议推向不存在既判力的“合同”一端，便偏离了调解作为一种追求效率的争议解决方式的初衷。在考虑执行和解协议抗辩理由的时候，应当仅对那些侵蚀调解本质，及违背了当事人意思自治的和解协议拒绝予以救济。这也是适用于调解员调解的规则被严重违而发生拒绝准予救济的理论基础。

（六）未予披露情形

《新加坡调解公约》第 5 条规定了拒绝准予救济的抗辩理由，其中第 1 款（e）、（f）项条文主要规定了与调解过程的抗辩理由。第 1 款（f）项主要规定了调解员未履行披露义务的情况。

1. 基本解释

本公约第5条提供了五类准予救济的理由，第三类为与调解程序有关的理由，该类规定在第5条第1款的(e)、(f)项。(f)项规定了调解员未尽披露事宜造成实质性后果促成了本不应达成的和解协议的情形作为拒绝准予救济的理由。

2. 形成过程

草案初稿并没有该项规定，从第六十五届会议开始，工作组考虑将调解员在调解过程中的严重不端行为列入公约抗辩理由。各稿具体如下：

(1)草案二稿

草案二稿[1]："调解员未公平对待各方当事人或者未披露可能对其公正性或者独立性产生有正当理由怀疑的情形。"

草案二稿将调解员未尽披露义务这一理由和公平对待义务一同规定在(e)项。

(2)草案三稿

草案三稿[2]："(e)调解员未披露可能对其公正性或独立性产生有正当怀疑理由的情形……"

草案三稿将调解员未尽披露事宜单列为一项，调解员未尽披露事宜与调解员公平对待在第5条第1款下并列为两项。

(3)草案四稿、五稿、终稿

草案四稿至终稿对调解员披露的规定相同：[3]"调解员未向各方当事人披露可能对调解员公正性或者独立性产生正当怀疑的情形，并且此种未予披露对一方当事人有实质性影响或者不当影响，若非此种未予披露，该当事人本不会订立和解协议。"

这三稿新增了造成"实质性影响或不当影响"的规定，对调解员未尽披露义务成为一个拒绝准予救济的理由提出了更高的要求，需要该种失职造成"实质性影响或不当影响"以至于当事人因此达成了本不应达成的和解协议。

---

[1] 工作组第六十五届会议秘书处的说明(A/CN.9/WG.Ⅱ/WP.198，第35段)。

[2] 工作组第六十六届会议秘书处的说明(A/CN.9/WG.Ⅱ/WP.200，第37段。)

[3] 工作组第六十八届会议秘书处的说明(A/CN.9/WG.Ⅱ/WP.205/Add.1)。

3. 要点分析

(1)调解员的披露义务单独列项之必要

在草案初稿中并无提及调解员的披露义务,大多数调解规则或调解员准则几乎都规定了调解员的披露义务,故第5条第1款(f)项可以为第5条第1款(e)项所包含。在《新加坡调解公约》的制定过程中,韩国代表和墨西哥代表因此认为(f)项无存在必要。但工作组仍然坚持了该规定的存在。

由于调解的私密性,争议各方能够在调解中披露更多的信息,调解的这个优点建立在争议各方对于调解员信任之上,这种信任又是以调解员的操守为基础。工作组保留(f)项的规定,在(e)项之外更加强调了调解员的披露义务,守护了这种信任的基础。

然而,(f)项的存在将给公约当事方带来挑战,主管机关将付出更大的代价考量调解员的披露事项究竟包含哪些,中国代表在《新加坡调解公约》的立法过程中提出了这样的意见。望诸方法域的立法、各种调解员行为规范、各类调解规则,关于调解员披露义务制规范不一,法律的适用和查明将成为制约调解这种纠纷解决机制的效率的不利因素。

(2)调解员违反披露义务的程度——"严重"

针对草案三稿,保加利亚代表建议规定调解员不予披露对当事人具有实质性作用或产生不当影响才能作为抗辩理由。工作组采纳了此项建议,以免轻微的未披露行为,被当事人滥用以削弱和解协议的既判力,正如前文所述,甚至使和解协议沦为"合同"。

(3)调解员的披露义务不限于"不为当事人所知的情形"

南非代表提议调解员的披露义务应限于"不为当事人所知的情形",应将草案修改为:"调解员未披露不为当事人所知的,可能对其公正性或独立性产生有正当怀疑理由的情形,并且此种未予披露就案件具体情形来看对一方当事人有实质性影响或不当影响,若非如此,该当事人本来不会订立和解协议。"即使未披露会使当事人对调解员的公正性或独立性产生怀疑,但是如果未被披露的内容是为当事人所知的,那么就不可以援引本项进行抗辩。

工作组不同意使用"不为当事人所知的情形",因为已经规定了"对一方当事人有实质性影响或不当影响"间接说明了该未予披露的内容是不为该方当事人所知的。因此这一限定多余。

二、拒绝准予救济的特定情形

《新加坡调解公约》第5条规定了拒绝准予救济的抗辩理由，第2款规定了拒绝准予救济的特殊抗辩事由。其中(a)项条文主要规定违反公约当事方的公共政策的情况。

(一)违反公共政策

1. 基本解释

第5条第2款(a)项是参照《纽约公约》第5条第2款第(a)的条文订立的。段首表明，该款两项情形下，主管机关可依职权拒绝准予救济。

2. 形成过程

第2款(a)项条文表述在历次工作组会议中的变化如下：

其一，草案初稿：[1]"和解协议的执行将违背提出执行请求所在国的公共政策。"

其二，草案二稿：[2]"和解协议的[承认或者]执行将违背[本国][该国]的公共政策。"

其三，草案三稿：[3]"赋予和解协议法律效力或者执行和解协议将违背该国的公共政策。"

其四，草案四稿、五稿：[4]"准予救济将违反该国的公共政策。"

其五，草案终稿：[5]"Granting relief would be contrary to the to the public policy of that Party。""准予救济将违反公约当事方的公共政策。"终稿弃用"该国(that State)"的措辞，改用"公约当事方(that Party)"。

3. 要点分析

(1)公共政策不限于"国际公共政策"

对于寻求救济所在当事方的执行机关而言，调解员的不端行为是否构成违反当事方的公共政策取决于公共政策的定义和内容。公共政策不限于

---

[1] 工作组第六十四届会议秘书处的说明(A/CN.9/WG.Ⅱ/WP.195，第56段)。

[2] 工作组第六十五届会议秘书处的说明(A/CN.9/WG.Ⅱ/WP.198，第35段)。

[3] 工作组第六十六届会议秘书处的说明(A/CN.9/WG.Ⅱ/WP.200，第37段)。

[4] 工作组第六十七届会议秘书处的说明(A/CN.9/WG.Ⅱ/WP.202，第39段)。

[5] 工作组第六十八届会议秘书处的说明(A/CN.9/WG.Ⅱ/WP.205/Add.1)。

“国际公共政策”。首先,(a)项规定的表述为“准予救济将违反公约该当事方的公共政策”,字面含义无须多言。其次,从目的解释的角度来看,公约制定该款项的目的在于保护和解协议执行地国的重大利益、法律和道德的基本准则,而每个国家的在对公共政策的内涵规定上可能存有差异。由此,部分国家代表认为,若判例法对“公共政策”做狭义解释,这一概念可能被理解为某些国家共同认可的公共政策,从而增加各国签署该文书的难度。因此,在第六十八届会议上,工作组指出将公共政策的概念的定义权交给每个当事方来确定,即公约生效后,执行当局对公约中公共政策的理解将依据其国内法加以确定。

(2)公共政策的涉及实体方面和程序方面

工作组在第六十四届会议中指出,公共政策可能涉及程序和实体两个方面。程序性的公共政策与和解协议的达成过程有关,实体性的公共政策则与和解协议的内容与执行的结果有关。虽说工作组在对公共政策的适用上做出了其属于国际私法中的国内法的声明,其适用最终会落脚在执行国的本国法上,但是不容否认各国在认定公共政策时具有一定的共通之处。

国际法协会的《关于公共政策作为拒绝执行国际商事仲裁裁决的工具的最终报告》举出了一些仲裁中常见的实体性公共政策,可能对于我们理解《新加坡调解公约》下的公共政策有所裨益。其中包含了如禁止违反善良公允原则、禁止权力滥用原则等公共政策。从最高人民法院现有的案例来看,其列举的公共政策内容主要包括法律基本原则、社会根本利益、善良风俗这三大类。[1] 在缔约方立法未予认定虚假调解达成的和解协议“无效、失效或无法履行”的情况下,亦有可能通过适用公共政策条款拒绝准予救济。在程序上,有些调解规则规定了调解员在知情当事人虚假调解、意图损害第三人或者社会公共利益的情况下应当终止调解,这是调解员作为司法工作者社会责任的体现,如北京仲裁委员会《调解员守则》第 13 条的规定。[2] 调解员虚假调解的行为虽然构成对调解员准则或调解准则的违反,但是由于

---

〔1〕 参见何其生:《国际商事仲裁司法审查中的公共政策》,载《中国社会科学》2014 年第 7 期。

〔2〕 参见北京仲裁委员会《调解员守则》第 13 条规定:“符合下列情形,调解员可退出调解程序:(一)当事人通过调解获取非法利益;(二)调解违反社会公共利益。”

该不端行为对当事人有益,故不会通过援引公约第 5 条第 1 款(e)项主张拒绝准予救济。所以作为补充,在程序上公共政策条款也可能被缔约方适用于解决虚假调解的问题。但是鉴于公共政策条款谦抑性的特点,执行国在充分考虑通过其他路径拒绝救济虚假调解达成的和解协议之前,应当谨慎适用。

在《纽约公约》中,公共政策也包含程序层面的内涵,也就是一些得到大多数法律认可、很少引起争议的最基本的程序性要求,包括但不限于平等对待当事人、及时通知当事人、予以当事人平等陈述的机会等。[1] 虽然大部分调解或者调解员准则都规定有上述事项,但是调解的灵活性决定了其与仲裁在公共政策的理解上必然于程序层面存在差异。仲裁中经常被当事人援引的程序原则,如明显地忽视法律、明显地忽视事实、裁决未附具理由和裁决与既判案件相悖等原则就不适宜在调解中继续适用。因为调解程序的灵活性,当事人可能主张调解程序违反执行国司法程序方面的公共政策。为了避免执行国滥用该条款,《新加坡调解公约》制定过程中,工作组就指出执行机关在审查调解是否违反程序性的公共政策时,应当适当考虑调解程序灵活性的这一特性,以免使调解减损其灵活性,而向规范性的方向发展,避免调解与仲裁诉讼的同质化。因此,各国在平衡程序性公共政策与调解灵活性的矛盾时,应参考三个维度:一是当事人的知情和同意;二是该变通措施的目的;三是实体性的公共政策。

(二)争议无法以调解方式解决

《新加坡调解公约》第 5 条规定了拒绝准予救济的抗辩理由,第 2 款规定了拒绝准予救济的特殊抗辩事由。其中(b)项条文主要规定了争议事项无法以调解方式解决这一情况。

1. 基本解释

该项借鉴了《纽约公约》第 5 条第 2 款(a)项,即主管当局得以涉争事项无法以调解方式解决。

---

[1] 参见徐琳:《国际商事仲裁裁决承认与执行中的公共政策》,载《河北法学》2009 年第 7 期。

2. 形成过程

(1) 草案初稿

草案初稿:[1]“根据提出执行请求所在国的法律,和解协议所涉事项无法以调解方式解决。”

(2) 草案二稿

草案二稿:[2]“根据[本国][该国]的法律,该和解协议所涉及事项无法以调解方式解决。”

(3) 草案三稿

草案三稿:[3]“根据该国的法律,和解协议所涉事项无法以调解方式解决。”

(4) 草案四稿、五稿

草案四稿、五稿:[4]“根据该国的法律,争议所涉事项无法以调解方式解决。”

该两稿以“争议所涉事项”替代了“和解协议所涉事项”。

3. 要点分析

此处主要参照《纽约公约》进行解读。为了便于理解《新加坡调解公约》中“可调解性”的含义,不妨先考察一番《纽约公约》中不可仲裁事项的内涵。大多数观点认为,争议事项的可仲裁性在广义上属于执行国本国的公共政策。同理,对于调解而言,不可调解事项就可理解为执行国的公共政策对调解范围的限制。换言之,通过文义解释可以将可调解性解释为公共政策的一部分,二者的相同点在于法律适用上均应依据该缔约当事方的法律予以确定,但在实践中二者的适用方式略有不同。首先,公共政策的内涵较为抽象,当事方可以通过穷尽式立法对不可调解事项予以明确。其次,不可调解事项关注的是具体争议进入调解领域的合法性,而公共政策往往适用于违反法律和道德基本原则的和解协议,其侧重点在于调解结果的合法性即和解协议内容的合法性。

---

[1] 工作组第六十四届会议工作报告(A/CN.9/WG.Ⅱ/WP.195,第56段)。

[2] 工作组第六十五届会议工作报告(A/CN.9/WG.Ⅱ/WP.198,第35段)。

[3] 工作组第六十六届会议工作报告(A/CN.9/WG.Ⅱ/WP.200,第37段)。

[4] 工作组第六十七届会议工作报告(A/CN.9/WG.Ⅱ/WP.202,第39段)。

第六节 最后条款

一、并行申请或者请求

表 2.6 第 6 条 并行申请或者请求

Article 6 Parallel applications or claims

中文	如果已经向法院、仲裁庭或者其他任何主管机关提出了与一项和解协议有关的申请或者请求,而该申请或者请求可能影响到根据第 4 条正在寻求的救济,寻求此种救济所在公约当事方的主管机关可在其认为适当的情况下暂停作出决定,并可应一方当事人的请求下令另一方当事人适当具保。
英文	If an application or a claim relating to a settlement agreement has been made to a court, an arbitral tribunal or any other competent authority which may affect the relief being sought under article 4, the competent authority of the Party to the Convention where such relief is sought may, if it considers it proper, adjourn the decision and may also, on the request of a party, order the other party to give suitable security.

(一)基本解释

本条旨在就涉及和解协议的司法程序或仲裁程序可能对协议执行过程产生的影响作出规定。其参考的对象主要是《纽约公约》第 5 条第 1 款(e)项和第 6 条。规定在就和解协议申请司法程序或仲裁程序的情况下,执行机构认为适当的,可以按照执行国的程序规则暂停执行程序。

(二)形成过程

1. 第二工作组(仲裁和调解)第六十三届会议

根据第二工作组(仲裁和调解)第六十三届会议的相关内容,本次会议主要对本条所涉及的内容起到“抛砖引玉”的作用,各国专家并没有对此形成结论性的意见,仅确定不能使程序复杂化,而且不能对于某些情形限制性过强,因此应对照《纽约公约》第 5 条第 1 款(e)项和第 6 条的做法,为执行机关提供相应的裁量权。

虽然大的方向最终得以敲定,但对于其中的问题,各方专家还是存在分歧,比如会议指出:“如果法院裁定认为和解协议的有效性是给予所请求的救济的一个先决条件,这种裁定是否也应考虑在内,还是只考虑那些宣示性裁定,例如,认定和解协议无效的裁定。"[1]

2. 第二工作组(仲裁和调解)第六十四届会议

根据第二工作组(仲裁和调解)第六十四届会议的相关内容,本次会议在确认执行机构适当尊重法院或仲裁庭决定既有益也有必要的前提下提出:"文书可以规定一条非强制性规则,允许执行机构在此种情况下暂停执行程序。"[2]

经过讨论,与会专家普遍认为,文书可以以《纽约公约》第 6 条为基础列入一则条文,例如,规定在就和解协议申请司法程序或仲裁程序的情况下,执行机构认为适当的,可以按照执行国的程序规则暂停执行程序。

3. 第二工作组(争议解决)第六十五届会议

根据第二工作组(争议解决)第六十五届会议(维也纳,2016)的相关内容,本次会议主要针对前期提供的草案展开讨论,即 A/CN. 9/WG. Ⅱ/WP. 198 号文件第 47 段所载明的条文 9 草案,该条文涉及执行机关如何处理下述情形:向法院、仲裁庭或其他任何主管机关提出一项可能影响到执行的申请(或请求)。会上回顾,条文 9 草案依据的是《纽约公约》第 6 条,该条涉及就撤销或暂停执行仲裁裁决提出的申请。工作组注意到该条文草案标题中有"实质性"一词,审议了执行机关需加以考虑的三大类申请(或请求)。第一类是涉及和解协议实质或内容的申请(或请求)。第二类是撤销和解协议的申请(或请求)。第三类是(在另一国家或在同一国家)执行同一项和解协议的补充申请,也可以是和解协议的另一方当事人提出的执行同一项和解协议的申请("平行执行申请")。会上提出的一项建议是,如果该条文草案将平行执行申请的情形列入,条文 9 草案中放在方括号内的后半部分需要加以修订,因为执行机关也可能命令申请执行的当事人提供适当担保。

经过讨论,会议商定,条文 9 草案中为执行机关提供的裁量权应当放在文书中保留,第一组方括号内的案文应当保留并去掉方括号。还商定,条文

---

[1] 第二工作组(仲裁和调解)第六十三届会议(2015 年 9 月 7 日至 11 日,维也纳)工作报告(A/CN. 9/861)。

[2] 第二工作组(仲裁和调解)第六十三届会议(2015 年 9 月 7 日至 11 日,维也纳)工作报告(A/CN. 9/867)。

9草案不应区别对待各种类别的申请（或请求），标题中的“实质性”一词应予删除。还商定，第二组方括号内的案文应当加以修订，以表明可以命令任何当事人提供担保。[1]

（三）要点分析

1. 对“并行程序”的理解

所谓“并行程序”是指与和解协议的执行程序并列且可能对其产生影响的司法程序或者仲裁程序，不限制于某一法域。

如果一方当事人要求在一方法域执行所达成的和解协议，另一方当事人要求在另一方法域进行关于和解协议无效的诉讼或者仲裁时，可涉及本条之规定。关于此方面《纽约公约》第6条也有描述，明确准许缔约方法院裁量决定是否延期执行强制执行程序，这与本条之规定相仿。制定此类规定的目的有两方面，一是为了促进外国仲裁裁决的可执行性，二是保留对司法裁决的监督。

在本公约的制定过程中，各国代表针对在某些情况下赋予执行机关裁量权决定是否暂停执行也达成了一致，均认为，如果当事人向法院、仲裁庭或者其他主管机关提出了任何一项可能影响和解协议执行的要求，此时可赋予执行机关裁量权决定是否暂停执行并不违反相关规定。

执行机关需要考虑以下三种情况：第一类是涉及和解协议本身实质或内容（substance or content）合法性的申请；第二类是撤销（annul）和解协议的申请或请求；第三类是（在另一国家或者同一国家）执行同一项和解协议的补充申请（additional application for enforcement），或和解协议的另一方当事人提出的执行同一项和解协议的申请（parallel enforcement applications）。[2]

2. 如何处理本公约与其他有关救济途径的关系

在制定本公约的过程中，各国代表普遍认为公约应当尊重当事人对和解协议中所列解决办法的选择（比如可以在和解协议中列明仲裁条款、法院选择条款等），但是本公约中不需要对此做单独条款性的规定，因为对此类争议的解决条款已经规定在已经生效的其他法规中，比如《纽约公约》《法院

---

〔1〕 第二工作组（争议解决）第六十五届会议（2016年9月12日至23日，维也纳）工作报告（A/CN.9/896）。

〔2〕 工作组第六十五届会议工作报告（A/CN.9/896，第124段）。

选择协议公约》等，且本公约制定的目标是为执行和解协议提供便利。[1]公约仅为一种执行国际和解协议的机制，且并不涉及国内法规中处理的程序方面的相关问题，同时不会因为此种执行机制剥夺当事人在适用其他各种救济方式的权利。[2]

二、其他法律或者条约

表 2.7 第 7 条 其他法律或者条约

Article 7 Other laws or treaties

中文	本公约不应剥夺任何利害关系人可依法寻求依赖和解协议所在公约当事方的法律或者条约所许可的方式，在其许可限度内，援用该和解协议的任何权利。
英文	This Convention shall not deprive any interested party of any right it may have to avail itself of a settlement agreement in the manner and to the extent allowed by the law or the treaties of the Party to the Convention where such settlement agreement is sought to be relied upon.

（一）基本解释

工作组在制定本文书时本着一条原则——“作为有约束力的协议对待”。但是作为一份有长久生命力的国际协议，不应该限制参与各方获得比本文书更优的救济渠道，即应允许其国内立法规定的执行条件比本文书规定的条件更有利的国家适用这种更有利的立法。因此，工作组参考《纽约公约》第 7 条第 1 款的案文制定本条规定，其意义在于在适用国内法规或条约更有利时，应允许当事人选择适用国内法规或条约的相关规定。

（二）形成过程

1. 第二工作组（争议解决）第六十五届会议

根据第二工作组（争议解决）第六十五届会议的相关内容，专家们确定，虽然本公约是为了服务于国际贸易，一定的约束力是必不可少的，但是不能限制各方选择更有利的救济方式，因此，专家们在会议上达成一致：将参照

〔1〕 工作组第六十四届会议工作报告（A/CN. 9/867，第 177 段）。

〔2〕 工作组第六十四届会议工作报告（A/CN. 9/867，第 36 段）。

《纽约公约》第7条第1款的相关规定,即当事人可通过提及一套规则或者以其他方式,自行约定进行调解的方式。并且会议确定了如现在条文的文字措辞。[1] 当然,会议也有其他不同的声音,法国代表提出了反对意见,其认为《纽约公约》第7条并不是一个常见的国际公约条文,并且该条的规定并非对所有国家都有意义,因此应该进一步认真讨论。

2. 第二工作组(争议解决)第六十五届会议

根据第二工作组(争议解决)第六十五届会议的相关内容,本次会议澄清,现在考虑列入文书的更优权利条款将不允许各方将文书适用于条文1(3)草案所排除的和解协议,因为此种和解协议将不在文书范围之内(A/CN. 9/WG. Ⅱ/WP. 202,第8段)。经过讨论,各方针对该项问题达成了共同理解,即各国在颁布国内立法时是有灵活性的,因此,可在其立法范围内包括此种和解协议,但是在文书采取公约形式的情况下,包括此种和解协议则不一定违反各方在文书下的国际义务。

3. 终稿修订

在终稿修订中,工作组指出,根据本条规定,公约第1条第2款和第3款排除的在公约适用范围之外的和解协议不适用本公约,但是各公约当事方仍可以灵活颁布相关国内立法,将此种和解协议包括在其范围内。最终本条得以核准。[2]

(三)要点分析

若争议当事人注重争议解决方式的终局性和可强制执行性,则未必会选择调解。而本次《新加坡调解公约》的制定保证了国际调解协议的强制执行力,这将很有可能吸引国际商事争议当事人选用调解替代诉讼或仲裁等可执行性更高的争议解决方式。但它又没有完全限制当事人选择的权利。

联合国国际贸易法委员会曾表示,由于调解程序始终贯彻并尊重争议双方的利益需求,因此争议当事人可以选择在调解员的协助下,通过自行设定调解程序,以自愿达成调解协议。在设定调解程序时,争议的解决方向可以从法律角度出发,也可以从非法律角度出发;可以就当前争议提出切实有

[1] 第二工作组(争议解决)第六十五届会议(2016年9月12日至23日,维也纳)工作报告(A/CN. 9/896)。

[2] 联合国国际贸易法委员会第五十一届会议工作报告(A/73/17,第35段)。

效的和解方案,也可以就未来争议提出预防措施。由此可见,调解程序确实具有公正性、灵活性、较高透明度等特征。相较于其他争议解决方式,调解还具有相对较高的办事效率和保密性,这可能是因为调解的进度和程序可由争议双方自行控制,而非如诉讼或仲裁一般遵照商事法庭或商事仲裁庭强制的或具有高度约束力的程序;在未经争议双方同意的情况下,不大可能具备将案情公之于众的情形。此外,调解对执行机构与执行地点的选择也相对自由、灵活。《新加坡调解公约》的出台,解决了调解机制领域中的执行难问题,基本解除了当事人选择调解解决纠纷的后顾之忧,使得调解机制能够在不久的将来变得炙手可热,成为国际商事领域一种重要的纠纷解决机制。

调解具有多元优势特质,包括可以有效避免当事人之间矛盾激化以及有利于保持良好的商业关系。除此之外,相比诉讼和仲裁两种纠纷解决方式,调解又能降低成本、提高效率。与已经成熟的国际商事仲裁与国际民商事诉讼不同,国际商事调解协议的效力一直存在争议。然而,为了进一步奠定调解制度的地位,《新加坡调解公约》确认了国际商事调解协议的效力。国际商事调解协议能够跻身于主要的争端解决纠纷方式之一,得益于此次效力等级的提升。该公约不仅为调解协议的执行创设了规则,也为市场各方主体选择更有执行效力提供了保障。[1]

本公约的制定与签署,特别是本条规定,弥补了国际商事调解协议执行机制的空白,使得国际商事争端解决方式不再仅限于传统的诉讼或仲裁制度,确立了调解在国际商事纠纷解决机制中的重要地位,满足并丰富了解决跨国商事交易争端的体系。国际商事调解的发展才刚刚起步,但其能够在短时间内克服无跨国执行力的弊端,并且适应各种商事争议的特征,这意味着国际商事调解在未来会有更多的成长空间和发展前景。在一定程度上,推动当事人以调解方式解决国际商事争议,从而充分发挥调解的独特优势,构建世界各国之间友好的商业贸易关系,为国际贸易的发展提供稳定、良好的营商环境,促进国际商事纠纷解决机制的完善与成熟。[2]

---

〔1〕 See Thomas Gaultier, "Cross – border Mediation: A New Solution for International Commercial Dispute Settlement?" International Law Practicum (New York) 26(1), p. 38 – 58(2013).

〔2〕 王琦:《海南全面深化改革进程中的国际商事纠纷调解机制研究》,载《海南大学学报(人文社会科学版)》2019 年第 3 期。

三、保留

表2.8 第8条 保留

Article 8 Reservations

中文	1. 公约当事方可声明： （a）对于其为一方当事人的和解协议，或者对于任何政府机构或者代表政府机构行事的任何人为一方当事人的和解协议，在声明规定的限度内，本公约不适用； （b）本公约适用，唯需和解协议当事人已同意适用本公约。 2. 除本条明确授权的保留外，不允许作出任何保留。 3. 公约当事方可随时作出保留。在签署时作出的保留，必须在批准、接受或者核准时加以确认。此类保留应在本公约对有关公约当事方生效时同时生效。批准、接受或者核准本公约或者加入本公约时作出的保留，或者在根据第13条作出声明时作出的保留，应在本公约对公约有关当事方生效时同时生效。保留书在公约对公约该当事方生效后交存的，于交存日后六个月生效。 4. 保留书及其确认书应交存保存人。 5. 根据本公约作出保留的公约任何当事方可随时撤回保留。此种撤回书应交存保存人，并应于交存后六个月生效。
英文	1. A Party to the Convention may declare that: (a) It shall not apply this Convention to settlement agreements to which it is a party, or to which any governmental agencies or any person acting on behalf of a governmental agency is a party, to the extent specified in the declaration; (b) It shall apply this Convention only to the extent that the parties to the settlement agreement have agreed to the application of the Convention. 2. Noreservations are permitted except those expressly authorized in this article. 3. Reservations may be made by a Party to the Convention at any time. Reservations made at the time of signature shall be subject to confirmation upon ratification, acceptance or approval. Such reservations shall take effect simultaneously with the entry into force of this Convention in respect of the Party to the Convention concerned. Reservations made at the time of ratification, acceptance or approval of this Convention or accession thereto, or at the time of making a declaration under article 13 shall take effect simultaneously with the entry into force of this Convention in respect of the Party to the Convention concerned. Reservations deposited after the entry into force of the Convention for that Party to the Convention shall take effect six months after the date of the deposit. 4. Reservations and their confirmations shall be deposited with the depositary.

续表

	5. Any Party to the Convention that makes a reservation under this Convention may withdraw it at any time. Such withdrawals are to be deposited with the depositary, and shall take effect six months after deposit.

（一）基本解释

第 8 条第 1 款主要描述了两种保留，分别是“政府机构保留”和“明示保留”。第 8 条第 2 款规定了除明确授权，不允许其他任何保留。第 8 条第 3 项规定了公约当事方可随时作出保留，以及此种保留生效时间。第 8 条第 4 款明确了保留书和确认书的交付对象。第 8 条第 5 款对撤回保留作出了相关规定。

（二）形成过程

1. 第 1 款的形成过程：草案三稿[1]：

缔约方可声明：(a)对于其为一方当事人的和解协议，或者对于任何政府机构或者代表政府机构行事的任何个人为一方当事人的和解协议，仅在声明规定的限度内，[选项 1：其应适用][选项 2：其不应适用]本公约。(b)其应对解决争议的协议适用本公约，而不论[调解人是否协助当事人解决其争议][协议是否产生于调解]。(c)[选项 1：其应适用本公约，唯需以和解协议当事人已商定适用本公约为限。][选项 2：其应适用本公约，除非和解协议当事人已商定排除适用本公约。]

草案四稿[2]：保留了草案三稿对第 8 条第 1 款(a)项的表达，修改了第 8 条第 1 款(b)项，并选择了草案三稿第 8 条第 1 款(c)项选项 1 的描述。(b)其应对当事人为解决商事争议而以书面形式订立的国际协议适用本公约，无论[调解人是否协助当事人解决其争议][协议是否产生于调解]；因此，第 2 条第 4 款、第 3 条第 3 款(b)项、第 4 条第 1 款(d)和(e)项不适用。(c)其应适用本公约，唯需以和解协议当事人已商定适用本公约为限。

草案五稿[3]：删除了草案四稿第 8 条第 1 款(b)项的内容，保留草案四

[1] 工作组第六十六届会议秘书处的说明增编(A/CN. 9/WG. Ⅱ/WP. 200/Add. 1)。
[2] 工作组第六十七届会议秘书处的说明增编(A/CN. 9/WG. Ⅱ/WP. 202/Add. 1)。
[3] 工作组第六十八届会议秘书处的说明增编(A/CN. 9/WG. Ⅱ/WP. 205/Add. 1)。

稿第 8 条第 1 款(c)项。

草案终稿[1]:最终确定了第 8 条第 1 款(a)项的具体描述,选择了草案三稿第 8 条第 1 款(a)项选项 2 的描述。

(a)对于其为一方当事人的和解协议,或者对于任何政府机构或者代表政府机构行事的任何人为一方当事人的和解协议,在声明规定的限度内,本公约不适用。

2. 第 2 款的形成过程:草案三稿[2]:"No reservations are permitted except those expressly authorized in this article. "除本条明确授权的保留外,不允许作出任何保留。

草案终稿[3]原样保留了草案三稿的内容。工作组提出在公约草案中列入一个类似于《承认及执行外国仲裁裁决公约》(又称《纽约公约》)第 1 条第 3 款的对等保留规定,但未获支持。

会上曾提出删除第 8 条第 2 款,以便允许各国作出其他保留。即使没有第 8 条第 2 款,根据《维也纳条约法公约》第 19 条[4],各国依然能够作出与公约草案目的和宗旨不相符的保留。但是,公约草案将在国际贸易法领域适用,而且有必要为该公约草案的适用提供法律确定性,工作组最终商定,保留第 8 条第 2 款,不作修改。

3. 第 3 款的形成过程:草案三稿[5]:缔约方可随时作出保留。在签署时作出的保留,必须在批准、接受或核准时加以确认。此类保留应在本公约对有关缔约方生效时同时生效。批准、接受或核准本公约或者加入本公约时作出的保留,应在本公约对有关缔约方生效时同时生效。

草案四稿[6]:在草案三稿的基础上增加了"公约对该缔约方生效后交存的保留书在交存日后三个月内生效"的内容。

---

[1] 关于调解产生的国际和解协议的公约草案秘书处的说明(A/CN. 9/942)。

[2] 工作组第六十六届会议秘书处的说明增编(A/CN. 9/WG. Ⅱ/WP. 200/Add. 1)。

[3] 关于调解产生的国际和解协议的公约草案秘书处的说明(A/CN. 9/942)。

[4] 《维也纳条约法公约》第 19 条提具保留:一国得于签署、批准、接受、赞同或加入条约时,提具保留,但有下列情形之一者不在此限:(甲)该项保留为条约所禁止者;(乙)条约仅准许特定之保留而有关之保留不在其内者;或(丙)凡不属(甲)及(乙)两款所称之情形,该项保留与条约目的及宗旨不合者。

[5] 工作组第六十六届会议秘书处的说明增编(A/CN. 9/WG. Ⅱ/WP. 200/Add. 1)。

[6] 工作组第六十七届会议秘书处的说明增编(A/CN. 9/WG. Ⅱ/WP. 202/Add. 1)。

草案五稿[1]:在草案四稿的基础上将"公约对该缔约方生效后交存的保留书在交存日后三个月内生效"修改为"公约对该缔约方生效后交存的保留书应于交存日后六个月内生效"。

草案终稿[2]:草案终稿将"批准、接受或核准本公约或者加入本公约时作出的保留,应在本公约对有关缔约方生效时同时生效"修改为"批准、接受或者核准本公约或者加入本公约时作出的保留,或者在根据第13条作出声明时作出的保留,应在本公约对公约有关当事方生效时同时生效",其他内容与草案五稿保持一致。

4.第4款的形成过程:草案四稿[3]:"保留书及其确认书应交存保存人。"

草案五稿[4]和草案终稿[5]保持了草案四稿所规定的内容。

5.第5款的形成过程:草案四稿[6]:根据本公约作出保留的任何缔约方可随时撤回保留。此种撤回书应交存保存人,并应于交存后3个月内生效。

草案五稿[7]:将生效时限延长,修改为"根据本公约作出保留的任何缔约方可随时撤回保留。此种撤回书应交存保存人,并应于交存后六个月内生效"。

草案终稿:与草案五稿保持一致。

(三)要点分析

1.对第8条第1款的分析

在公约起草过程中,工作组提出,应当给予缔约方一定的权利空间,使其能够灵活地根据本国实际在某些特殊情形下对和解协议适用公约作出保留。公约所设置的特殊情形是国家作为一方当事人或缔约方政府机构或代

---

[1] 工作组第六十八届会议秘书处的说明增编(A/CN.9/WG.Ⅱ/WP.205/Add.1)。

[2] 关于调解产生的国际和解协议的公约草案秘书处的说明(A/CN.9/942)。

[3] 工作组第六十七届会议秘书处的说明增编(A/CN.9/WG.Ⅱ/WP.202/Add.1)。

[4] 工作组第六十八届会议秘书处的说明增编(A/CN.9/WG.Ⅱ/WP.205/Add.1)。

[5] 关于调解产生的国际和解协议的公约草案秘书处的说明(A/CN.9/942)。

[6] 工作组第六十七届会议秘书处的说明增编(A/CN.9/WG.Ⅱ/WP.202/Add.1)。

[7] 工作组第六十八届会议秘书处的说明增编(A/CN.9/WG.Ⅱ/WP.205/Add.1)。

表政府机构行事的任何人作为一方当事人所订立的和解协议，缔约方有权修改和排除公约对于此类和解协议的法律效力。按照第 8 条第 1 款(a)项的写法，在公约中列入一条保留规定，将为各国提供灵活操作的空间，进而有利于吸引更多国家考虑批准加入《新加坡调解公约》。

根据公约草案第 8 条第 1 款(b)项，即使公约草案没有明确规定，和解协议当事人仍能够排除适用公约。对于当事人之间排除适用公约的此种协议，主管机关将赋予其效力。因为如果一方当事人打算凭借此种协议寻求救济，将会因其违反和解协议条款而拒绝准予此种救济，这是公约草案第 5 条第 1 款(d)项和《国际商事调解示范法》修正草案第 18 条第 1 款(d)项[1]所规定的。本着这一理解，工作组核准了第 8 条第 1 款(b)项的实质内容，未作修改。

调解制度的最大优势在于能够和平解决纠纷，并且在和平协商的基础上尽最大可能来修补纠纷带来的当事方之紧张关系。《新加坡调解公约》的宗旨是“减少因争议导致终止商业关系的情形，便利商业当事人管理国际贸易，并节省国家司法行政费用，进而有助于发展和谐的国际经济关系”，本公约所调整的范围应尽量扩大。[2]《新加坡调解公约》第 8 条第 1 款规定了两种保留，分别可简称为“政府机构保留”和“明示保留”。[3]

作出“政府机构保留”的意义不大。即便是政府机构作为一方的商事纠纷，经过调解达成协议，各方当然应该履行，政府因具有公信力，从道义而言，应比一般商事主体更应信守承诺。

“明示保留”一项是十分具有争议的保留。应作此保留的考虑主要在于，由于调解的随意性和非正式性，加上有些国家民商事调解制度尚不完善，由此产生的和解协议不应当当然地被赋予司法上的既判力，否则将导致司法权被当事人滥用，浪费极为有限的司法资源。[4]另外，针对出于鼓励和

---

〔1〕《贸易法委员会国际商事调解示范法》修正草案第 18 条第 1 款(d)项规定：调解人严重违反适用于调解人或调解的准则，若非此种违反，该当事人本不会订立和解协议。

〔2〕孙长龙：《论〈新加坡调解公约〉的完善及其在中国的适用》，载《国际商务研究》2020 年第 5 期。

〔3〕杨秉勋：《再论〈新加坡调解公约〉与我国商事调解制度的发展》，载《北京仲裁》2020 年第 1 期。

〔4〕陶南颖：《〈新加坡调解公约〉之简析》，载《东南司法评论》2019 年第 12 期。

保护国际商事调解制度的政策，应当竭力赋予和解协议以高标准的保护措施，从而能够为国际经济交往提供良好的营商环境。

事实上作出“明示保留”有一定合理性。

原因有如下四点：首先，在作出“明示保留”后，一定时期内可以将案件的数量减少，因为未作出“明示”的和解协议将不能适用公约，但是从长期来看，明示条款将会成为和解协议的标配。其次，通过要求当事人必须在和解协议中明确表示适用公约，将能够有利于提高《新加坡调解公约》在国际舞台上的地位，因为无论当事人还是帮助当事人起草协议的调解员、律师，将来都会将此作为和解协议的必备条款，最终成为业内同类协议的标杆。再次，由于目前信息不对称现象较为突出，通过作出“明示保留”，能够减少当事人的信息不对称现象，从而确保双方当事人在签署调解协议时都能预见到未来可能的适用公约问题，对未来申请强制执行有所准备。最后，作出“明示保留”的重要原因是能够“双刃剑”效应作出抵消，对《新加坡调解公约》中不提供“对等保留”可能带来的“双刃剑”效应进行抵销。在未加入公约的地区，公约对业界和当事人的影响较浅，其调解机构和调解员未必熟练掌握上述格式条款，从而作出不带“明示条款”的和解协议，便无法在作出明示保留的缔约方申请强制执行。[1]

2. 对第 8 条第 2 款的分析

由于第 8 条第 3 款允许随时作出第 8 条第 1 款规定的保留，有必要限制作出其他保留以保持一种平衡。有很多国际贸易私法文书不允许未经授权的保留，这为该款内容提供了经验基础，如《联合国国际货物销售合同公约》第 98 条[2]、《联合国国际合同使用电子通信公约》第 22 条[3]等。

如果删除第 8 条第 2 款，有可能会提出各式各样的保留，特别是对公约适用范围提出保留，从而可能导致商业当事方对公约产生疑惑并造成法律不确定性，不符合该制度设立的初衷。例如，如果一国按照《纽约公约》第 1 条第 3 款的规定提出一项对等保留，当事方可能无法确定公约是否应予适

---

〔1〕 杨秉勋：《再论〈新加坡调解公约〉与我国商事调解制度的发展》，载《北京仲裁》2020 年第 1 期。

〔2〕 《联合国国际货物销售合同公约》第 98 条规定：除本公约明文许可的保留外，不得作任何保留。

〔3〕 《联合国国际合同使用电子通信公约》第 22 条保留：不得对本公约提出保留。

用。因此,保留该款内容,是为公约的适用提供了一个较为稳定的适用环境。

3. 对第 8 条第 3 款的分析

根据公约第 8 条第 3 款的规定,保留书可随时交存。在签署时作出的保留须在批准、接受或核准时加以确认,并在公约对有关当事方生效时同时生效。在批准、接受或核准公约或加入公约时作出的保留,在公约对有关当事方生效时同时生效。另外,当事方可在单一项文书中作出多项保留。此种文书中的每项声明应构成一项单独保留,可单独撤回。

第 8 条第 3 款规定可随时提出保留的可能性在条约实践中不同寻常,此种做法已为涉及国际贸易法和私法事项的条约所采用。另外,提供这种灵活性的保留条款有利于鼓励各国积极考虑加入本公约。除此之外,就公约草案第 13 条的目的而言,可能需要随时作出保留。

为增进对于和解协议当事人的法律确定性,会上曾提出在第 8 条第 3 款中加入以下内容:"在签署、批准、接受或者核准后提出的保留不得影响该保留生效之前已经提出的第 4 条下的申请。"其目的是避免各方因随后提出的保留而被剥夺执行和解协议的可能性。考虑到第 8 条第 3 款最后一句已经规定了宽限期,当事人可以在此期间提起第 4 条下的程序,因此没有必要对该规定进行赘述。

4. 对第 8 条第 4 款的分析

保留书必须由国家元首、政府首脑或外交部部长(或由临时担任此类职务行事或拥有上述当局之一为此目的颁发的全权证书的其他任何人)签署。必须向作为保存人的联合国秘书长(其职能由法律事务厅条约科履行)正式通知保留书事宜。

5. 对第 8 条第 5 款的分析

第 8 条第 5 款明确规定了缔约方可随时撤回保留,体现了调解公约支持涉及国家及政府的和解协议适用调解公约的精神,因此根据本条的相关规定,各国可以待国际调解体系逐步完善、国家及政府机构可以全面参与调解进程时,就考虑撤回保留。

四、对和解协议的效力

表 2.9 第 9 条 对和解协议的效力

Article 9 Effect on settlement agreements

中文	本公约以及任何保留或者保留的撤回仅适用于在本公约、保留或者保留的撤回对公约有关当事方生效之日后订立的和解协议。
英文	The Convention and any reservation or withdrawal thereof shall apply only to settlement agreements concluded after the date when the Convention, reservation or withdrawal thereof enters into force for the Party to the Convention concerned.

(一)基本解释

第 9 条规定了公约和任何保留生效所产生的一般效力。

(二)形成过程

该条款在草案一稿至草案五稿中并没有具体的讨论,在草案终稿时提出以下内容。

草案终稿[1]:“本公约以及任何保留或者保留的撤回仅适用于在本公约、保留或者保留的撤回对公约有关当事方生效之日后订立的和解协议。”

在第六十八届会议上,工作组提出公约草案不应仅着眼于保留对和解协议的效力,还应着眼于公约以及任何保留生效所产生的一般效力。接下来工作组审议了拟作为公约草案单独条款的下述案文:“公约以及任何保留或者保留的撤回,只应适用于公约、保留或者保留的撤回对该缔约方生效日之后订立的和解协议。”经过讨论,工作组未作修改核准了公约草案第 9 条的实质内容。

(三)要点分析

在第六十八届会议上,有建议提出删除“保留的撤回”,以便于执行在撤回保留之前无法执行的和解协议,最终草案选择不删除,这是因为删除“保

〔1〕 关于调解产生的国际和解协议的公约草案秘书处的说明(A/CN.9/942)。

留的撤回”很可能给公约草案是否适用于此类和解协议造成很大的不确定性。

五、保存人

表 2.10 第 10 条 保存人

Article 10 Depositary

中文	兹指定联合国秘书长为本公约保存人。
英文	The Secretary – General of the United Nations is hereby designated as the depositary of this Convention.

(一)基本解释

第 10 条规定了公约的保存人。

(二)形成过程

2017 年 2 月 6 日至 10 日,工作组于纽约召开了第六十六届会议,秘书处拟订了草案三稿,提出如果工作组决定编拟一部公约,可以拟订最后条款:保存人。[1]

2017 年 10 月 2 日至 6 日,工作组于维也纳召开了第六十七届会议,秘书处拟订了草案四稿,“Article 8. (Depositary):The Secretary – General of the United Nations is hereby designated as the depositary of this Convention.”“第八条(保存人):兹指定联合国秘书长为本公约保存人。”[2]

2018 年 2 月 5 日至 9 日,工作组于纽约召开了第六十八届会议,秘书处拟订了草案五稿,将保存人条款由第 8 条改为第 9 条。同时在与公约草案有关的问题部分,明确公约草案第 9 条至第 15 条都属于公约的惯例条款,这些条款的意义并非对私人当事方的权利和义务予以限定。这些条款作为最后条款,可能会影响和解协议各方援用公约规定的能力。[3]

第六十八届会议中,工作组讨论过后,对于公约草案第 9 条的实质内容

---

〔1〕 工作组第六十六届会议秘书处的说明增编(A/CN. 9/WG. Ⅱ/WP. 200/Add. 1),第 6 页。

〔2〕 工作组第六十七届会议秘书处的说明增编(A/CN. 9/WG. Ⅱ/WP. 202/Add. 1),第 6 页。

〔3〕 工作组第六十八届会议秘书处的说明(A/CN. 9/WG. Ⅱ/WP. 205,第 33 段)。

并没有异议,未进行修改便核准了。[1]

最终,在关于调解所产生的国际和解协议的公约草案秘书处的说明中形成终稿,将保存人条款由第 9 条改为第 10 条,实质内容未发生改变。[2]

(三)要点分析

1. 世界的总管——联合国秘书长

联合国秘书长作为联合国行政首长的重要地位在此条款中得到了充分的体现。联合国秘书长由安理会推荐,经联合国大会任命,任期为 5 年,可以连选连任。联合国秘书长的主要职责包括将其认为可能涉及地区甚至世界和平和安全的任何事项提请安理会关注,并执行安理会、联合国大会和其他主要机构托付的"其他职务"。在世界各国面前,联合国秘书长往往被看作联合国的象征,因此,联合国秘书长也同时也利用这一身份对争端的各方进行调停。除此之外,秘书长可以根据工作需要,任命若干名副秘书长,协助其工作。

2016 年 12 月 12 日,联合国候任秘书长安东尼奥 · 古特雷斯在第 71 届联合国大会全体会议上宣誓就职,成为联合国第九任秘书长,于 2017 年 1 月 1 日起行使联合国秘书长职权。

2. 条款意义

公约第 10 条规定了本公约的保存人为联合国秘书长,从而明确了公约第 8 条中保留书、确认书,以及作出保留的公约任何当事方随时撤回的撤回书应交存联合国秘书长;公约第 11 条中批准书、接受书、核准书或者加入书应交存联合国秘书长;公约第 12 条中区域经济一体化组织关于管辖权已由其成员方转移给该组织的声明,以及管辖权分配发生变化后通知联合国秘书长;公约第 13 条中公约一当事方拥有两个或者多个领土单位,可在签署、批准、接受、核准或者加入时向联合国秘书长声明本公约延伸适用情况;公约第 15 条中通过的修正案应由联合国秘书长提交给公约所有当事方;公约第 16 条中当事方应以书面形式正式通知联合国秘书长,宣布其退出本公约,退约于其收到通知后 12 个月生效。

---

〔1〕 工作组第六十八届会议工作报告(A/CN. 9/934,第 94 段)。

〔2〕 关于调解所产生的国际和解协议的公约草案秘书处的说明(A/CN. 9/942),第 6 页。

六、签署、批准、接受、核准、加入

表 2.11 第 11 条 签署、批准、接受、核准、加入

Article 11 Signature, ratification, acceptance, approval, accession

中文	1. 本公约于 2019 年 8 月 7 日在新加坡开放供各国签署,此后在纽约联合国总部开放供各国签署。 2. 本公约须经签署国批准、接受或者核准。 3. 本公约对自开放供签署之日起未签署本公约的所有国家开放供加入。 4. 批准书、接受书、核准书或者加入书应交存保存人。
英文	1. This Convention is open for signature by all States in Singapore, on 7 August 2019, and thereafter at United Nations Headquarters in New York. 2. This Convention is subject to ratification, acceptance or approval by the signatories. 3. This Convention is open for accession by all States that are not signatories as from the date it is open for signature. 4. Instruments of ratification, acceptance, approval or accession are to be deposited with the depositary.

(一)基本解释

第 11 条第 1 款规定了公约开放签署的时间、地点。第 11 条第 2 款规定了公约关于批准、接受或者核准的要求。第 11 条第 3 款规定了公约的供加入国家。第 11 条第 4 款规定了批准书、接受书、核准书或者加入书的交存对象。

(二)形成过程

1. 第 1 款的形成过程:2017 年 2 月 6 日至 10 日,工作组于纽约召开了第六十六届会议,秘书处拟定了草案三稿,提出如果工作组决定编拟一部公约,可以拟订最后条款:签署、批准、接受、核准、加入。[1]

2017 年 10 月 2 日至 6 日,工作组于维也纳召开了第六十七届会议,秘书处拟定了草案四稿,"第 9 条(签署、批准、接受、核准、加入)1. 本公约于[……]在[……]开放供各国签署,此后在纽约联合国总部开放供各国签

[1] 工作组第六十六届会议秘书处的说明增编(A/CN. 9/WG. Ⅱ/WP. 200/Add. 1),第 6 页。

署。”[1]

2018 年 2 月 5 日至 9 日，工作组于纽约召开了第六十八届会议，秘书处拟定了草案五稿，将签署、批准、接受、核准、加入条款由第 9 条改为第 10 条。[2]

2. 第 2 款的形成过程：第六十八届会议工作组讨论过后，对于公约草案第 10 条的实质内容并没有异议，未进行修改。另外在这方面，新加坡代表团对公约获得通过后由其担任公约签署仪式东道国表示了兴趣。工作组对这项提议表示欢迎和支持，会议商定将向委员会提出相应建议。[3]

最终，在关于调解所产生的国际和解协议的公约草案秘书处的说明中形成终稿，将签署、批准、接受、核准、加入条款由第 10 条改为第 11 条，实质内容未发生改变。[4]

秘书处于第六十六届会议拟定了草案三稿，提出如果工作组决定编拟一部公约，可以拟订最后条款：签署、批准、接受、核准、加入。[5]

秘书处于第六十七届会议拟定了草案四稿，“第 9 条（签署、批准、接受、核准、加入）2. 本公约须经签署国批准、接受或者核准。”[6]

第六十八届会议工作组讨论过后，对于公约草案该条款的实质内容并没有异议，未进行修改。[7]

3. 第 3 款的形成过程：秘书处于第六十六届会议拟定了草案三稿，提出如果工作组决定编拟一部公约，可拟订最后条款——签署、批准、接受、核准、加入。[8]

秘书处于第六十七届会议拟定了草案四稿，“第 9 条（签署、批准、接受、核准、加入）3. 本公约对自开放供签署之日起未签署本公约的所有国家开放供加入”。[9]

---

[1] 工作组第六十七届会议秘书处的说明增编（A/CN. 9/WG. Ⅱ/WP. 202/Add. 1），第 6 页。

[2] 工作组第六十八届会议秘书处的说明（A/CN. 9/WG. Ⅱ/WP. 205/Add. 1），第 6 页。

[3] 工作组第六十八届会议工作报告（A/CN. 9/934，第 94 段）。

[4] 关于调解所产生的国际和解协议的公约草案秘书处的说明（A/CN. 9/942），第 6 页。

[5] 工作组第六十六届会议秘书处的说明增编（A/CN. 9/WG. Ⅱ/WP. 200/Add. 1），第 6 页。

[6] 工作组第六十七届会议秘书处的说明增编（A/CN. 9/WG. Ⅱ/WP. 202/Add. 1），第 6 页。

[7] 工作组第六十八届会议工作报告（A/CN. 9/934，第 94 段）。

[8] 工作组第六十六届会议秘书处的说明增编（A/CN. 9/WG. Ⅱ/WP. 200/Add. 1），第 6 页。

[9] 工作组第六十七届会议秘书处的说明增编（A/CN. 9/WG. Ⅱ/WP. 202/Add. 1），第 6 页。

第六十八届会议工作组讨论过后，对于公约草案该条款的实质内容并没有异议，未进行修改便核准了。[1]

4. 第4款的形成过程：秘书处于第六十六届会议拟定了草案三稿，提出如果工作组决定编拟一部公约，可拟订最后条款：签署、批准、接受、核准、加入。[2]

秘书处于第六十七届会议拟定了草案四稿，“第9条（签署、批准、接受、核准、加入）4. 批准书、接受书、核准书或者加入书应交存保存人”。[3]

第六十八届会议工作组讨论过后，工作组对于公约草案该条款的实质内容并没有异议，未进行修改便核准了。[4]

（三）要点分析

2019年8月7日，经联合国授权，《新加坡调解公约》在新加坡开放签署。首批签署的国家已达46个，其中包括中国、美国、印度、新加坡等。李成钢以中国商务部部长助理的身份代表中国政府签署了该公约，中国成为《新加坡调解公约》的缔约方之一。但是，各国签署公约后并不代表《新加坡调解公约》立即生效，因为根据公约第14条关于生效的规定，本公约应于第三份批准书、接受书、核准书或者加入书交存至保存人后6个月正式生效。2020年9月12日，《新加坡调解公约》正式生效。

1. 我国批准《新加坡调解公约》的程序

我国《中华人民共和国缔结条约程序法》第7条规定，条约和重要协定的批准由全国人民代表大会常务委员会决定。

其中，条约和重要协定包括友好合作条约、和平条约等政治性条约；同中华人民共和国法律有不同规定的条约、协定；缔约各方议定须经批准的条约、协定等。

同时规定，在条约和重要协定签署后，由外交部或者国务院有关部门会同外交部，报请国务院审核，国务院审核通过后由国务院提请全国人民代表大会常务委员会决定批准，中华人民共和国主席根据全国人民代表大会常

〔1〕 工作组第六十八届会议工作报告（A/CN.9/934，第94段）。

〔2〕 工作组第六十六届会议秘书处的说明增编（A/CN.9/WG.Ⅱ/WP.200/Add.1），第6页。

〔3〕 工作组第六十七届会议秘书处的说明增编（A/CN.9/WG.Ⅱ/WP.202/Add.1），第7页。

〔4〕 工作组第六十八届会议工作报告（A/CN.9/934，第94段）。

务委员会的决定予以批准。

第 15 条规定了公约的公布程序，类似《新加坡调解公约》的条约应当由全国人民代表大会常务委员会公报公布。通过上述法条中的相关规定，由于《新加坡调解公约》作为重要条约、协定，具体内容与我国法律规定又有较大差异，并且《新加坡调解公约》第 11 条第 2 款明确要求需经签署国批准、接受或者核准，因此《新加坡调解公约》的批准适用我国《缔结条约程序法》第 7 条和第 15 条的相关规定。

因此，《新加坡调解公约》的批准程序如下：在中国政府代表签署《新加坡调解公约》后，首先应当在中国通过法定程序批准；由外交部或者国务院有关部门会同外交部，报请国务院审核，在国务院审核通过后由国务院提请全国人民代表大会常务委员会决定批准；中华人民共和国主席根据全国人民代表大会常务委员会的决定予以批准。

最终，进入公布程序，即经全国人民代表大会常务委员会决定批准后，由全国人民代表大会常务委员会公报公布。

2. 签署《新加坡调解公约》的意义

签署《新加坡调解公约》会使因国际商事纠纷调解而达成的和解协议获得统一的执行力。举例来说，在双方调解的过程中，如果调解的一方当事人在公约国拥有资产，那么另一方就能根据公约快速执行和解协议，从而保障了当事人的合法权益。第 11 条第 3 款规定公约对所有国家都开放加入，这也符合国际商事纠纷调解的核心，通过高效且相对便捷的调解机制解决国际商事纠纷，为纠纷当事人双方提供便利，同时大幅度减轻法院的诉讼压力。

缔结《新加坡调解公约》的国家越多，受益的当事人、法院、国家也越多，这将会促进国际贸易的发展，将有助于发展和谐的国际经济关系。另外，调解能够越来越多地帮助商业纠纷的合理解决，这与世界各国的期许都是一致的。《新加坡调解公约》将会促使各缔约方建立、完善有关审查与执行国际调解和解协议的法律制度，以及相匹配的程序法，有利于各方多元化纠纷解决机制的完善，相信越来越多的国家会愿意签署加入《新加坡调解公约》。

七、区域经济一体化组织的参与

表 2.12 第 12 条 区域经济一体化组织的参与

Article 12 Participation by regional economic integration organizations

中文	1. 由主权国家组成并对本公约所管辖的某些事项拥有管辖权的区域经济一体化组织同样可以签署、批准、接受、核准或者加入本公约。在这种情况下,区域经济一体化组织享有的权利和承担的义务应与公约当事方相同,但仅限于该组织对本公约所管辖事项拥有管辖权的范围。当涉及本公约下公约当事方数目时,区域经济一体化组织内的成员方为公约当事方的,该区域经济一体化组织不能算作一个公约当事方。 2. 区域经济一体化组织应在签署、批准、接受、核准或者加入时向保存人提出声明,指明对本公约所管辖的哪些事项的管辖权已由其成员方转移给该组织。根据本款提出声明后,如果管辖权分配发生任何变化,包括管辖权新的转移,区域经济一体化组织应迅速通知保存人。 3. 本公约中,对"公约一当事方""公约当事方""一国"或者"各国和各地区"的任何提及,必要时同等适用于区域经济一体化组织。 4. 对于区域经济一体化组织的规则,无论此种规则在本公约之前或者之后通过或者生效:(a)如果向此种组织一成员方的主管机关寻求第 4 条下的救济,并且第 1 条第 1 款下涉及的所有国家和地区均为此种组织的成员;或者(b)涉及区域经济一体化组织成员方之间承认或者执行判决的,本公约与此种规则发生冲突时不得优先。
英文	1. A regional economic integration organization that is constituted by sovereign States and has competence over certain maters governed by this Convention may similarly sign, ratify, accept, approve or accede to this Convention. The regional economic integration organization shall in that case have the rights and obligations of a Party to the Convention, to the extent that that organization has competence over maters governed by this Convention. Where the number of Parties to the Convention is relevant in this Convention, the regional economic integration organization shall not count as a Party to the Convention in addition to its member States that are Parties to the Convention. 2. The regional economic integration organization shall, at the time of signature, ratification, acceptance, approval or accession, make a declaration to the depositary specifying the maters governed by this Convention in respect of which competence has been transferred to that organization by its member States. The regional economic integration organization shall promptly notify the depositary of any changes to the distribution of competence, including new transfers of competence, specified in the declaration under this paragraph. 3. Any reference to a "Party to the Convention", "Parties to the Convention", a "State" or "States" in this Convention applies equally to a regional economic integration organization where the context so requires.

续表

	4. This Convention shall not prevail over conflicting rules of a regional economic integration organization, whether such rules were adopted or entered into force before or after this Convention: (a) if, under article 4, relief is sought in a State that is member of such an organization and all the States relevant under article 1, paragraph 1, are members of such an organization; or (b) as concerns the recognition or enforcement of judgments between member States of such an organization.

(一)基本解释

第12条第1款规定了部分区域经济一体化组织可签署公约,及其权利义务。第12条第2款规定了区域经济一体化组织应作出管辖权转移声明。第12条第3款规定了公约条文中提及的当事方,必要时同等于适用于区域经济一体化组织。第12条第3款规定了公约条文中提及的当事方,必要时同等于适用于区域经济一体化组织。第12条第4款规定了本公约与区域经济一体化组织的何种规则,发生冲突时不得优先。

(二)形成过程

1. 第12条第1款的形成过程:2017年10月2日至6日,工作组于维也纳召开了第六十七届会议,秘书处拟定了草案四稿,首次在公约草案中明确区域经济一体化组可以参加公约:"1. 由主权国家组成并对本公约所管辖的某些事项拥有管辖权的区域经济一体化组织同样可以签署、批准、接受、核准或者加入本公约。在这种情况下,区域经济一体化组织享有的权利和承担的义务应与公约当事方相同,但仅限于该组织对本公约所管辖事项拥有管辖权的范围。当涉及本公约下公约当事方数目时,区域经济一体化组织内的成员方为公约当事方的,该区域经济一体化组织不能算作一个公约当事方。"[1]

2018年2月5日至9日,工作组于纽约召开了第六十八届会议,秘书处拟定了草案五稿,将区域经济一体化组织的参加由第10条改为第11条。规定除"国家"外,公约草案还允许特定类型国际组织也就是"区域经济一体化

[1] 工作组第六十七届会议秘书处的说明增编(A/CN.9/WG.Ⅱ/WP.202/Add.1),第7页。

组织”参与。“区域经济一体化组织”概念通常包含两个关键要素：一是某个区域为了实现共同目的而组成的国家集团；二是区域经济一体化组织的成员方将与这些共同目的有关的管辖权转移给所属的组织。[1]

工作组于第六十八届会议上解释说，关于公约草案第11条，列入这一条款将有利于区域经济一体化组织及其成员方加入公约草案。工作组对于公约草案第11条第1款的实质内容并没有异议，未进行修改。[2]

最终，在《关于调解所产生的国际和解协议的公约》草案秘书处的说明中形成终稿，将区域经济一体化组织的参加由第11条改为第12条。[3]

2. 第12条第2款的形成过程：2017年10月2日至6日，工作组于维也纳召开了第六十七届会议，秘书处拟定了草案四稿，首次在公约草案中明确区域经济一体化组可以参加公约。

“2. 区域经济一体化组织应在签署、批准、接受、核准或者加入时向保存人提出声明，指明对本公约所管辖的哪些事项的管辖权已由其成员方转移给该组织。根据本款提出声明后，如果管辖权分配发生任何变化，包括管辖权新的转移，区域经济一体化组织应迅速通知保存人。”[4]

2018年2月5日至9日，工作组于纽约召开了第六十八届会议，工作组对于公约草案第11条第2款的实质内容并没有异议，未进行修改。[5]

3. 第12条第3款的形成过程：2017年10月2日至6日，工作组于维也纳召开了第六十七届会议，秘书处拟定了草案四稿，首次在公约草案中明确区域经济一体化组可以参加公约，“3. 本公约中，对公约一当事方、公约当事方、一国或者各国的任何提及，必要时同等适用于区域经济一体化组织”。[6]

2018年2月5日至9日，工作组于纽约召开了第六十八届会议，工作组对于公约草案第11条第3款的实质内容并没有异议，未进行修改。

4. 第12条第4款的形成过程：2017年10月2日至6日，工作组于维也

---

〔1〕 工作组第六十八届会议秘书处的说明（A/CN. 9/WG. Ⅱ/WP. 205，第34段）。

〔2〕 工作组第六十八届会议工作报告（A/CN. 9/934，第95段）。

〔3〕 关于调解所产生的国际和解协议的公约草案秘书处的说明（A/CN. 9/942），第7页。

〔4〕 工作组第六十七届会议秘书处的说明增编（A/CN. 9/WG. Ⅱ/WP. 202/Add. 1），第7页。

〔5〕 工作组第六十八届会议工作报告（A/CN. 9/934，第95段）。

〔6〕 工作组第六十七届会议秘书处的说明增编（A/CN. 9/WG. Ⅱ/WP. 202/Add. 1），第7页。

纳召开了第六十七届会议,秘书处拟定了草案四稿,首次在公约草案中明确区域经济一体化组可以参加公约,“4. 对于区域经济一体化组织的规则,如果向此种组织一成员方的主管机关提交了第 3 条下的申请,并且第 2 条第 1 款下涉及的所有国家均为任何此种组织的成员,本公约与其发生冲突时不得优先。”[1]

2018 年 2 月 5 日至 9 日,工作组于纽约召开了第六十八届会议,秘书处拟定了草案五稿。

“4. 对于区域经济一体化组织的规则,如果向此种组织一成员方的主管机关提交了第 4 条下的申请,并且第 3 条第 1 款下涉及的所有国家均为任何此种组织的成员,本公约与其发生冲突时不得优先。”[2]公约草案中的该条款修订了两处条款序号,都是由于条约修订导致的条约序号顺延,实质内容并无改变。

2018 年 2 月 5 日至 9 日,第六十八届会议工作组于会上提议可对第 11 条第 4 款修订如下:

“对于区域经济一体化组织的规则,无论此种规则是在本公约之前或之后通过或者生效:(a)如果向此种组织某一成员方的主管机关寻求第 4 条下的救济,并且第 1 条第 1 款下涉及的所有国家均为任何此种组织的成员;或者(b)涉及区域经济一体化组织成员方之间承认或执行判决的,本公约与此种规则发生冲突时不得优先。”[3]

草案五稿相较于草案四稿主要增加了一种公约与区域经济一体化组织的规则发生冲突时不得优先的情况。在对第 4 款作出所提议的修订的前提下,工作组核准了公约草案第 11 条的实质内容。[4]

(三)要点分析

《新加坡调解公约》第 12 条规定了区域经济一体化组织同样可以签署、批准、接受、核准或者加入该公约,而且享有的权利和承担的义务与公约当事方并无差别。和《纽约公约》与《选择法院协议公约》相比较,这是《新加

---

〔1〕 工作组第六十七届会议秘书处的说明增编(A/CN. 9/WG. Ⅱ/WP. 202/Add. 1),第 7 页。

〔2〕 工作组第六十八届会议秘书处的说明增编(A/CN. 9/WG. Ⅱ/WP. 205/Add. 1),第 7 页。

〔3〕 工作组第六十八届会议工作报告(A/CN. 9/934,第 96 段)。

〔4〕 工作组第六十八届会议工作报告(A/CN. 9/934,第 98 段)。

坡调解公约》增加的新规定,这一规定使公约的适用主体范围得到进一步的扩大。

针对所提议的第 11 条第 4 款(b)项如何操作提出的问题,工作组于会议上解释说,(b)项将确保,当一方当事人在区域经济一体化组织某一成员方的法院援用和解协议,但根据公约草案未准予对其救济时,法院的此种判决将在区域经济一体化组织内部传发,同时该当事人将再也无法在该区域经济一体化组织另一成员方的法院依赖于该和解协议。实际上,这一规定的目的是要求当事人只能在区域经济一体化组织的一个成员方寻求救济,在最大限度上保护国际商事纠纷当事人的同时,避免当事人在区域经济一体化组织的各成员方多次寻求救济,节约司法资源,提高司法办事效率。

八、非统一法律制度

表 2.13 第 13 条 非统一法律制度

Article 13 Non – unifled legal systems

中文	1. 公约某一当事方拥有两个或者多个领土单位,各领土单位对本公约所涉事项适用不同法律制度的,可在签署、批准、接受、核准或者加入时声明本公约延伸适用于本国的全部领土单位或者仅适用于其中的一个或者数个领土单位,并可随时通过提出另一声明修正其所作的声明。 2. 此种声明应通知保存人,且明确指出适用本公约的领土单位。 3. 公约某一当事方拥有两个或者多个领土单位,各领土单位对本公约所涉事项适用不同法律制度的: (a)凡提及一国的法律或者程序规则,应被解释为在适当情况下指有关领土单位的有效的法律或者程序规则; (b)凡提及一国的营业地,应被解释为在适当情况下指有关领土单位的营业地; (c)凡提及一国的主管机关,应被解释为在适当情况下指有关领土单位的主管机关。 4. 公约某一当事方未根据本条第 1 款作出声明的,本公约延伸适用于该国的全部领土单位。
英文	1. If a Party to the Convention has two or more territorial units in which different systems of law are applicable in relation to the maters dealt with in this Convention, it may, at the time of signature, ratification, acceptance, approval or accession, declare that this Convention is to extend to all its territorial units or only to one or more of them, and may amend its declaration by submitting another declaration at any time. 2. These declarations are to be notified to the depositary and are to state expressly the territorial units to which the Convention extends.

续表

	3. If a Party to the Convention has two or more territorial units in which different systems of law are applicable in relation to the maters dealt with in this Convention: (a) Any reference to the law or rule of procedure of a State shall be construed as referring, where appropriate, to the law or rule of procedure in force in the relevant territorial unit; (b) Any reference to the place of business in a State shall be construed as referring, where appropriate, to the place of business in the relevant territorial unit; (c) Any reference to the competent authority of the State shall be construed as referring, where appropriate, to the competent authority in the relevant territorial unit. 4. If a Party to the Convention makes no declaration under paragraph 1 of this article, the Convention is to extend to all territorial units of that State.

(一)基本解释

第13条第1款规定了公约当事方的领土单位适用不同法律制度时需作出适用声明。第2款规定了公约当事方应如何作出领土单位适用不同法律制度的声明。第3款规定了公约当事方领土单位对本公约所涉事项适用不同法律制度的,在一些具体情况下如何解释。第13条第4款规定了公约当事方未根据本条第1款作出声明的情形。

根据《新加坡调解公约》第13条第1款与第4款的规定,中国可在加入《新加坡调解公约》时,声明《新加坡调解公约》是否也适用于我国香港特区、澳门特区及我国台湾地区,但若未根据第1款作出声明,将自动延伸适用于中国的全部领土单位,包括港澳台地区。[1]

(二)形成过程

1.第12条第1款的形成过程:2017年10月2日至6日,工作组于维也纳召开了第六十七届会议,秘书处拟定了草案四稿,首次在公约草案中明确公约对于一国拥有两个及以上领土单位的效力问题,在之后的草案中也进行了几处修改。

---

〔1〕 赵平:《论多元化纠纷解决机制下的新加坡调解公约》,载《经贸法律评论》2019年第6期。

“第 11 条(对本国领土单位的效力):1. 一缔约方拥有两个或多个领土单位,各领土单位对本公约所涉事项适用不同法律制度的,可以在签署、批准、接受、核准或加入时声明本公约适用于本国的全部领土单位或仅适用于其中的一个或数个领土单位,且可以在任何时间通过提出另一声明修改其所作的声明。”[1]

2018 年 2 月 5 日至 9 日,工作组于纽约召开了第六十八届会议,秘书处拟定了草案五稿,将“非统一法律制度”条款顺延至第 12 条。

“第 12 条(对本国领土单位的效力)(非统一法律制度):1. 一缔约方拥有两个或多个领土单位,各领土单位对本公约主体事项适用不同法律制度的,可在签署、批准、接受、核准或加入时声明本公约延伸适用于本国的全部领土单位或仅适用于其中的一个或数个领土单位,且可在任何时间通过提出另一声明修改其所作的声明。”[2]

2018 年 2 月 5 日至 9 日,第六十八届会议工作组商定,第 12 条的标题应为“非统一法律制度”。经过讨论,工作组未作修改核准了公约草案第 12 条的实质内容,标题为“非统一法律制度”。[3]

公约草案五稿中有几处变化:首先,草案五稿赋予了条款又一个标题——“非统一法律制度”,而草案终稿也正式将“非统一法律制度”作为条款标题。其次,草案四稿中文版的“各领土单位对本公约所涉事项适用不同法律制度的,可以在……”在草案五稿中修改为了“各领土单位对本公约主体事项适用不同法律制度的,可在……”

最终,在《关于调解所产生的国际和解协议的公约》草案秘书处的说明中形成终稿,将非统一法律制度由第 12 条改为第 13 条。[4]

2. 第 12 条第 2 款的形成过程:2017 年 10 月 2 日至 6 日,工作组于维也纳召开了第六十七届会议,秘书处拟定了草案四稿,首次在公约草案中明确公约对于一国拥有两个及以上领土单位的效力问题。

“2. 此种声明应通知保存人,且明确指出适用本公约的领土单位。”[5]

---

〔1〕 工作组第六十七届会议秘书处的说明增编(A/CN. 9/WG. Ⅱ/WP. 202/Add. 1),第 7 页。

〔2〕 工作组第六十八届会议秘书处的说明增编(A/CN. 9/WG. Ⅱ/WP. 205/Add. 1),第 7 页。

〔3〕 工作组第六十八届会议工作报告(A/CN. 9/934,第 99 - 103 段)。

〔4〕 关于调解所产生的国际和解协议的公约草案秘书处的说明(A/CN. 9/942),第 7 页。

〔5〕 工作组第六十七届会议秘书处的说明增编(A/CN. 9/WG. Ⅱ/WP. 202/Add. 1),第 7 页。

第六十八届会议工作组讨论过后，对于公约草案该条款的实质内容并没有异议，未进行修改。[1]

3. 第 12 条第 3 款的形成过程：2017 年 10 月 2 日至 6 日，工作组于维也纳召开了第六十七届会议，秘书处拟定了草案四稿，首次在公约草案中明确公约对于一国拥有两个及以上领土单位的效力问题。

"3. 本公约依本条规定的声明适用于一缔约方的一个或多个领土单位但不是全部领土单位，而且一方当事人的营业地位于该方的，为本公约之目的，该营业地视为不在缔约方内，除非该营业地位于适用本公约的领土单位。"[2]

2018 年 2 月 5 日至 9 日，工作组于纽约召开了第六十八届会议，秘书处拟定了草案五稿，对第 12 条第 3 款进行了扩充。

"3. 一缔约方拥有两个或多个领土单位，各领土单位对本公约主体事项适用不同法律制度的，(a) 凡提及一方的法律或程序规则，应被解释为在适当情况下指有关领土单位的法律或程序规则；(b) 凡提及一方的营业地，应被解释为在适当情况下指有关领土单位的营业地；(c) 凡提及一方的主管机关，应被解释为在适当情况下指有关领土单位的主管当局。"[3] 相较于草案四稿增加了关于提及一方法律或程序规则、一方的主管机关的规定。

2018 年 2 月 5 日至 9 日，在第六十八届会议上，有建议提出删除第 12 条第 3 款 (b) 项，但未获支持，原因是该项澄清了拥有不同领土单位中的"营业地"概念。讨论后，工作组未作修改核准了公约草案第 12 条的实质内容。[4]

4. 第 12 条第 4 款的形成过程：2017 年 10 月 2 日至 6 日，工作组于维也纳召开了第六十七届会议，秘书处拟定了草案四稿，首次在公约草案中明确公约对于一国拥有两个及以上领土单位的效力问题。

"4. 一缔约方未根据本条第 1 款作出声明的，本公约适用于该方的全部领土单位。"[5]

---

[1] 工作组第六十八届会议工作报告 (A/CN. 9/934，第 94 段)。

[2] 工作组第六十七届会议秘书处的说明增编 (A/CN. 9/WG. Ⅱ/WP. 202/Add. 1)，第 7 页。

[3] 工作组第六十八届会议秘书处的说明增编 (A/CN. 9/WG. Ⅱ/WP. 205/Add. 1)，第 7 页。

[4] 工作组第六十八届会议工作报告 (A/CN. 9/934，第 101 – 103 段)。

[5] 工作组第六十七届会议秘书处的说明增编 (A/CN. 9/WG. Ⅱ/WP. 202/Add. 1)，第 7 页。

第六十八届会议工作组讨论过后，对于公约草案该条款的实质内容并没有异议，未进行修改。[1]

九、生效

表 2.14 第 14 条 生效

Article 14 Entry into force

中文	1. 本公约应于第三份批准书、接受书、核准书或者加入书交存后六个月生效。 2. 一国在第三份批准书、接受书、核准书或者加入书交存之后批准、接受、核准或者加入本公约的，本公约应于该国交存批准书、接受书、核准书或者加入书之日后 6 个月对其生效。对于根据第 13 条延伸适用本公约的领土单位，本公约应于通知该条所提及的声明后 6 个月对其生效。
英文	1. Tis Convention shall enter into force six months after deposit of the third instrument of ratification, acceptance, approval or accession. 2. When a State ratifies, accepts, approves or accedes to this Convention after the deposit of the third instrument of ratification, acceptance, approval or accession, this Convention shall enter into force in respect of that State six months after the date of the deposit of its instrument of ratification, acceptance, approval or accession. The Convention shall enter into force for a territorial unit to which this Convention has been extended in accordance with article 13 six months after the notification of the declaration referred to in that article.

（一）基本解释

第 14 条第 1 款规定了公约的生效条件。

（二）形成过程

1. 第 14 条第 1 款的形成过程：2017 年 2 月 6 日至 10 日，工作组于纽约召开了第六十六届会议，秘书处拟定了草案三稿，提出如果工作组决定编拟一部公约，可以拟订最后条款：生效。[2]

2017 年 10 月 2 日至 6 日，工作组于维也纳召开了第六十七届会议，秘

[1] 工作组第六十八届会议工作报告（A/CN. 9/934，第 94 段）。

[2] 工作组第六十六届会议秘书处的说明增编（A/CN. 9/WG. Ⅱ/WP. 200/Add. 1），第 6 页。

书处拟定了草案四稿。

“第 12 条(生效):1. 本公约于第三份批准书、接受书、核准书或加入书交存之日起三个月期满后的下一个月第一日生效。”[1]

2018 年 2 月 5 日至 9 日,工作组于纽约召开了第六十八届会议,秘书处拟定了草案五稿,将“生效”条款由第 12 条改为第 13 条,同时将生效时间延长。

“1. 本公约于第三份批准书、接受书、核准书或加入书交存之日起六个月期满后的下一个月第一日生效。”[2]

第六十八届会议工作组在讨论公约草案第 13 条第 1 款的时候,提出了不同看法,对于该款规定“公约草案将在交存第三份批准书、接受书、核准书或者加入书之后生效”,一类意见是,公约生效规定需要的批准书应当多一些。主要原因有以下几个:(1)公约草案生效并无紧迫性;(2)门槛定的高一些将增加对其中所设想制度的信心;(3)将鼓励各国更广泛地促进公约,以确保其生效。另一类意见是,从公约草案的目的出发来看,规定存交第三项批准书时是合适的,这是因为:(1)这是国际私法条约的一般惯例和趋势,没有非要规定更高门槛的理由;(2)这将确保公约尽早生效,便于发展相关做法,从而有利于其他国家考虑加入公约;(3)将向使用调解方法的人发出积极信号,即一种关于执行和解协议的国际法律框架即将建立。虽然会议上工作组对此问题表现出了一些犹豫,但经过讨论并为达成协商共识,会议最终商定公约草案应在交存第三份批准书、接受书、核准书或者加入书之后生效。[3]

关于期限问题,工作组一致认为,以 6 个月为期就第 13 条的目的而言是适当的。因此会议商定,第 1 款中的“6”字应予保留,去掉方括号。关于措辞方面,会议商定第 1 款中的“期满后的下一个月第一日”和“之日起”应予删除。还商定,“生效”应改为“应生效”。在作出上述修改的前提下,工作组核准了公约草案第 13 条的实质内容。[4]

最终,在关于调解所产生的国际和解协议的公约草案秘书处的说明中

---

〔1〕 工作组第六十七届会议秘书处的说明增编(A/CN. 9/WG. Ⅱ/WP. 202/Add. 1),第 7 页。

〔2〕 工作组第六十八届会议秘书处的说明增编(A/CN. 9/WG. Ⅱ/WP. 205/Add. 1),第 8 页。

〔3〕 工作组第六十八届会议工作报告(A/CN. 9/934,第 104 - 107 段)。

〔4〕 工作组第六十八届会议工作报告(A/CN. 9/934,第 109 - 111 段)。

形成终稿,将“生效”条款由第13条改为第14条,实质内容未发生改变。[1]

2. 第14条第2款的形成过程:2017年2月6日至10日,工作组于纽约召开了第六十六届会议,秘书处拟定了草案三稿,提出如果工作组决定编拟一部公约,可以拟订最后条款:生效。[2]

2017年10月2日至6日,于维也纳召开了第六十七届会议,秘书处拟定了草案四稿。

“2. 一国在第三份批准书、接受书、核准书或加入书交存之后批准、接受、核准或加入本公约的,本公约于该国交存批准书、接受书、核准书或加入书之日起3个月期满后的下一个月第一日对其生效。”[3]

2018年2月5日至9日,工作组于纽约召开了第六十八届会议,秘书处拟定了草案五稿,将“生效”条款由第12条改为第13条,同时将生效时间延长。

“2. 一国在第三份批准书、接受书、核准书或加入书交存之后批准、接受、核准或加入本公约的,本公约于该国交存批准书、接受书、核准书或加入书之日起6个月期满后的下一个月第一日对其生效。对于根据第12条延伸适用本公约的领土单位,本公约于通知该条所提及的声明后六个月期满后的下一个月第一日对其生效。”[4]

第六十八届会议工作组在会上提出在第13条第2款第1句“国家”一词之后加上“或区域经济一体化组织”的问题,但经过讨论后一致认为第11条第3款的规定足以解决该问题。关于期限问题,工作组一致认为,以6个月为期就第13条的目的而言是适当的。因此会议商定,第2款中的“6”字应予保留,去掉方括号。关于措辞方面,会议商定第2款中的“期满后的下一个月第一日”和“之日起”应予删除。还商定,“生效”应改为“应生效”。在作出上述修改的前提下,工作组核准了公约草案第13条的实质内容。[5]

(三)要点分析

根据《新加坡调解公约》中第11条关于签署、批准、接受、核准、加入的

---

〔1〕 关于调解所产生的国际和解协议的公约草案秘书处的说明(A/CN.9/942),第8页。

〔2〕 工作组第六十六届会议秘书处的说明增编(A/CN.9/WG.Ⅱ/WP.200/Add.1),第6页。

〔3〕 工作组第六十七届会议秘书处的说明增编(A/CN.9/WG.Ⅱ/WP.202/Add.1),第7页。

〔4〕 工作组第六十八届会议秘书处的说明增编(A/CN.9/WG.Ⅱ/WP.205/Add.1),第8页。

〔5〕 工作组第六十八届会议工作报告(A/CN.9/934,第108-111段)。

规定,以及第 14 条关于生效的规定,可以明确,《新加坡调解公约》虽然已于 2019 年 8 月 7 日经 46 个国家签署,但《新加坡调解公约》当时并未立即生效。在联合国及新加坡等签署国的持续努力和积极推动下,《新加坡调解公约》已于 2020 年 9 月 12 日正式生效。《新加坡调解公约》生效后,大幅度提高了国际商事争议解决的效率,减轻司法成本及负担,同时为国际贸易当事人双方提供进行国际贸易的信心,从而推动国际贸易以及国际商事活动的进行与发展。[1]

三份批准书的规定符合商法公约的现代趋势,即促进公约尽早适用。规定自第三份批准书、接受书、核准书或加入书交存之日起 6 个月的期限,是为了使公约缔约方有足够时间通告国内所有有关的组织和个人不久将有一项可能与之相关的公约生效。[2]

根据《新加坡调解公约》第 10、11、14 条的规定,联合国秘书长为公约保存人,中国签署、批准、接受、核准、加入公约时,批准书、接受书、核准书或者加入书应交存保存人,自第三份批准书、接受书、核准书或者加入书交存后 6 个月生效。并且我国《缔结条约程序法》第 17 条规定:“中华人民共和国缔结的条约和协定由外交部按照联合国宪章的有关规定向联合国秘书处登记。”

因此,根据《新加坡调解公约》和中国法律的相关规定,《新加坡调解公约》经中国正式批准后,将由中国外交部按照联合国宪章的有关规定向联合国秘书处登记,并应当将中国批准书交存至保存人联合国秘书长。中国正式向联合国秘书处交存批准书之日后 6 个月,《新加坡调解公约》方对缔约方中国生效。

---

〔1〕 孙长龙:《论新加坡公约的完善及其在中国的适用》,载《国际商务研究》2020 年第 5 期。

〔2〕 工作组第六十八届会议秘书处的说明(A/CN. 9/WG. Ⅱ/WP. 205,第 36 段)。

十、修正

表 2.15 第 15 条 修正

Article 15 Amendment

中文	1. 公约任何当事方均可对本公约提出修正案,将其提交联合国秘书长。秘书长应立即将所提修正案转发公约各当事方,请其表示是否赞成召开公约当事方会议,以对该修正提案进行审议和表决。如果自通报之日起四个月内至少有三分之一公约当事方赞成召开此种会议,秘书长应在联合国主持下召集公约当事方会议。 2. 公约当事方会议应尽一切努力就每项修正案达成协商一致。如果竭尽一切努力而未达成协商一致,作为最后手段,该修正案须有出席会议并参加表决公约当事方的三分之二多数票方可通过。 3. 通过的修正案应由保存人提交给公约所有当事方,请其批准、接受或者核准。 4. 通过的修正案应在第三份批准书、接受书或者核准书交存之日后六个月生效。修正案一经生效,即对已经表示同意受其约束的公约当事方具有约束力。 5. 在第三份批准书、接受书或者核准书交存后,如果公约一当事方批准、接受或者核准了一修正案,该修正案于公约该当事方交存批准书、接受书或者核准书之日后六个月对其生效。
英文	1. Any Party to the Convention may propose an amendment to the present Convention by submitting it to the Secretary – General of the United Nations. The Secretary – General shall thereupon communicate the proposed amendment to the Parties to the Convention with a request that they indicate whether they favour a conference of Parties to the Convention for the purpose of considering and voting upon the proposal. In the event that within four months from the date of such communication at least one third of the Parties to the Convention favour such a conference, the Secretary – General shall convene the conference under the auspicesof the United Nations. 2. The conference of Parties to the Convention shall make every effort to achieve consensus on each amendment. If all efforts at consensus are exhausted and no consensus is reached, the amendment shall, as a last resort, require for its adoption a two – thirds majority vote of the Parties to the Convention present and voting at the conference. 3. An adopted amendment shall be submitted by the depositary to all the Parties to the Convention for ratification, acceptance or approval. 4. An adopted amendment shall enter into force six months after the date of deposit of the third instrument of ratification, acceptance or approval. When an amendment enters into force, it shall be binding on those Parties to the Convention that have expressed consent to be bound by it. 5. When a Party to the Convention ratifies, accepts or approves an

续表

	amendment following the deposit of the third instrument of ratification, acceptance or approval, the amendment shall enter into force in respect of that Party to the Convention six months after the date of the deposit of its instrument of ratification, acceptance or approval.

（一）基本解释

第15条第1款规定了公约的修正程序。第2款规定了公约当事方会议应尽力使修正案达成一致，以及就修正案无法协商一致的最后手段。第3款规定了通过的公约修正案应如何提交给公约所有当事方。第4款规定了通过的修正案生效条件及效力。第5款规定了公约一当事方交存第三份批准书后，又批准、接受或者核准了一份修正案的生效情况。

（二）形成过程

1. 第15条第1款的形成过程：2017年2月6日至10日，工作组于纽约召开了第六十六届会议，秘书处拟定了草案三稿，提出如果工作组决定编拟一部公约，可以拟订最后条款：修正。[1]

2017年10月2日至6日，工作组于维也纳召开了第六十七届会议，秘书处拟定了草案四稿。

"第13条（修正）：1. 任何缔约方均可对本公约提出修正案，将其提交联合国秘书长。秘书长应立即将所提修正案转发本公约缔约方，请其表示是否赞成召开缔约方会议，以对该修正提案进行审议和表决。如果自通报之日起四个月内至少有三分之一缔约方赞成召开此种会议，秘书长应在联合国主持下召集缔约方会议。"[2]

2018年2月5日至9日，工作组于纽约召开了第六十八届会议，秘书处拟定了草案五稿，相较于第四稿在"四"这一数字上添加了方括号，在实质内容上并无变动。[3] 第六十八届会议工作组讨论后一致认为，第1款中的

---

〔1〕 工作组第六十六届会议秘书处的说明增编（A/CN.9/WG.Ⅱ/WP.200/Add.1），第6页。

〔2〕 工作组第六十七届会议秘书处的说明增编（A/CN.9/WG.Ⅱ/WP.202/Add.1），第7页。

〔3〕 工作组第六十八届会议秘书处的说明增编（A/CN.9/WG.Ⅱ/WP.205/Add.1），第8页。

“四”个月是适当的,因此商定该数字应予保留,去掉了方括号。[1]

最终,在关于调解所产生的国际和解协议的公约草案秘书处的说明中形成终稿,将“修正”条款由第14条改为第15条,该款项实质内容未发生改变。[2]

2. 第15条第2款的形成过程:2017年2月6日至10日,工作组于纽约召开了第六十六届会议,秘书处拟定了草案三稿,提出如果工作组决定编拟一部公约,可以拟订最后条款:修正。[3]

2017年10月2日至6日,工作组于维也纳召开了第六十七届会议,秘书处拟定了草案四稿。

“2. 缔约方会议应尽一切努力就每项修正案达成协商一致。如果为达成协商一致作出一切努力而未达成协商一致,作为最后手段,该修正案须有出席缔约方会议并参加表决的缔约方的三分之二多数票方可通过。”[4]

2018年2月5日至9日,工作组于纽约召开了第六十八届会议,秘书处拟定了草案五稿,该款项在实质内容上并无变动。[5] 第六十八届会议工作组讨论后未有改动便核实了。[6]

3. 第15条第3款的形成过程:2017年2月6日至10日,工作组于纽约召开了第六十六届会议,秘书处拟定了草案三稿,提出如果工作组决定编拟一部公约,可以拟订最后条款:修正。[7]

2017年10月2日至6日,工作组于维也纳召开了第六十七届会议,秘书处拟定了草案四稿。

“3. 通过的修正案应由联合国秘书长提交给所有缔约方,请其批准、接受或核准。”[8]

2018年2月5日至9日,工作组于纽约召开了第六十八届会议,秘书处

[1] 工作组第六十八届会议工作报告(A/CN. 9/934,第112-114段)。

[2] 关于调解所产生的国际和解协议的公约草案秘书处的说明(A/CN. 9/942),第8页。

[3] 工作组第六十六届会议秘书处的说明增编(A/CN. 9/WG. Ⅱ/WP. 200/Add. 1),第6页。

[4] 工作组第六十七届会议秘书处的说明增编(A/CN. 9/WG. Ⅱ/WP. 202/Add. 1),第7页。

[5] 工作组第六十八届会议秘书处的说明增编(A/CN. 9/WG. Ⅱ/WP. 205/Add. 1),第8页。

[6] 工作组第六十八届会议工作报告(A/CN. 9/934,第112-114段)。

[7] 工作组第六十六届会议秘书处的说明增编(A/CN. 9/WG. Ⅱ/WP. 200/Add. 1),第6页。

[8] 工作组第六十七届会议秘书处的说明增编(A/CN. 9/WG. Ⅱ/WP. 202/Add. 1),第7页。

拟定了草案五稿，在实质内容上并无变动。[1] 第六十八届会议工作组在会上进一步商定，第3款中“联合国秘书长”的提法应改为“保存人”，与公约草案第9条保持一致。

因此，草案终稿中，该条款修改为：

“3.通过的修正案应由保存人提交给公约所有当事方，请其批准、接受或者核准。”[2]

4.第15条第4款的形成过程：2017年2月6日至10日，工作组于纽约召开了第六十六届会议，秘书处拟定了草案三稿，提出如果工作组决定编拟一部公约，可以拟订最后条款：修正。[3]

2017年10月2日至6日，于维也纳召开了第六十七届会议，秘书处拟定了草案四稿。

“4.通过的修正案自第三份批准书、接受书或核准书交存之日起六个月后生效。修正案一经生效，即对已经表示同意受其约束的缔约方具有约束力。”[4]

2018年2月5日至9日，工作组于纽约召开了第六十八届会议，秘书处拟定了草案五稿，相较于第四稿在“六”这一数字上添加了方括号，在实质内容上并无变动。[5] 第六十八届会议工作组讨论后一致认为，第4款中的“六”个月是适当的，因此商定数字应予保留，去掉了方括号。[6]

最终，在关于调解所产生的国际和解协议的公约草案秘书处的说明中形成终稿，将“修正”条款由第14条改为第15条，该款项实质内容未发生改变。[7]

5.第15条第5款的形成过程：2017年2月6日至10日，工作组于纽约召开了第六十六届会议，秘书处拟定了草案三稿，提出如果工作组决定编拟一部公约，可以拟订最后条款：修正。[8]

---

[1] 工作组第六十八届会议秘书处的说明增编（A/CN.9/WG.Ⅱ/WP.205/Add.1），第8页。

[2] 工作组第六十八届会议工作报告（A/CN.9/934，第112段）。

[3] 工作组第六十六届会议秘书处的说明增编（A/CN.9/WG.Ⅱ/WP.200/Add.1），第6页。

[4] 工作组第六十七届会议秘书处的说明增编（A/CN.9/WG.Ⅱ/WP.202/Add.1），第7页。

[5] 工作组第六十八届会议秘书处的说明增编（A/CN.9/WG.Ⅱ/WP.205/Add.1），第8页。

[6] 工作组第六十八届会议工作报告（A/CN.9/934，第112段）。

[7] 关于调解所产生的国际和解协议的公约草案秘书处的说明（A/CN.9/942），第6页。

[8] 工作组第六十六届会议秘书处的说明增编（A/CN.9/WG.Ⅱ/WP.200/Add.1），第6页。

2017 年 10 月 2 日至 6 日，工作组于维也纳召开了第六十七届会议，秘书处拟定了草案四稿。

"5. 一修正案已经生效的，如果一国批准、接受或核准该修正案，该修正案于该国交存批准书、接受书或核准书之日起六个月后对其生效。"[1]

2018 年 2 月 5 日至 9 日，工作组于纽约召开了第六十八届会议，秘书处拟定了草案五稿，相较于第四稿在"六"这一数字上添加了方括号，在实质内容上并无变动。[2] 第六十八届会议工作组讨论后一致认为，第 5 款中的"六"个月是适当的，因此商定数字应予保留，去掉了方括号。会议讨论后第 5 款的内容修改如下：

"5. 在第三份批准书、接受书或者核准书交存后，如果一缔约方批准、接受或者核准一修正案，该修正案于该缔约方交存批准书、接受书或者核准书之日后六个月对其生效。"[3]

（三）要点分析

在第六十七届会议秘书处拟定的草案四稿中，第 15 条还有第 6 款：

"6. 凡是在修正案生效后成为缔约方的国家，均应被视为经修正公约的缔约方。"[4]

第六十八届会议秘书处拟定了草案五稿，也未改动过该条款。[5] 但第六十八届会议工作组于会上对第 6 款提出关切，因为该款确立了国家之间的差别待遇。按照第 4 款，修正案生效之前已成为缔约方的国家拥有选择是否受该修正案的约束的权利。若根据第 6 款的规定，修正案生效之后成为缔约方的国家别无选择，只能接受经修正的公约。针对这一看法，即第 4 款和第 6 款将造成对公约修正之前和公约修正之后的缔约方的两种不同制度，工作组同意进一步审议这一问题。最终会上普遍认为，修正案应当仅对明确同意修正案的国家生效，因此第 6 款就此取消。[6]

---

〔1〕 工作组第六十七届会议秘书处的说明增编（A/CN. 9/WG. Ⅱ/WP. 202/Add. 1），第 7 页。

〔2〕 工作组第六十八届会议秘书处的说明增编（A/CN. 9/WG. Ⅱ/WP. 205/Add. 1），第 8 页。

〔3〕 工作组第六十八届会议工作报告（A/CN. 9/934，第 112 段）。

〔4〕 工作组第六十七届会议秘书处的说明增编（A/CN. 9/WG. Ⅱ/WP. 202/Add. 1），第 7 页。

〔5〕 工作组第六十八届会议秘书处的说明增编（A/CN. 9/WG. Ⅱ/WP. 205/Add. 1），第 8 页。

〔6〕 工作组第六十八届会议工作报告（A/CN. 9/934，第 113 段）。

十一、退约

表 2.16　第 16 条　退约

Article 16　Denunciations

中文	1. 公约当事方得以书面形式正式通知保存人，宣布其退出本公约。退约可限于某些适用本公约的、非统一法律制度的领土单位。 2. 退约应于保存人收到通知后 12 个月生效。通知中指明退约生效需更长期限的，退约应于保存人收到通知后该更长期限期满时生效。本公约应继续适用于退约生效前订立的和解协议。
英文	1. A Party to the Convention may denounce this Convention by a formal notification in writing addressed to the depositary. The denunciation may be limited to certain territorial units of a nonunified legal system to which this Convention applies. 2. The denunciation shall take effect 12 months after the notification is received by the depositary. Where a longer period for the denunciation to take effect is specified in the notification, the denunciation shall take effect upon the expiration of such longer period after the notification is received by the depositary. The Convention shall continue to apply to settlement agreements concluded before the denunciation takes effect.

（一）基本解释

第 16 条第 1 款规定公约缔约方退约形式及程序。第 2 款规定公约缔约方退约生效时间。

（二）形成过程

1. 第 16 条第 1 款的形成过程：2017 年 2 月 6 日至 10 日，工作组于纽约召开了第六十六届会议，秘书处拟定了草案三稿，提出如果工作组决定编拟一部公约，可以拟订最后条款：退约。[1]

2017 年 10 月 2 日至 6 日，工作组于维也纳召开了第六十七届会议，秘书处拟定了草案四稿，明确有关退约的具体条文内容。

"Article 14. (Denunciations): 1. A Contracting State may denounce this Convention by a formal notification in writing addressed to the depositary."

---

〔1〕 工作组第六十六届会议秘书处的说明增编（A/CN. 9/WG. Ⅱ/WP. 200/Add. 1），第 6 页。

“第十五条(退约):1. 缔约方得以书面形式正式通知保存人,宣布其退出本公约。”[1]

2018 年 2 月 5 日至 9 日,工作组于纽约召开了第六十八届会议,秘书处拟定了草案五稿,相较于第四稿增添了退约可限于适用本公约的、非统一法律制度的某些领土单位的规定:

“1. 缔约方得以书面形式正式通知保存人,宣布其退出本公约。退约可限于适用本公约的、非统一法律制度的某些领土单位。”[2]第六十八届会议工作组讨论后核准了公约草案该款项。[3]

最终,在关于调解所产生的国际和解协议的公约草案秘书处的说明中形成终稿,将退约由第 15 条改为第 16 条。[4]

2. 第 16 条第 2 款的形成过程:2017 年 2 月 6 日至 10 日,工作组于纽约召开了第六十六届会议,秘书处拟定了草案三稿,提出如果工作组决定编拟一部公约,可以拟订最后条款:退约。[5]

2017 年 10 月 2 日至 6 日,工作组于维也纳召开了第六十七届会议,秘书处拟定了草案四稿,明确有关退约的具体条文内容。

“2. 退约于保存人收到通知 12 个月期满后的下一个月第一日起生效。通知中指明退约生效需更长期限的,退约于保存人收到通知后该更长期限期满时生效。本公约应继续适用于退约生效前已经根据第 3 条提出的申请。”[6]

2018 年 2 月 5 日至 9 日,工作组于纽约召开了第六十八届会议,秘书处拟定了草案五稿,仅在数字“12”处加上方括号,实质内容没有改变。[7] 第六十八届会议工作组讨论后一致认为,以“12”个月为期就第 15 条的目的而言是适当的,因此商定保留这一数字,去掉方括号,同时商定“期满后的下一个月第一日”应予删除。在作出这些改动以及上文第 90 段所述商定修改意

[1] 工作组第六十七届会议秘书处的说明增编(A/CN. 9/WG. Ⅱ/WP. 202/Add. 1),第 7 页。

[2] 工作组第六十八届会议秘书处的说明增编(A/CN. 9/WG. Ⅱ/WP. 205/Add. 1),第 8 页。

[3] 工作组第六十八届会议工作报告(A/CN. 9/934,第 115 段)。

[4] 关于调解所产生的国际和解协议的公约草案秘书处的说明(A/CN. 9/942),第 8 页。

[5] 工作组第六十六届会议秘书处的说明增编(A/CN. 9/WG. Ⅱ/WP. 200/Add. 1),第 6 页。

[6] 工作组第六十七届会议秘书处的说明增编(A/CN. 9/WG. Ⅱ/WP. 202/Add. 1),第 7 页。

[7] 工作组第六十八届会议秘书处的说明增编(A/CN. 9/WG. Ⅱ/WP. 205/Add. 1),第 8 页。

见的前提下，工作组核准了公约草案第 15 条的实质内容。[1]

第六十八届会议工作组在审议拟作为公约草案单独条款的案文“公约以及任何保留或者保留的撤回，只应适用于公约、保留或者保留的撤回对该缔约方生效日之后订立的和解协议”时进一步指出，第 15 条第 2 款最后一句应当修改如下：“本公约应继续对退约生效之前订立的和解协议适用。”虽然会上指出《纽约公约》并未载有这样一条时限范围条款，但上文的增列条款草案以及对第 15 条第 2 款的修订意见得到广泛支持。有建议提出删除“保留的撤回”的提法，以便执行在撤回保留之前无法执行的和解协议，但未获支持，因其可能给公约草案是否适用于此类和解协议造成不确定性。

经过讨论，工作组核准了上文公约草案单独条款的实质内容，该款将列入公约草案，同时对第 15 条第 2 款作出了相应修订，条款内容如下：

“2. 退约应于保存人收到通知后 12 个月生效。通知中指明退约生效需更长期限的，退约应于保存人收到通知后该更长期限期满时生效。本公约应继续适用于退约生效前订立的和解协议。”[2]

---

〔1〕 工作组第六十八届会议工作报告（A/CN. 9/934，第 115 段）。

〔2〕 工作组第六十八届会议工作报告（A/CN. 9/934，第 90 - 92 段）。

第三章 《新加坡调解公约》对我国调解制度的影响

我国传统的调解理念注重"以和为贵"与"无讼",其核心不是如何解决纠纷,而是引导社会如何从根源避免纠纷。此种思想显然不适合当下全球化与市场化的商业环境。自中华人民共和国成立以来,我国一直以人民调解体系为基础建设中国特色调解制度,发展至今日越发成熟,同时也面临诸多瓶颈。传统意义的人民调解制度不能很好地适用于当下社会环境中的商事纠纷,特别是国际背景下的跨国商业纠纷。加入《新加坡调解公约》是我国调解制度改革发展的良好契机,该公约很好地起到了他山之石的作用。

第一节 《新加坡调解公约》对我国调解理念及立法的影响

一、对我国调解理念的影响

(一)我国调解理念的变迁

调解作为一种常见的纠纷解决方式在中国有着悠长的历史渊源。虽然我国古代的文献典籍中并未对"调解制度"有直接明确的记载,但其内核早已存在于古代中国,其萌芽甚至可以追溯至尧舜时期。战国时期的法家经典著作《韩非子》中就曾写到:"历山之农者侵畔,舜往耕焉,期年甽亩正。河滨之渔者争坻,舜往渔焉,期年而让长。东夷之陶者器苦窳,舜往陶焉,期年而器牢。仲尼叹曰:'耕、渔与陶,非舜官也,而舜往为之者,所以救败也。舜其信仁乎！乃躬藉处苦而民从之。故曰：圣人之德化乎！'"[1]纠纷是社会社会生活的一种常态，无论先秦尧舜还是时代当下。耕田越界，打渔占高，制陶粗劣是当时社会生产活动中常有的纠纷形态，舜前往以身作则，用自己的德行感化众人，也为纠纷双方达成和解起到了关键作用。孔子评价其为"仁"。可以看出在舜尧时期就已有了纠纷解决的概念，而文中所述的舜"以德救败"，以亲身的表率来达成化解纠纷的效果就是起到了现代所说的调解的作用。我国自调解产生以来，调解的理念也在不同时期下受到了不同文化思想、不同经济制度等因素的影响而产生了一系列的变迁。有学者将我国的调解理念变迁主要分为了三个阶段[2]。第一阶段是在新民主主义革命前的中国传统社会时期，调解的理念很大程度上受到了儒家文化的影响，尤其是"无讼"思想。《论语·颜渊》中写到："听讼，吾犹人也，必也使无讼乎"，孔子的意思是，对待纠纷官司的关键是避免，而不是明辨，即使学问如他，断案的水平也没有更高一筹。可以看出当时作为主流思想的儒家文化是排斥法律介入的，"无讼"思想主张的是在发生纠纷矛盾的时候，不要利用诉讼这样相对激进的手段来解决问题，而是通过当事人的各自忍让、克制来进行调解。在此思想的影响下，无论是统治者还是家族势力都信奉着"以讼为耻"的观念，尽量避免以诉讼解决纠纷。在此种社会思潮的影响下，上到统治阶层下到普通百姓"以讼为耻"的观念都根深蒂固。所以在当时的中国，调解被惯常地运用于官方和民间的纠纷解决之中，极少有纠纷事件进入司法审判程序。简言之，新民主主义革命前的中国传统社会时期的调解理念在于以回避矛盾、规避诉讼的方式来维护整个社会秩序的和谐稳定。在这样的思想指导下，人们随之产生的厌诉、贱诉心理也自然而然地推动调解成为一种当时盛行的纠纷解决方式。

第二阶段是新民主主义革命时期与计划经济时期，调解的理念在这一时期发生了显著的变化，其主要受到了毛泽东提出的社会矛盾理论的影响。社会矛盾理论指出矛盾是无法避免的，承认社会矛盾的客观存在是正确解决社会矛盾的基本前提。中华人民共和国成立后，人民调解制度逐渐成为我国司法制度建设和社会主义基层民主政治制度建设的重要内容。1954 年

---

[1] 高华：《我国调解制度的历史变迁》，载北京法院网，http://bjgy.chinacourt.gov.cn/article/detail/2009/11/id/872215.shtml。

[2] 常怡：《中国调解的理念变迁》，载《法治研究》2013 年第 2 期。

政务院颁布《人民调解委员会暂行组织通则》,在全国范围内明确了人民调解组织的性质、名称、设立、任务、工作原则与活动方式等多方面内容。

在这个时期中,调解在司法层面与一般社会生活方面均发挥着不可替代的重要作用。[1] 司法程序中坚持"调解为主"的司法政策,在民间纠纷解决中,调解作为一种重要的社会管理方式被充分地予以运用。此时调解的理念不再是消极地回避纠纷矛盾而是通过积极地正视矛盾、揭露矛盾、化解矛盾来使人民群众团结统一和谐共处。

第三阶段是市场经济时期,调解的理念发生了变化。改革开放以来,随着社会主义法治建设力度的增大,"有法可依、有法必依、执法必严、违法必究"成为社会主义的一项重要原则。如果说前两个历史时期中的调解主要是靠道德传讲和批评教育来以情感人,在这一时期的调解开始更倾向于依法治人,通过明法析理来使纠纷的各当事方达成最终和解。在对待矛盾的观念方面,新民主主义革命前的中国传统社会时期是回避和压制矛盾的,新民主主义革命时期与计划经济时期则开始以积极正面的态度对待矛盾,承认并重视矛盾的存在和其对社会进步的意义,到了这一时期更加注重的是在矛盾必然存在的前提下如何预防和妥善解决矛盾。法律制度的不断健全为解决纠纷提供了更多权威和多样的方式,调解在法律体系和司法审判的影响下除了可以实现纠纷的解决和权利的救济外还具有帮助管理社会秩序,为创建和谐稳定社会添砖加瓦的效果,所以调解也相应地成为一种权利维护和社会治理的手段而得到广泛运用。可以说这个时期的调解是于法可依的,是参照法律与社会一般行为准则对纠纷的一种便宜解决方式。

(二)《新加坡调解公约》中的调解理念

20 世纪 70 年代,英美国家深受"诉讼爆炸"的困扰,为应对这一棘手的问题,非诉讼纠纷解决方式(ADR)应运而生。随着 ADR 的发展与推广,ADR 逐渐获得了世界范围内的关注,其适用也愈加普遍和合法化。其中,调解被认为是现代 ADR 中最具有代表性的一种方式,其运用的范围已经渗透到了民事、商事等各个领域,尤其在如今国际经济贸易往来越来越密集,各国联系越来越密切的形势下,更是有越来越多的国际争议渴望寻求以调解的方式来进行解决。认识到了调解作为一种友好解决国际商业关系中产生

[1] 常怡:《中国调解的理念变迁》,载《法治研究》2013 年第 2 期。

的争议的方法所具有的价值，联合国国际贸易法委员会自 2014 年开始草拟《新加坡调解公约》，并于 2018 年 12 月获得了联合国大会审议通过。《新加坡调解公约》作为一部关于调解所产生的国际和解协议的公约，其中所体现的调解理念有其独到新颖之处。

首先，《新加坡调解公约》突出了调解着眼于利益共同体的理念。纠纷一般而言源自当事人之间的利益不平等，而多数纠纷当事人诉诸解决纠纷的手段往往代表着一种利益的对抗，譬如诉讼。诉讼是将当事人双方的利益置于两个对立面，而后由法官通过一系列程序来进行利益平衡。然而诉讼中的利益对抗往往会使当事人陷入“零和游戏”的困境，增加了诉讼成本，造成了诉讼迟延，不利于交易关系的维持和市场贸易的增长。但是诉讼的“零和”思维容易造成双方当事人两败俱伤，既增加了其诉讼成本，消耗了社会司法资源，拖延了后续的生产、生活活动。[1] 而《新加坡调解公约》中调解的理念却与之相反，着眼的不是利益的对抗，而是争议双方的利益共同体。《新加坡调解公约》在序言中明确了公约所约定的调解对于商事活动有诸多裨益。其主旨是在明确纠纷双方矛盾的前提下挖掘矛盾之下隐藏的共同利益，并且通过调解过程促进双方也发现、认同并为此种利益作出互相的让步，实现某种程度的合意，从而解决纠纷。

其次，《新加坡调解公约》体现了调解员中立的理念。《新加坡调解公约》第 2 条第 3 款中对调解的定义规定：“‘调解’不论使用何种称谓或者进行过程以何为依据，指由一名或者几名第三人（调解员）协助，在其无权对争议当事人强加解决办法的情况下，当事人设法友好解决其争议的过程。”[2] 该款体现了调解当事人自治原则，调解员与调解组织对调解过程与调解当事人没有强制性权利。调解员除了必须尊重“当事人自治原则”外，公约还规定了以下调解员几种情形赋予当事方主管机关拒绝承认和解协议、拒绝准予救济的权力：“（1）调解员严重违反适用于调解员或者调解的准则，若非此种违反，该当事人本不会订立和解协议；（2）调解员未向各方当事人披露可能对调解员公正性或者独立性产生正当怀疑的情形，并且此种未予披露对一方当事人有实质性影响或者不当影响，若非此种未予披露，该当事人本

---

〔1〕 廖永安、王聪：《现代调解的新理念与新思维》，载《人民调解》2019 年第 1 期。

〔2〕《联合国关于调解所产生的国际和解协议公约》第 2 条第 3 款。

不会订立和解协议。”[1]《新加坡调解公约》对于以上两种情形的规定充分体现了调解员的工作准则——公正、中立,其排除了因调解员个人的行为或主观的意识对调解结果造成的影响,完全将纠纷当事人双方放在整个调解过程的主导地位。

最后,《新加坡调解公约》强调了调解具有一定保障性的理念。调解是一种起源于民间的纠纷解决手段,通常是由纠纷的双方当事人在第三方(调解员)的疏导劝说下自由进行协商,最终达成合意。所以通过这种相对而言非官方非正式的纠纷解决方式所达成的和解协议通常对当事人的拘束力较弱,无法得到法院的承认与执行。而在多数的调解情形下,当事人往往是为了保持双方和谐关系或者维持自身信誉而牺牲部分个人利益以求和平解决纠纷,因此此种牺牲必须是对当事人双方有吸引力的,不能使其花费了时间精力进行调解,最终还是通过诉讼等手段解决纠纷,否则,即失去了调节机制的最大吸引力与生命力。[2]《新加坡调解公约》直接规定:“本公约每一当事方应按照本国程序规则并根据本公约规定的条件执行和解协议”,此项赋予了和解协议以既判力,使其可以由法院直接承认和执行。[3] 在《新加坡调解公约》中调解的理念不是息事宁人后就将一切推给当事人的自觉性来完成,而是本身就具有了一定的保障性,有利于维护和解协议当事人的合法权益,并构建良好的商事关系。

(三)我国调解理念的新发展

2019 年 8 月 7 日,《新加坡调解公约》在新加坡开放签署,67 个国家和地区的代表团参加了签署仪式,其中包括中国在内的 46 个国家和地区作为首批签约方签署了公约。我国调解理念也受《新加坡调解公约》调解理念的影响。

第一,认识到了加大力度发展商事调解制度的必要性。我国长期以来将人民调解制度作为司法调解制度与行政调解制度之外的第三种重要的调解制度。但随着社会的发展,原先侧重于民事纠纷调解的人民调解制度渐

[1] 《联合国关于调解所产生的国际和解协议公约》第 5 条第 1 款。

[2] 参见陶南颖:《〈新加坡调解公约〉之简析》,载《东南司法评论》2019 年第 1 期。

[3] 《联合国关于调解所产生的国际和解协议公约》第 3 条第 1 款。

渐跟不上发展的节奏，致使我国专门的商事调解发展缓慢。[1]。加入《新加坡调解公约》后，如何建立与之相衔接的商事调解制度成为完善我国调解制度体系的一大任务。我国已将建立有中国特色的有吸引力的商事调解制度提上了日程。

第二，调解员队伍建设受到了重视。在通过调解进行纠纷解决并达成最终的和解协议的整个过程中，调解员的作用不容小觑，但我国一直以来都没有对调解员作出规范性要求，也没有对调解员的职业化队伍建设给予足够的重视。在传统的调解理念中，调解员主要是依靠道德威严对纠纷当事人进行教化和说服，但在如今已发生巨大转型的社会环境下，调解员的工作量和工作难度都比以往有所增加，国际商事调解对调解员的素质要求更高，必须要有能与之相匹配的知识结构和调解技巧来形成专业权威才能满足现代商事调解的需要。我国逐渐认识到了这一需求，2018 年六部委联合发布了《关于加强人民调解员队伍建设的意见》。在《新加坡调解公约》第 5 条中关于拒绝救济的部分也将调解员的资质和披露义务作为了重要的审查对象，调解员未合理遵守规则、未合理尽到披露义务都将成为执行机关拒绝给予救济的理由。这就敦促我国建立相关的调解员资格认证机制，形成一个体系化的、完整的职业标准。2019 年 12 月举办的“新时代调解高峰论坛”明确指出：“人民调解员队伍建设是发挥人民调解工作效能的重要前提，是人民调解工作的根本。建立人民调解员的评价标准非常重要，应根据纠纷类型的特点、纠纷的地域性、调解工作的自身特点等确定人民调解员的任职标准、评价标准。”[2]我国已意识到了调解员队伍建设对推动我国调解发展的重要性，调解员的职业化专业性和调解准则越来越受到重视，建设调解员队伍已成为我国现代调解理念中的不可割舍的一环。

二、对我国调解立法的影响

（一）我国调解立法的现状

迄今为止，我国在调解领域还没有统一的立法，相关规定分散在各个法

---

〔1〕 参见杨秉勋：《再论〈新加坡调解公约〉与我国商事调解制度的发展》，载《北京仲裁》2020 年第 1 期。

〔2〕 《新时代调解工作成为理论与实务“富矿”》，载司法部网站，http://www.moj.gov.cn/organization/content/2019－12/19/572_3238297.html。

律法规中,我国的调解立法可以根据不同调解类型分为四类:关于人民调解制度的法律法规、涉及司法调解的法律法规、有关商事调解的法律法规以及以调解解决特殊类型争议的法律法规。

一是关于人民调解制度的法律法规,人民调解制度是一项具有中国特色的纠纷解决法律制度,所以其法律法规也相对比较完善,主要包括:1989年国务院制定的《人民调解委员会组织条例》,该条例规定了人民调解委员会的性质、任务、组织和领导,以及人民调解委员会调解民间纠纷应当遵守的工作原则、工作方法、工作纪律等问题。2002 年司法部发布的《人民调解工作若干规定》,该规定是根据《宪法》和《民事诉讼法》等法律法规所制定,对人民调解委员会的各个方面作了进一步的规定。2010 年全国人大常委会出台的《人民调解法》,该法对委员会、调解员、调解程序、和解协议等作了一个较为系统和整体性的规定。2018 年六部委联合发布的《关于加强人民调解员队伍建设的意见》,对如何加强人民调解员队伍建设进行了建议等。

二是涉及司法调解的法律法规,例如,最高人民法院出台的一系列规定:《最高人民法院关于审理涉及人民调解协议的民事案件的若干规定》(2002 年)、《关于人民法院民事调解工作若干问题的规定》(2004 年)、《最高人民法院关于人民调解协议司法确认程序的若干规定》(2011 年)、《最高人民法院关于人民法院特邀调解的规定》(2016 年)等,这些法规都结合人民法院的工作实际对调解工作、调解协议的司法确认程序、特邀调解等内容进行了规定。还有《民事诉讼法》中也有部分涉及了司法调解,其第八章、第十五章第六节对有关法院在诉讼程序中主持的调解、调解协议的司法确认等内容进行了规定。

三是有关商事调解的相关规则。我国当下针对调解活动的法律法规主要集中在一般民间纠纷领域,专门的商事调解在立法上不完善,仅有一些调解机构的规则。比如,《中国国际贸易促进委员会/中国国际商会调解中心制定的调解规则(2012 年)》,对调解机构、调解员以及调解当事人在调解过程中所应遵守的程序性规范进行规定。

四是以调解方式解决特殊类型争议的法律。例如,劳动争议方面,2007年《劳动争议调解仲裁法》,对劳动争议的调解申请、调解程序等进行规定;2011 年人力资源和社会保障部发布的《企业劳动争议协商调解规定》,对企业劳动争议的协商调解进行规定。2009 年全国人大常委会制定的《农村土地承包经营纠纷调解仲裁法》,对解决农村土地承包经营纠纷的调解工作进行规范。还有2011年国家电力监管委员会发布的《电力争议纠纷调解规定》、2018年国务院制定的《医疗争议预防和处理条例》等。

我国现行的法律法规涵盖了人民调解、司法调解、行政调解、仲裁调解等各类制度,其中人民调解的立法最为完善。在商事调解领域,虽然有一些调解机构的调解规则,这些规则也相对完善,但这类调解规则并不具有法律效力而只有任意性,其适用以当事人的选择为前提,所以对于商事调解制度的建立作用有限。[1] 我国的现实情况是几乎没有任何专门针对商事调解活动的立法,缺乏对商事调解基本原则、基本理念的统一界定,也没有对人民调解、司法调解、仲裁调解以外的独立商事调解活动的制度规范、司法审查或司法支持。由于制度的建立需要立法为媒介,这种现状必然会给我国的商事调解制度发展带来阻碍。

(二)《新加坡调解公约》的立法创新

2014年7月,联合国国际贸易法委员会(UNCITRAL)在第47届会议上收到提案并决定制定一部经调解达成的国际商事和解协议被赋予可执行性的多边性公约,该任务由UNCITRAL第二工作组(争议解决)承接。经各国间的多次交流以及委员会会议的定期讨论,第二工作组于2015年年底推出了《新加坡调解公约》的初稿,此后的两年时间里,在工作组的积极组织下,各国代表集中对公约内容进行讨论,逐一定夺公约章节内容,斟酌修改条款用语,最终公约于2018年6月25日起草完毕,并于联合国国际贸易法委员会第51届会议上批准通过了《新加坡调解公约》的最终案文。同年12月,《新加坡调解公约》经联合国大会审议批准通过。《新加坡调解公约》调整的是国际商事争议,其主要内容是关于经调解达成的和解协议的执行与拒绝救济的相关事宜。虽然在此之前,已有联合国国际贸易法委员会1980年出台的《联合国贸易法委员会调解规则》和2002年制定的《国际商事调解示范法》这两部法律初步规定了国际商事调解的相关事项,为国际调解框架打造了基础,但都未产生国际公约的法律拘束力。而《新加坡调解公约》作为一部关于调解所产生的国际和解协议的公约,它完善了国际调解框架,是国际

〔1〕 尹力:《中国调解机制研究》,知识产权出版社2009年版,第136页。

商事调解史上的一个里程碑,为国际商事争议的解决提供了一条全新的路径,其立法有以下几个创新点。

第一,《新加坡调解公约》对和解协议的形式进行了扩大化的规定。公约中规定所适用的和解协议的必须是"书面形式",且此种书面形式扩大解释为记录即可,不拘泥于文字纸面,可备日后调取。此项创新明确了电子通信在公约中的书面效力。"电子通信所含信息可调取以备日后查用的,该电子通信即满足了和解协议的书面形式要求。"[1]伴随当今世界科学技术的不断发展,电子信息技术在各个领域被广泛使用。近年来,"去纸化"的趋势越来越明显,国际社会也已逐渐将电子合同、电子签名、电子提单等新形式纳入了立法范围。《新加坡调解公约》作出的这一规定就是国际商事调解领域顺应时代潮流的一项立法上的创新。

第二,《新加坡调解公约》对调解所达成的和解协议赋予了强制执行力。《新加坡调解公约》在第 3 条第 1 款规定:"本公约每一当事方应按照本国程序规则并根据本公约规定的条件执行和解协议。"[2]公约开创性地对和调解所达成的和解协议赋予了与诉讼和仲裁同等的强制执行力。长期以来,和解协议在绝大多数的国家都不具有强制执行力,所以和解协议比起仲裁裁决书或诉讼判决书,执行起来难度要大得多。因为和解协议作为一种合同,如果依据外国的合同法进行跨境执行非常不便,而且需要很高的时间成本,这样的不便利和高成本,可能会成为阻碍当事人选择通过调解手段解决争议的顾虑。[3] 公约也在第 5 条中列举了可拒绝执行的负面清单,包括当事人无行为能力、和解协议效力存疑、和解协议义务已被履行,调解员存在严重违反调解规则,调解员未履行披露义务等。当和解协议满足公约的适用标准并排除公约所列的这些执行抗辩事由后,即具有执行力。该项立法对和解协议当事人双方严格履行和解协议起到震慑作用,能保障双方当事人的权利,对鼓励国际商事主体运用调解解决商事纠纷有重要意义。

第三,《新加坡调解公约》简化了和解协议的执行机制。执行机制是《新

---

[1] 《联合国关于调解所产生的国际和解协议公约》第 2 条第 2 款。

[2] 《联合国关于调解所产生的国际和解协议公约》第 3 条第 1 款。

[3] 许军珂:《〈新加坡调解公约〉框架下国际商事和解协议效力问题研究》,载《商事仲裁与调解》2020 年第 3 期。

加坡调解公约》最具实用价值的一条创新。其规定“本公约每一当事方应按照本国程序规则并根据本公约规定的条件执行和解协议”。该款确定了调解产生的和解协议的直接执行机制，换言之，当和解协议满足公约适用条件后即可在他国执行，无须首先经过来源国主管机构的认证或认可。并且《新加坡调解公约》对国际调解协议的执行也没有设置其他内容上的限制，仅在第4条第1款中提出了一些形式上的要求。公约采用直接执行机制简化了执行的程序，突破了来源地国对和解协议再审查可能对调解造成的阻力，符合调解的便捷快速高效的价值追求，突出调解这一纠纷解决机制相较其他争议解决方式的优势所在。

(三)我国调解立法的新方向

《新加坡调解公约》的出台代表着全球商事纠纷解决机制的一次重大革新，该公约中对国际和解协议的形式、国际和解协议的效力问题、国际和解协议的执行机制等方面都作出了创新性的规定，构建了调解制度在解决国际商事争议领域的法律框架。中国在签署《新加坡调解公约》后，如何实现公约机制与中国现行制度的接轨成为公约在中国落地过程中的重点问题，也指引着我国调解立法的新方向。

首当其冲的是要建立我国商事调解立法体系，需要弥补我国在将商事调解作为独立程序上的立法空白。我国一直以来都将主要精力集中在人民调解制度的建设上，而对更需专业性和法律政策支持的商事调解却没有投入足够多的力量。虽然人民调解制度体系当然适用于商事调解程序，但是明显力不从心。我国的既有人民调解体系，是司法辅助社会维稳的产物，具有建交委浓重的行政色彩和中庸气质，对于商场如战场与全球化的当下商事调解领域，很难发挥应有的作用，很难达到化解商事纠纷的目的。而在人民调解基础上没能发展出完整且有效的商事调解程序与制度。我国加入《新加坡调解公约》后面临的最大问题就是我国还没有一部现行有效的商事调解法或是一套完整的官方调解规则能够与之相衔接，这将会打击国际商事争议当事人选择我国进行调解解决争议的积极性，导致商事争议当事人可能会放弃调解这一选项或者选择去其他调解友好型的国家进行国际商事调解，也给当事人滥用调解程序规避司法管辖留下了空间，所以出台一部专门的商事调解立法成为当务之急。[1] 我国应尽快制定一部可以同时适用于国内国际商事纠纷的调解法,对国际和解协议的执行程序、调解的适用范围、保密性及管辖等内容进行规定,这是签署《新加坡调解公约》后我国调解立法的一大新方向。

其二,应当对我国现有的相关法律进行修改以更好的衔接《新加坡调解公约》。我国现有立法中,虽然没有一部统一调解体系的法律,但已有很多与调解相关的规定分布在各个不同的法律法规之中,对我国现有立法进行修改使其可与《新加坡调解公约》中的创新立法接轨也是未来我国调解立法的一个新方向。例如,2021 年修正的《民事诉讼法》第 288 条至第 290 条,对申请承认和执行外国法院判决以及国外仲裁裁决的承认和执行进行了规定,但没有对国际和解协议的申请执行进行规定,这就导致中国在批准《新加坡调解公约》后对履行执行国际和解协议的公约义务缺失国内法的依据。因此也就推动我国修改《民事诉讼法》,对国际商事争议当事人如何申请和执行国际和解协议作进一步规定,以衔接《新加坡调解公约》中对国际和解协议的执行规定。

前文多有叙述,国际商事纠纷的复杂性远超普通民事纠纷,其对调解程序的要求更为严苛,故而需要更高水准的调解员。当下虽然我国已经加入《新加坡调解公约》,但是国内法对与调解员的规定还停留在普通人民调解的水平。国家没有立法,机构没有要求,社会更没有认可度。国际认可的商事调解员是保证国际商事调解质量的前提,也是掌握商事调解国际话语权的根基。没有了这一扎实的根基,发展调解事业将是一句空谈。《新加坡调解公约》与其他国家关于调解员的培养管理制度十分值得我们借鉴。

第二节 《新加坡调解公约》对我国调解组织的影响

《新加坡调解公约》明确将调解作为国际商事争议解决的有效途径,不仅仅在很大程度上填补了在当前国际法律以及国际实践中,以调解形式解决争端缺乏法律上的认可度和法律条文的空白,丰富了国际商事争端的解决方式,也有助于我国修改完善现有的国际商事调解制度,是我国参与国际

---

〔1〕 唐琼琼:《〈新加坡调解公约〉背景下我国商事调解制度的完善》,载《上海大学学报》2019 年第 4 期。

规则制定的重大里程碑。加入《新加坡调解公约》将促进我国商事调解相关制度法规的完善,与国际商事调解协议执行的司法实践,与此同时也对我国商事调解组织建设产生巨大推力,有助于提高国内调解机构的水平、提升我国调解人员的能力,并客观上促进各国之间的商事交往,从而有利于营造良好的营商环境。与此同时,值得注意的是,在商事调解成为各国不约而同地选择大环境下,我国商事调解组织的发展在《人民调解法》一元化统合模式下受到了一定的制约。为了营造调解制度良好的发展环境,需要对我国现有的商事调解组织的结构化调整以及未来发展提出新的要求与展望。《新加坡调解公约》的出台将成为我国商事调解组织长足稳定发展的助推剂。本节将从《新加坡调解公约》对我国调解组织国际化、品牌化、专业化、市场化建设的影响角度展开论述。

一、调解组织的国际化建设

(一)对接国际商事调解组织建设标准

我国现行调解法律制度主要针对国内争议,特别是化解民事争议,对于商事争议的解决关注较少,因此能够处理涉及国际商事争端的调解组织寥寥无几。[1] 而商事调解尚未从人民调解中脱离出来的局面,对于我国商事调解组织的发展造成一定负面影响。由于法律环境带来的制约,此前我国商事调解组织建设尚处于摸索阶段,《新加坡调解公约》的推行不仅将商事调解组织国际化发展推至风口浪尖,并且对国际调解领域新规则体系的形成提出了更高的标准与要求。随着"一带一路"发展壮大,大量的商事纠纷调解组织出现于沿线的国家地区,建立对接国际的调解组织已经刻不容缓,对于我国跨境贸易乃至"一带一路"发展具有深远意义。对于我国调解组织建设,若能抢先对接《新加坡调解公约》背景下的国际商事调解组织建设标准,并参与制定后续相关制度,将能够确立我国在国际商事调解领域的先发优势。

就目前的发展态势而言,在商事调解组织的建设层面落实《新加坡调解公约》各项条款,不仅要立足国内,做好国内商事调解,更要在组织架构、人

〔1〕 参见唐琼琼:《〈新加坡调解公约〉背景下我国商事调解制度的完善》,载《上海大学学报(社会科学版)》2019 年第 4 期。

才培养上充分与国际接轨，以提升我国商事调解组织的国际竞争力，同时扩大我国调解组织的国际话语权。

（二）加强对组织国际化战略政策支持

中国参与了《新加坡调解公约》缔约全过程，在同与会各国充分就《新加坡调解公约》内容交换意见时，也对于他国调解制度以及调解组织建设发展情况有了初步了解。总体来说，我国调解组织目前的建设现状是多而不强，在国际化程度方面仍存在较大的发展空间，同时国内的调解机构公信力方面有待提升。而美国、新加坡等国已经建立起较为完善的调解制度，并已经涌现出一批在国际上具有良好口碑与声望的调解组织以及独任调解员。《新加坡调解公约》的制定与签署为我国调解组织打开了了解世界同行发展的窗口。通过同与会各国的交流可以发现，建立一个具有独立调解能力的较高水平的调解组织离不开政府的扶持。葡萄牙、美国、新加坡等国均对商事调解组织行业给予一定政策上的倾斜，如税费减免、提供办公场地等。

因此，在《新加坡调解公约》影响下，我国政府相关部门下一步应当针对国内调解组织出台系列支持性战略政策和举措，从而建立可以和世界各国同行进行有效竞争的调解组织，同时规划以调解为主的一站式纠纷解决机制蓝图。

（三）推进国际化调解人才队伍建设

优秀的国际化调解人才短缺依旧是我国调解组织国际化发展中的短板。基于《新加坡调解公约》对于调解员提出的国际化要求，培养一批拥有国际视野、熟悉国际规则的商事调解专业人才，是提升我国商事调解组织国际竞争力的必备前提。

回顾《新加坡调解公约》缔约历程，我国调解组织的力量贯穿始终。中国贸促会、中国国际商会调解中心和北京多元调解发展促进会等调解组织，以及仲裁协会相继派出工作组对《新加坡调解公约》缔约展开讨论，其中许多优秀的调解员不仅是作为观察者，更是以参与者的身份亲历《新加坡调解公约》签署，知晓台前幕后发生的故事，极大促进了我国调解组织对于《新加坡调解公约》内容、主旨以及精神内核的深入理解，发展了我国调解组织与外国调解组织的友好关系，同时也拓展了这一批人才的国际视野，有助于未来在国际调解事业的发展上继续贡献力量。对于《新加坡调解公约》的下一步具体实施，各国仍会以《新加坡调解公约》为核心，搭建交流对话的平台，我国调解组织也有望通过与境外其他专业人员交流，培养一批国际化的调解人才，进而形成在世界范围内具有一定影响力的国际商事调解团队。

（四）促进国际交流合作广泛开展

妥善处理国际商事纠纷的必要根基是建立国际化的商事调解机构，与此同时，广泛开展国际交流合作也是调解组织在国际层面不断发展更新的重要条件。

此次《新加坡调解公约》的签署正是在国际多边主义不断发展的大背景下促进国际调解组织广泛开展合作交流的重要契机，将极大有利于打破地域限制、发挥各国调解机构优势，从而推动国际商事纠纷快速、妥善地解决。《新加坡调解公约》缔约过程在实践方面充分证明了建立国际一体化商事纠纷解决机制的可能性，即除了着眼建设国内调解组织之外，还可以在国际上寻求其他知名调解机构的合作，设立联合调解机构。另外，可以考虑实行引入国际知名调解中心设立办事处于国内调解组织等方式，加强与国际商事调解发展前沿地对话，同时也为国际商事纠纷双方当事人提供更多解决争议的选择。[1] 此外，《新加坡调解公约》建立在缔约方平等、互惠的基础上，也呼吁各国加强信任与联结。未来，《新加坡调解公约》将在加强各国调解组织建设发展的基础上，推动调解组织广泛开展国际交流合作，开创各国调解组织建设相互学习、相互促进的崭新篇章。

（五）建立国际同行联动的一体化响应机制

基于《新加坡调解公约》所强调的国际性，调解产生的国际和解协议在各国法律、社会、经济制度等方面具有普适性。[2] 特别地，在调解组织的层面，对于跨国、跨境尤其是双方当事人具有较大法律、经济制度背景差异的

[1] 孙稳：《海南自贸（港）国际知识产权商事纠纷调解机制创新》，载《环渤海经济瞭望》2020年第1期。

[2] 参见《新加坡调解公约》序言："本公约当事方，认识到调解作为一种商事争议解决办法对于国际贸易的价值，争议当事人借此办法请求第三人协助其设法友好解决争议……深信就调解所产生的国际和解协议确立一种可为法律、社会和经济制度不同的国家接受的框架，将有助于发展和谐的国际经济关系。"

争议案件,《新加坡调解公约》对各国调解组织加强交流、积极响应,并充分发挥其主观能动性着手解决跨文化争端提出了较高的要求。随着《新加坡调解公约》签署国不断增加,其影响范围将逐渐扩大,这将有助于推进国际调解组织联动,并为各国建成国际商事联合调解庭提供法律基础。

在《新加坡调解公约》影响下,我国调解组织将在合作友好型的沟通平台获得更多与国外调解组织联动的契机,从而建立符合我国国情的国际商事调解一体化响应机制。调解中心对于跨国、跨境争议案件,可以邀请已经组建战略合作伙伴关系,并且具有世界范围影响力的国际调解机构,请求机构选派熟悉中国贸易往来业务的专业人士,担任特聘调解员的职务,并作为国际调解员参与到国际商事联合调解庭中去,从而保证调解的中立性与公正性,同时扩大我国调解组织话语权。通过积极的探索与尝试,《新加坡调解公约》将促进国际同行联动一体化响应机制显现出实效,带给国际商事纠纷当事人公平正义、高效便捷、成本较低的纠纷解决服务。

二、调解组织的品牌化建设

(一)完善组织内部机构架设与规则

"品牌化"就是使调解组织获得大众知名度,具备知名度就能够获得相应程度的凝聚力与扩散力,可以成为调解组织发展的动力。[1] 加强品牌建设,提高知名度,让更多的人去选择,就要加强自身建设发展,完善内部机构架设,规范内部规则。《新加坡调解公约》对于争议当事人之间达成的国际商事纠纷调解协议明确建构了一个能够被社会、经济制度截然不同的国家所接纳的框架。虽然我国商事调解机制的建构已经取得了可观规模和成就,在国际上具有一定影响力和竞争力,但加入《新加坡调解公约》之后,我国的调解组织仍可能会面临调解组织规则与公约适配度的问题,如果我国尚不具有完备的商事调解所需的配套机制,则必然会影响到国际商事争议当事人请求调解组织提供服务以解决纠纷的积极性。[2] 科学的内部机构架设与规则就相当于调解组织"顶层设计",助力调解组织的品牌化建设,而调解组织构建的品牌力还可以助推我国调解组织不断完善自我。

---

〔1〕 参见陆海兰:《民办高校学生党支部品牌建设初探》,载《大众科技》2013 年第 15 期。

〔2〕 参见唐琼琼:《〈新加坡调解公约〉背景下我国商事调解制度的完善》,载《上海大学学报(社会科学版)》2019 年第 4 期。

调解组织的品牌化建设离不开好的品牌战略规划与高效的管理工作。调解组织有综合性的商会，大多以联合会、委员会、协会等形式存在，都不同程度上推动了我国推动多元化纠纷解决机制（ADR）发展。商事调解组织主要由调解部门、仲裁部门、专家组以及其他提供纠纷解决服务的部门组成，我国国内的较为知名的调解组织有中国国际贸易促进委员会（CCPIT）、中国国际商会（CCOIC）下设的调解中心、上海经贸商事调解中心（SCMC）等。以上海经贸商事调解中心为例，它的内部管理机构为管理委员会，主要负责确定组织的重大政策与方针，以及人事任命事项，管理委员会选举任命专门的中心主任，主要管理组织的日常经营秩序，确保组织工有序运行。管理委员会下设业务指导委员会和秘书处，业务指导委员会负责案例编辑、专业领域拓展和设置、国内外业务交流；秘书处辅佐中心主任处理事务，具体方面有法规研究、投诉处理、联络沟通、财务管理、立案咨询、培训交流和人员管理。大力发展品牌化建设，需要先对调解组织自身进行“诊断”，找出品牌化建设中的问题，总结出自身在解决国际纠纷中的优势和劣势，以国情为基础，以《新加坡调解公约》为借鉴，扬长避短，建立适合自己的组织机构。调解组织可以通过完善组织内部架设来制定更好的品牌战略规划，在组织内部设立单独的处理国际商事调解的部门。

调解组织的品牌化离不开统一的调解规则，我国大部分的调解组织都制定了自己的调解规则，但其统一化、国际化程度有待提高。目前大多调解组织会制定自己的规则，主要有《调解规则》《调解员守则》《调解员聘用、培训及考核管理办法》《员工工资及奖励制度》等。我国加入《新加坡调解公约》之后，涉外商事争议可以在我国调解组织进行调解，并达成的国际和解协议，这份协议就可能被当事人向《新加坡调解公约》其他成员方申请承认该协议的效力，如果其他成员方承认协议有效便可以得到执行，或者在国外诉讼程序中被援引作为抗辩。《新加坡调解公约》规定了适用范围、一般原则、对依赖于和解协议的要求、拒绝准予救济的理由、并行申请或者请求等内容，我国的调解组织可以据此更新调解规则，使之适应国际化的发展，并且建立统一的调解规则，使得国际和解协议更加规范，方便争议的当事人在国外申请协议的执行。让争议当事人享受到中国调解组织的优质服务，进而让更多争议当事人选择调解组织解决纠纷，形成调解组织品牌化建设的良性循环，建立具有国际品牌影响力的调解组织。

（二）增加社会信誉和社会认知度

从我国目前的国情来看，商事纠纷的当事人往往会选择诉讼来解决纠纷，社会上对调解组织的了解少，认可度不高，争议双方当事人进行调解的意愿不高，所以引导当事人选择商事调解组织就成了品牌化建设的前提。调解组织的品牌化建设，首先要提高自身的社会信誉，没有信誉的调解组织，当事人不可能选择在此解决纠纷，即使选择了调解组织，也会出现对调解员不信任、调解工作难以进行的情况，最终形成的国际和解协议往往很难生效或者执行，调解组织的“品牌化”就无从谈起。调解组织是独立于司法、行政公权力，以及其他特权组织之外的纠纷解决组织，作为中立的第三方机构，它必须在调解纠纷的过程中确保其公正性和公平性，使当事人之间的纠纷尽可能得到妥善处理，才能不断提高自己的社会信誉。

调解组织的品牌化的建设，要以社会信誉为基础，扩大自己的社会认知度。我们可以通过各种形式对选择商事调解的方式解决争议这种模式进行宣扬和推广，唤起社会的调解意识，提高商事调解组织在化解商事争议的认知和应用程度。虽然《新加坡调解公约》所规定的调解更倾向于与司法调解、法院判决和仲裁相分离，但是鉴于目前我国调解组织属于民间性组织，在社会上影响力小，单纯依靠其自身力量来确保调解协议被承认有效与执行并不现实，因而必须加强与人民法院以及公证机关的对接才能保证其更有力的运作。[1] 中国的商事调解组织还可以借助法院的影响力不断宣传自己，扩大自身社会知名度，努力打造一批“做得好、信得过、叫得响”的调解组织。山东省人大常委会委员、山东省人民政府法律顾问臧天翔就曾提出：“除了宣传规则、调解员的组成、高级顾问等传统内容外，应重视宣传地点，可选择在法院诉讼服务中心设立调解工作室、服务窗口等方式以达到预期的宣传效果。”[2] 现实中很多地方也这么做了，比如《厦门经济特区多元化纠纷解决机制促进条例》规定各市、区的政府、法院、检察院必须重视多元化

---

〔1〕 参见《新加坡调解公约》第 1 条第 3 款规定：“本公约不适用于：(a) 以下和解协议：(一)经由法院批准或者系在法院相关程序过程中订立的协议；和(二)可在该法院所在国作为判决执行的协议；(b)已记录在案并可作为仲裁裁决执行的协议。”

〔2〕 臧天翔：《商事调解组织在多元纠纷解决中的实践探索》，载《人民法院报》2016 年 7 月 17 日，第 2 版。

纠纷解决机制的宣传及普及，让公众了解、熟悉除诉讼外的纠纷解决方式，同时加强多元化纠纷解决机制的信息化建设，通过搭建信息共享平台来高效解决纠纷。[1] 等到大众对商事调解有进一步的认识之后，商事调解就可以完全不依赖于法院或者仲裁机构的宣传了。并且在此基础上，我们也可以形成有中国特色的调解组织的品牌创建，加强宣传充分体现出自己的优势所在，让人们了解调解这一纠纷解决方式，为客户提供一个更好的选择。把调解打造成行业领先、用户满意、群众公认的一种方式，一旦调解在商事纠纷解决领域的重要地位无法被其他方式撼动，调解的品牌化也就形成了。

三、调解组织的专业化建设

（一）支持商事调解组织独立发展

《新加坡调解公约》第5条关于拒绝准予救济的理由中，规定了关于调解员的规则和披露义务以及调解协议的顺利达成的相关内容。[2] 其中，《新加坡调解公约》对于第三方调解人员给予了高度的关切，并进一步强调了调解员的公正性与独立性。基于我国2010年出台的《人民调解法》以及2018年出台的《关于加强人民调解员队伍建设的意见》相关规定，商事调解仍处于人民调解的框架下，若按照人民调解员的任职条件类推适用，则将限制我国调解组织组建专业化、职业化的调解队伍。[3]

《新加坡调解公约》生效将对未来五年内全国人大常委会立法规划造成影响，有助于商事调解立法提上日程，从而与《新加坡调解公约》形成良好衔接。《新加坡调解公约》要求调解员、调解组织应具有更高的专业性与市场化、职业化等特征，因此《新加坡调解公约》在我国的本土化实践中，将在强调商事调解不同于普适性的人民调解的语境中，帮助商事调解从人民调解中独立出来，从而为形成完备的调解人员培养制度以及管理机制提供土壤，

---

[1] 参见《厦门经济特区多元化纠纷解决机制促进条例》第70条规定："市、区人民政府、人民法院、人民检察院应当加强多元化纠纷解决机制宣传和普及工作，增进社会公众对非诉讼纠纷解决方式的理解。"第71条规定："市、区人民政府及其有关部门应当加强多元化纠纷解决机制信息化建设，完善信息共享平台，提高纠纷解决工作效率。"

[2] 参见《新加坡调解公约》第5条第1款规定："根据第4条寻求救济所在公约……未予披露，该当事人本不会订立和解协议。"

[3] 参见《人民调解法》第3章。

推动我国商事调解组织的专业化。

（二）完善机构调解与独任调解的调解方式

根据《新加坡调解公约》第 2 条对调解协议的定义，调解需要在第三人（调解员）的协助下进行，调解协议的作出主体包括两类：第一类是相关法人主体；第二类是相关的法律从业者个人。[1] 由此可见，《新加坡调解公约》并不对调解方式做出要求，这意味着调解协议并不只是出自机构调解，也同样适用于独任调解。机构调解指由任职于商事调解组织机构的调解员组成专门调解团队作为中立第三方进行调解；而独任调解指由争议双方当事人在意思自治的基础上，暂时性选出一位独立于调解组织（机构）的调解员作为中立第三方进行调解。通常独任调解具备相较于机构调解更为灵活的特性，且国际上普遍对两种调解方式都予以认可。

结合我国目前人民调解的类推适用以及商事调解组织行业的发展现状，国际商事调解员任职与培训机制仍处于探索阶段，形成高度专业化的调解团队目前仍比较困难，而国外调解机构已经发展到了一定阶段，原本可能寻求我国调解组织的帮助来解决国际商事纠纷的潜在客户，很可能转而被国外调解机构或独任调解员吸引。因此，在如今《新加坡调解公约》影响范围持续扩大的背景下，坚持机构调解效力承认机制将有损调解的灵活性，从另一层面也会在初期降低调解员的从业探索热情，从而制约我国商事调解组织发展。

《新加坡调解公约》在调解方式上表现出多元化的特征。这也为我国调解组织提供了一条发展新思路——鼓励独任调解员加入国际商事调解当中，充分发挥调解的灵活性与高效性，并在公开的市场化竞争当中激励调解员不断提升国际商事调解能力专业素养。这不仅能在很大程度上缓和当前国际商事争议数量急剧增加与争端解决缺乏高效率之间的矛盾，同时也将为调解组织进入高速发展轨道提供高水平人才储备。可以预见的是，在《新加坡调解公约》的影响下，独任调解与机构调解并行将成为我国商事调解行业的未来发展趋势，促进国内专业调解员队伍发展和调解组织行业的进一

〔1〕 参见《新加坡调解公约》第 2 条第 3 款规定：“‘调解’不论使用何种称谓或者进行过程以何为依据，指由一名或者几名第三人（‘调解员’）协助，在其无权对争议当事人强加解决办法的情况下，当事人设法友好解决其争议的过程。”

步发展。

(三)建立调解员资格认证模式与调解组织市场准入机制

国际社会上对于调解员资格认证模式的普遍做法主要有准入制和认证制两种。准入制偏向于强制性的规定,获得调解员资格必须经由政府部门许可,而认证制则为商事调解行业成立具有专业性的协会,制定对调解员的资质要求并进行职业资格认证与审查工作,调解员可以自由选择是否加入该协会组织,因此认证制更偏向于调解员的能力证明。商事调解的特点决定对于当事人需要充分尊重其意思自治的权利,表现在中立第三方调解员的选择上,则是强调灵活性,允许当事人自由选择第三方调解员。因此我国在以往实践中倾向于采取认证制度以保证商事调解的市场活力,但此次加入《新加坡调解公约》也许会带来新的变数。

《新加坡调解公约》第4条对于依赖于和解协议的要求的规定,将使国际商事和解协议直接获得执行,而执行的效力依赖于主管机关准予救济,这就要求调解协议若要获得国家强制力保证执行则必须通过公权力机关的审查、确认,至少是公示机关的公证,调解员的资格认证模式与调解组织市场准入机制受到公权力的制约与引导。[1] 因此,在《新加坡调解公约》实施后,我国需充分考虑执行机制因素。在建立调解员资格认证模式层面,或许需要暂时以较为保守的准入制来应对《新加坡调解公约》于国际商事和解协议的超前执行所给予国内原有法律秩序的冲击;对于调解组织的市场化,则由公权力加以适当的约束与引导,由政府部门牵头建立一套规范、合理的调解组织市场化准入机制,以期提供调解组织进入国际商事调解市场的合法性。这将有助于我国现有的调解组织优化自身结构管理、提升调解工作水平,进而推动商事调解组织专业化进程。

(四)助推设立统一的调解员任职资质标准与职业行为守则

目前,虽然我国部分调解组织已经制定其调解员任职资质标准和调解

[1] 参见《新加坡调解公约》第4条规定:"1. 当事人根据本公约依赖于和解协议,应向寻求救济所在公约当事方主管机关出具:(a)由各方当事人签署的和解协议;(b)显示和解协议产生于调解的证据,例如:(一)调解员在和解协议上的签名;(二)调解员签署的表明进行了调解的文件;(三)调解过程管理机构的证明;或者(四)在没有第(一)目、第(二)目或者第(三)目的情况下,可为主管机关接受的其他任何证据。"

职业守则，然而在国际化、专业化方面仍然存在许多可完善之处。例如，上海经贸商事调解中心《调解员守则》和上海金融商事调解中心《调解守则》中包含“在商言商”“和气生财”等中国化内容的语境，虽然此类“中国”色彩浓重的规则在某种程度上弘扬了中国传统优秀文化，但与此同时可能造成外方当事人的理解与沟通不畅。[1] 总体来看，我国调解组织未能建立统一的调解员任职资格标准和职业行为守则，在各自为政的局面中也未能提升机构的专业水平。《新加坡调解公约》第5条[2]关于调解员违反调解准则之规定为救济国法院提供了拒绝提供救济的正当理由与法律依据，这将对我国调解组织调解员职业守则专业化、标准化、国际化提出要求，即一位调解员无论是出于哪种调解员身份进行调解、无论来自何调解组织（机构），都应该受到相同标准的任职资质和职业行为守则约束，提供当事人相同品质的高质量调解服务，从而保证国际商事调解的正当性与国际商事争议的当事人选择我国调解解决争议的积极性。

因此，《新加坡调解公约》的签署实施将作为一剂强心针，为我国调解组织形成统一的调解员任职资格标准和职业行为守则提供信心与方向，促进调解员职业守则的专业化、标准化、国际化，同时有利于形成国际商事调解市场一体化的局面，使得国际商事争议当事人体验到高品质、高满意度的调解服务是有相应制度性保障的。与此同时，《新加坡调解公约》的缔约过程中所展开的国际交流，也为我国改善发展现状提供了国际先进经验。我国可以将国际调解协会的《调解员职业守则》作为蓝本，参考借鉴新加坡的SIMI和我国香港特区的HKMAAL等优质调解认证机构的规定，吸取调解组织（机构）制定调解员职业守则相对成熟的经验，形成统专业化、标准化、国际化的调解员职业守则范例，以供各类国际商事调解组织选用。

同时，我国需形成系统的调解员评估制度，将调解员对调解员职业守则的遵守情况与其资格认证审查情况连接起来，若发现调解员有违反职业守

---

[1] 参见上海经贸商事调解中心《调解员守则》第4条规定：“调解员应当引导当事人在互谅互让的基础上，秉承‘在商言商、以和为贵’的精神，逐步减少分歧，达成和解协议。”上海金融商事调解中心《调解守则》第4条规定：“调解员应当引导当事人在互谅互让的基础上，秉承‘互谦互让、和气生财’的精神，达成和解协议。”

[2] 参见《新加坡调解公约》第5条第1款（e）项规定：“调解员严重违反适用于调解员或者调解的准则，若非此种违反，该当事人本不会订立和解协议。”

则的情形，应当视严重程度给予相应的处罚。由轻到重可以处以口头警告、书面警告、暂时性乃至永久性取消调解员资格认证等惩处措施，从而扭转目前评估机制仅仅构成对调解员的道德要求而不具备实际约束的局势。

（五）推动国际商事调解专业人才资源培养

调解员的个人性格、专业水平、调解知识、过往经验都对调解有不可或缺的决定性意义。与诉讼、仲裁、和解的争议解决途径不同，调解不以当事人的意志为转移，能否有效达成一个调解协议，很大程度上取决于调解员或调解机构的智慧和说服能力。由此，《新加坡调解公约》对于国际和解协议达成提出了“高质量”调解的预期，这也对于第三方调解员提出了隐性的要求。《新加坡调解公约》施行背景下，要求调解员不仅应该具备外语能力、跨文化沟通能力与丰富的国际商事经验，同时应熟悉相应的国际贸易法律，此外还要对不同国家不同法系、当事人所处文化背景有一定的了解，否则，调解员协助达成的调解协议很难保证双方当事人都能接受。因为大多数的国际商事纠纷的复杂程度远远超过国内商事纠纷，对于调解员的知识储备和专业素养的要求也就更为严苛。而在我国以往侧重民事调解的背景下，对于国际商事调解发展程度相对较低，即便在代表我国专业化素养最高的法官队伍当中，能够符合《新加坡调解公约》对于调解协议“国际性”标准要求的调解员的数量也并非充足。但随着《新加坡调解公约》的签署实施与“一带一路”的推进，我国跨境贸易将面临大量的调解案件，市场需求将迫使我国调解组织解决目前国内相关国际商事调解人才资源建设方面高素质调解员不足的短板，《新加坡调解公约》将作为压力与源动力推动我国调解组织对国际商事调解专业人才的培养。

因此，调解组织专业化建构下一步将着眼于国际商事调解人才资源的培养，为《新加坡调解公约》在中国国内实施奠定相应的人才基础，以确保相应的机制能够发挥应有的效果。此外，《新加坡调解公约》为我国商事调解组织搭建了优质的国际交流平台，也为我国商事调解员的资格认证与专业培训提供了较为成熟的相关做法经验作为参照，如我国香港特区设立“调解员培训认证制度”以培养相应的商事调解人才。而新加坡则出台《调解法案》从法律层面对调解员认证资质问题进行规制，赋予新加坡调解协会对调解员拥有一定的管理权限，使调解员一定要通过该组织的知识和技能评估、参与相关案件以积累相应经验等。在葡萄牙，司法部的批准是开办调解员培训课程的必经程序，同时《葡萄牙调解法》对获得调解员资格所设置的前提是参与培训课程达到140小时以上，以公权力限制国际商事调解的准入门槛，以提高从业调解员的专业化程度。这些均为我国调解组织对于培养调解专业人才资源提供了新思路。

（六）建立“调”“仲”“诉”对接的复合式争议解决机制

调解与仲裁都是实践中常见的多元化纠纷解决方式。考虑到调解的特点与优势，通常商事纠纷当事人会选择调解作为纠纷解决的第一顺位，但如果纠纷当事人双方中有一方拒绝通过调解处理纠纷，或者调解未能达成合意，就需要尽快寻找其他解决方式处理纠纷。与此同时，当事人双方在调解过程中达成的和解协议并非都能顺利完成执行，若发生一方当事人不愿意配合执行协议时，就需要与法院衔接来协助其进行强制执行。《新加坡调解公约》的出台为“调”“仲”“诉”对接的复合式争议解决机制的发展提供了良好的机遇。《新加坡调解公约》对国际商事调解协议的执行与救济程序作出了相应规定，而调解与诉讼、仲裁对接能够为国际商事调解协议的司法执行提供法律制度方面的保障，有望成为辅助《新加坡调解公约》在我国落实的调解机制。根据《最高人民法院办公厅关于确定首批纳入“一站式”国际商事纠纷多元化解决机制的国际商事仲裁及调解机构的通知》的规定，五家国际商事仲裁机构以及两家国际商事调解机构被纳入“一站式”国际商事纠纷多元化解决平台，将在国际商事调解领域发挥重大作用。[1] 此外，最高法还发布了有关国际商事法庭程序与专家委员会工作规则的规范性文件，这代表诉讼与仲裁、调解有效对接的“一站式”国际商事纠纷多元化解决平台成立，目前处于运作状态，也佐证了“调”“仲”“诉”对接的复合式争议解决机制的合理性与可行性。[2]

在《新加坡调解公约》影响下，我国调解组织将在未来发展中进一步完善争端解决机制的对接，大力推进与商事法庭、仲裁机构共同处理纠纷的工

---

〔1〕 即中国国际经济贸易仲裁委员会、深圳国际仲裁院、上海国际经济贸易仲裁委员会、北京仲裁委员会、中国海事仲裁委员会五家国际商事仲裁机构，以及中国国际贸易促进委员会调解中心、上海经贸商事调解中心两家国际商事调解机构。

〔2〕 参见《最高人民法院国际商事法庭程序规则（试行）》《最高人民法院国际商事专家委员会工作规则（试行）》。

作,充分利用“一站式”国际商事纠纷多元化解决平台,互相配合,使调解协议被高效执行以及商事纠纷获得圆满解决。

四、调解组织的市场化建设

(一)积极争取国内和国际调解市场

当前国际贸易往来频繁,尤其近几年全球一体化进程加快,跨国贸易的交易量呈现“井喷式”增长。我国作为世界贸易体系中的一员,随着经济的迅速发展,商业主体的数量也与日俱增。但是与此同时,国际和国内的贸易纠纷也越来越多,不仅纠纷案件数量递增快速,其类型也呈现复杂多样的趋势。商事调解组织作为多元化解决纠纷机制中调解一环的重要主体,应该充分发挥其在解决商事纠纷中的优势,为商事纠纷当事人排忧解难。

我国调解组织基本都经过正规审核和认证,目前呈现多元化的形态,具备良好的技术条件、夯实的财政支持以及专业能力较好的调解人才,若能够发挥好调解组织的特点及优势,不仅可以促进纠纷的有效解决、保障当事人的合法权益,降低当事人的维权成本,维护社会的公平正义,还将会大幅降低法院对于国际商事纠纷原本所需要承担的工作量,优化司法资源分配。《新加坡调解公约》出台的根本意义就是要通过这样的国际公约推动商事调解在各国的普遍应用。我国的调解组织面对新的规则理念的出现,要利用好此契机,充分研究市场环境,比如哪种类型的纠纷更倾向于调解,哪种类型的当事人更愿意选择调解。实践中,一些企业可能会因不想失去自己的市场而不愿意通过诉讼或者仲裁的方式来解决纠纷,此时可以转而选择调解来重建当事人已中断的沟通,在中立第三方的协助下彼此交流面临的问题。调解员可以引导商事纠纷当事人权衡利弊得失,最终做出符合自己利益的判断,达成和解协议,重新建立合作关系。若遇到不适合通过调解处理纠纷的情形,商事调解组织也可以为双方当事人进行专业的法律咨询。这样为适合调解的纠纷进行调解,为不适合调解的纠纷提供新的纠纷解决方向,不仅可以扩大自身的信誉,还可以吸引潜在的客户,提高自己的市场占有率。《新加坡调解公约》的出台使各国商事调解组织积极争取国际调解市场,我国的调解组织也要推动自身的国际化,不断提高专业水平和服务水准,以占领更多的市场。然而在争取国际调解市场时,要注意各缔约方之间的文化差异。在不同文化背景下,人们对于商事争议的看法可能不同,对待不同纠纷解决方式的态度也会不同，比如西方人更多的是“利益主导型”的争议解决取向，更倾向于维护自己的权利和利益；东方人更多的是“关系主导型”思维，更倾向于维系双方友好的合作关系。所以商事调解组织在调解过程中，要注意差异化，避免出现交流模式上的不同或者沟通上的障碍引发更大的冲突。[1]

（二）加强多元化纠纷解决机制信息化建设

信息化建设主要是指商事调解组织运用现代信息技术进行组织架构、人员管理的过程。随着当今互联网技术的快速发展以及高端通信设备不断投入应用，加强我国商事调解组织信息化建设是我国商事调解组织实现高效持续发展、提高市场竞争力、抢占市场份额的必要条件，应抓住《新加坡调解公约》生效的大好时机，大力推进“互联网＋公共法律服务”。

调解组织的信息化建设是市场化建设的重要途径。法院的信息化建设已经初见成效，比如2020年7月莲湖法院与杭州智法共同合作建立起了预收案管理系统，在诉前调解工作方面依照案件各自法律关系、纠纷类型分流至法院及各类调解组织，整个案件接收处理的过程，以及办案节点都有明确的记录。该系统可以做到对于诉前调解案件的全流程信息化管理，针对目前诉前调解案件难以快速查询，以及处理情况无法即刻掌握的问题作出了解决，为纠纷当事人提供极大的便利，有效协助诉前争端化解。我国商事调解组织可以借鉴法院开发信息化收案管理系统的成功经验，建立起调解组织案件管理系统，助推信息化建设，提高调解组织处理案件的效率，保障纠纷解决的速度及清晰度，进一步获取社会名誉度和信誉，发展调解组织市场化建设。目前我国商事调解组织非常关注自身的信息化建设，中国国际贸易促进委员会，即中国国际商会调解中心（以下简称贸促会），作为我国最早成立、最大规模的商事调解组织，设立的贸促会分/支会调解中心已经遍布全国各地，在全国范围内建立起了一张巨大的调解网络。上海经贸调解中心也成立了浙江（嘉善）分中心、船东协会分中心等调解网络，进一步扩大了调解组织的社会影响力和市场影响力。我国商事调解组织要进一步扩大市场认可度、选择度。对此，有学者提出观点，调解组织市场化建设应当充分

---

[1] 参见王钢：《论文化差异在国际商事调解中的表现及影响》，载《西北大学学报（哲学社会科学版）》2009年第4期。

利用现有的人民调解组织网络，实现公益免费性调解和市场收益性调解之间的融通，这不失为一种市场化建设的好方式。[1]

除了地理上建立调解网络，还可以通过调解组织联网等方式，实现调解案件的统一管理，努力打造覆盖业务面广、功能健全的国际综合性法律服务网络平台，为商事纠纷当事人提供普惠、快捷、高效的调解服务，将互联网工具嵌入法律服务平台，以技术解决距离远、案件复杂等国际商事调解中遇到的问题，提升信息化水平，这值得期待。很多市场化的自发产生的商事调解，比如在阿里巴巴、京东等电商平台的电子商务中嵌入在线的纠纷解决机制，也是非常好的尝试和实践。调解组织还可以通过开设系统、专业培训，使调解员对新时代信息化建设有更清晰的思路和方法。现代信息发展非常迅速，很多信息发展手段非常先进，我们可以借鉴先进的信息技术发展做有用的法律服务，深度了解当事人解决纠纷的需求，解决纠纷当事人真正的问题。

（三）促进调解组织经营和发展模式的转变

调解组织的发展受市场经济的影响，又会反作用于市场经济，对于市场经济产生重大影响。调解组织相对于其他纠纷解决方式来说，强调自愿原则、重视商业信誉、注重风险管控，对商业秘密绝对保密，因此越来越成为商事纠纷当事人倾向于解决纠纷的一大重要方式。我国商事调解组织目前是公益性非营利性组织与营利性组织共同发展的局势，加强调解组织市场化建设就应该允许多种组织形态的存在。《新加坡调解公约》的出台为国际商事纠纷和解协议的达成及司法执行提供了新的可能性，也为世界各国的调解组织建立了优质的平台交流经营和发展模式的经验。

加强调解组织的市场化建设，可以通过转变解决纠纷观念和发展模式来改变。学术界在讨论，实践中在践行，建立“多元化纠纷解决机制”的呼吁，调解从原来边缘化变得核心化，人们的思想观念、企业解决纠纷的方式也多多少少受到了影响。对于商事调解组织自身来说，这不仅可以维持自己原先的经营模式，也可以以改革为方向，以转型促发展。比如上海经贸商事调解中心是我国第一家民非性质专业从事商事纠纷调解的机构，能够较好地与国际接轨，其市场化机制经营和发展模式非常接近西方国家调解组

〔1〕 参见周建华：《论调解的市场化运作》，载《兰州学刊》2016 年第 4 期。

织公司化运营的模式，自收自支、自负盈亏，主要经费来源包括业务收费和接受捐赠，所有的收费项目和标准都经上海市物价局备案并且向社会公众公开。商事调解组织开展公司化经营，通过募集社会资金成立，参照现代公司制企业的内部架构以及运作制度进行运转，调解员在为纠纷当事人提供调解服务后收取相应金额的报酬作为组织基本的经营内容，以形成可持续发展的模式，进而拓展市场化建设。调解行业中如果存在两类调解组织——非营利性和营利性的平行发展，也不失为一件好事，竞争与合作是互补互济的，相互为用的，在市场经济条件下，竞争更可以促进商事调解组织的进步。

上海经贸商事调解中心在发展过程中还通过为中小企业提供法律服务来加强市场化建设，例如，专门设立小微企业法律援助专项基金，组建专业法律服务团队为中小企业服务。这些举措为中小企业带来了福利，也能够扩大调解组织的市场影响力，发展市场化建设。“不积跬步无以至千里，不积小流无以成江海。”商事调解组织的市场化建设并非能够一蹴而就，重要的是把握机会，利用好《新加坡调解公约》生效带来的国际调解交流平台，吸取国际调解组织相对成熟的经验，可以在自身发展状况和社会环境的基础上，尝试转变自身的运营和发展模式为公司化，不断积累、探索，应当可以建设出适应我国国情，具有市场影响力的中国特色国际商事调解组织。

（四）建设一体化的市场调解机制

我国社会主义市场经济处于快速发展阶段，国际及国内民商事贸易在日益增长，在此多重局势下，市场化调解机制作为一种新型的商事纠纷解决方式应运而生。调解组织大多是无偿的，当事人无须支付调解费用，但调解组织的市场化也意味着调解呈现有偿性的特征，当事人若需要获得调解服务应当给付相应的报酬，调解的组织不再是法院或公益性服务机构，而是商业化管理的营利性组织。调解的供需及服务价格均交由市场来决定和调整，调解组织应当着眼于为当事人提供专业的调解服务提高市场认可度，进而吸引到调解的案源。与此同时，调解员通过自身的工作能力获得相应报酬，容易产生自我激励和提升动力，甚至还可以通过此方式提高服务价格。

除商事调解组织所提供的调解外，中国市场化调解还有律师调解以及行业调解。商事调解组织的调解虽然近几年才迅速发展，但也已经形成了比较完整的体系和统一的规则或标准，而律师调解、行业调解的状态较为零散,并没有合作关系,更加缺乏公信力。不过我国近几年也有开始注意到律师调解和行业调解的发展问题。以律师调解为例,中共中央办公厅、国务院办公厅在2015年出台的《关于完善矛盾纠纷多元化解机制的意见》中明确规定要建设优化律师调解制度,提高律师对于重大疑难的纠纷处理的参与度,并加以规范。最高人民法院、司法部在2017年10月出台了《关于开展律师调解试点工作的意见》,尝试对律师调解进行规范。上述两份意见都不是非常完善,对律师调解的规定不够完整。在我国,每个调解组织都有自己的调解规则,如果律师调解可以拥有自己的调解规则和聘任标准,或者将调解组织中调解员的聘任标准增加到律师调解中,律师调解将会发挥更大的作用。[1] 社会纠纷复杂化必然会导致调解的市场化的局面,而调解市场化是调解发展到一定成熟阶段的显著标识。调解组织需要整合机构调解、律师调解和行业调解,形成一体化的市场调解机制。

第三节 《新加坡调解公约》对我国调解员的影响

一、调解员资质与认证要求影响

(一)调解员统一资质要求与认证制度缺位

我国《人民调解法》将人民调解委员会定性为调解民间纠纷的群众性组织,并不强调调解员的专业资质。虽然在2018年4月司法部等六部委联合发布了《关于加强人民调解员队伍建设的意见》,其中细化了人民调解员的选任条件,要求民政部门会同人力资源社会保障部门把人民调解员纳入社会工作专业人才培养和职业水平评价体系,但是其标准仍然是非常低的,不足以满足日常调节特别是国际商事调解的要求。

在我国法院调解的程序中,针对诉至国际商事法庭的国际商事案件,采用诉讼、仲裁、调解三种有机融合的方式处理。即允许当事人选择符合规定的调解机构进行调解,双方达成合意后,可以请求法庭制发调解书或者判决书。从字面意义去理解,此不失为具有中国特色的一种良好的解决国际商事问题的方法,但是在实务操作过程中存在诸多问题。比如,首先,法院的

---

[1] 参见唐琼琼:《〈新加坡调解公约〉背景下我国商事调解制度的完善》,载《上海大学学报(社会科学版)》2019年第4期。

参与使此种方式带有司法性质,可能使不愿启动司法程序的当事人心生顾虑;其次,纳入规定的几家调解机构各自的调解员与调解制度的标准存在差异,使调解结果的稳定性难以得到保障。

一名合格的国际商事调解员除了应具备基本的调解技能与素质,还需具备良好的外语能力、国际相关信息整合能力,特别是对于不同国家文化与法律背景的整合。调解的目的是化干戈为玉帛,所以调解员的职责就是设身处地为双方当事人着想,换位思考。只有充分了解当事人的需求与内心想法的前提下,才有更大的可能使双方释放出积极的和解信号。

商事调解员的资质认定是一个国家调解制度的关键。奥地利采用的是注册制度,注册名单由本国司法部管理。[1] 亚洲地区,特别是我国香港特区与新加坡两地近年来就调解员资质认定推出多项创新规定。2010 年我国香港特区发布了《调解工作组报告》,其中指出我国香港特区应该从调解监管制度、调解员资质认定与培训、调解的公开性这 3 个方面构建调解制度。特别是在调解员的培训与认证方面,我国香港特区大律师公会、我国香港特区律师会、我国香港特区调解中心、我国香港特区国际仲裁中心于 2012 年 8 月联合发起设立了我国香港特区调解资历评审协会有限公司(HongKong Mediation Accreditation Association Limited,HKMAAL)作为我国香港特区唯一的调解员认证机构。HKMAAL 将调解员分成两种,"一般调解员"和"家事调解员"。新加坡关于调解员资质的规定集中体现在《调解法 2017》与《调解规则 2017》两部法律法规中。指定新加坡国际调解协会为唯一调解员资质认定机构。并且将申请人先前的调解经验与必要知识技能储备作为认证的基本要求。以上国家与地区调解制度发达的基础是完善的调解员认证与培养机制,如果要提高国际上市调解的服务水平,必须要建立健全更高水平的调解员认证培养机制。

(二)调解员资格认证模式的建构

调解员的资格认证模式可以分为两种——准入制和认证制。所谓准入制是指设立专门的调解准入机关,在得到该机关许可前不能从事调解事项,具有一定的强制性,而认证制下从事调解业务不需要具有一定的门槛,从业

---

[1] Marianne Roth, Marianne Stegner. *Mediation in Austria*, Yearbook on International Arbitration 3,2013,p. 367 - 378.

职可以选择通过某调解工会或组织的认证，表明自己的调解水平符合该组织的调解员资质标准，属于一种能力证明。准入制与认证制各有优势，目前美国主要采用认证制，但在实践中亦有准入制的逻辑存在，比如部分州的法院规定该院案件只提交给获得调解资质证书的调解员；[1]欧盟国家则多数采取准入制。

对于《新加坡调解公约》而言，其更适合于准入制。虽然认证制更有利于保护当事人的自由选择权，但是对于公约中约定的和解协议的可直接执行性质有所不妥。换一种角度来看，公约所约定的此种执行力对公权力机关的要求要比一般民事调解程序更高。调解完成后所达成的和解协议要想获得直接的执行力需要得到公权力机关的确认与认可，出于保守的态度，为了得到这种认可与确认，调解机构必须严把调解员资质的关口，提升调解的质量获得公权力的信赖。因此，准入制才更适合我国加入《新加坡调解公约》后的调解员资质管理制度。具体而言，我国可以在商事调解立法中增设调解员的任职标准，并根据纠纷类型来设立特定的标准，如国际商事调解员相较于普通商事调解员应有更为严格的任职标准。

调解是一项复杂且细致的工作，其结果受很多因素影响，比如调解员的专业水平，语言艺术，甚至人格魅力等。[2] 为了更好地完成调解工作，各国对调解员的基本要求是一致的，首先不能有犯规记录，其次要有足够的专业知识，具备基本的学历等。但是对于高学历各国要求不尽相同。欧盟国家较为看重调解员的学历水平，认为高层次的人才可以从更多的知识储备方面完成当事人所需要的调节任务。理论上讲确实如此，更高的受教育水平可以帮助当事人双方解决更深层次的纠纷。但是不能忽略的一点是调解不只需要专业知识，很大程度上纠纷双方矛盾的关键不是专业问题，而是利益纠葛。此时调解经验对调解员而言就显得尤为重要。在商事实务中，应该更加注重实事求是，把解决问题的能力放在首位，资历深厚的业内专家往往比象牙塔中的教授更容易让当事人信服。所以我国在制定调解员制度是不能将学历放在硬性规定的标准内，应当留有适当的转圜空间。同时可以将考试作为筛选调解员基本知识的重要方法。

---

〔1〕 齐树洁：《德国调解制度》，载《人民调解》2019 年第 1 期。

〔2〕 黄进、宋连斌：《国际民商事争议解决机制的几个重要问题》，载《政法论坛》2009 年第 4 期。

加之上文所述,我们可以归纳出国际商事调解员的几点基本要求:扎实的国际商事知识储备、丰富的国际商事调解经验、熟练的调解技巧。要达到上述标准,调解员必须经过系统的培训才能满足国际商事调解的要求。

二、调解员职业化发展影响

(一)由专业化发展到职业化

复杂的商事调解需要更高水准的专业性调解员。现阶段,我国人民调解体系中,对于调解员的一般要求很难适应当下高水平的国际商事调解需求,规定过于模糊。如果在一般民事调解体系中培养国际商事调解员,不具有操作价值。

《新加坡调解公约》体系下,我国主管机关需要对国际商事和解协议进行比普通商事和解协议更多的必要审查,其中调解的程序合法性是必不可少的一部分。规范且严谨的调解员制度是得到法律认可的和解协议的前提,也是国际商事和解协议在我国获得直接认可,快速执行的重要审查指标。在《新加坡调解公约》进一步深化的过程中,如果不尽快加强我国国际商事调解员培养,势必会落后于世界主流,将国际商事调解的话语权旁落入别国之手。国际商事调解员不但要具备一般调解员的基本素养,同时要有良好的外语技能与国际思维。语言是沟通的桥梁,国际思维是灵魂。

调解员职业化是专业化的必然发展方向。通常认为,调解员的专业培养包括两个阶段:一是专业教育;二是职业教育。前者是后者的基础,后者是前者的延伸,两者缺一不可。专业化强调的是调解员的技能水平,职业化强调的是调解员的权威性与话语权。调解员可能面对的纠纷领域是方方面面的,俗话说隔行如隔山,专业性不强很难很好地解决当事人的调解需求。在具备专业化知识储备的同时,调解员还需具备一定的专业化技巧,诸如商事规则、谈判心理学、社会民俗、人伦常识等。可以说调解员的专业化教育是职业调解员的上岗必备素养,要想真正达到职业化,还应该通过职业教育。而职业培训可以为岗前培训和岗后培训。岗前培训可以由资格认证的方式来把关。可以进行类似于国家司法考试那样的统一高级别的全国调解员资格考试,成为调解员入行的敲门砖。岗后培训可以由人民法院指导、由各地司法行政机关牵头,结合基层社会组织、团体的力量,发挥各个法学院校的专业优势,提供定期的实习、见习和培训,培养能将所学专业知识运作于现实,注重实际操作技能训练的调解员队伍。

针对上述调解员的专业化、职业化培养规划,我国需要建立调解员职业化发展的长效管理机制。长效管理机制应该包括考评机制、发展机制、退出机制以及淘汰机制。并且根据纠纷的复杂程度、涉及受理纠纷金额大小,制定更为细致科学的调解员分级体系。在统一的规章制度下,全方位、成体制地培养、管理我国调解员队伍。[1] 在建立健全完整的调解员培养管理制度的同时,更要激发调解员的职业生命力做好职业发展管理。从宏观的角度来看,调解员职业发展主要依托两个方面:一方面是社会化的职业资格认证及其维护机制,具体做法是构建多层次的培训网络,制定不同类型的培训计划,举办经验交流、现场观摩、远程视频教学等多种方式,努力提高调解员的解纷能力。另一方面则由司法行政机关主导,在综合考评调解员专业素养的基础上,选拔优秀调解员进一步实现精细化、高端化发展,实现调解员基础性人才与高端人才的分层次培养。最后,调解员的退出机制也要得到充分重视。要在调解员行业内形成能者上庸者下的竞争风气。可以根据工作业绩考评情况,对不适应高等级调解纠纷的调解员适当下调其适任等级,禁止其从事国际商事调解这类复杂的纠纷;对于出现明显工作失误或工作态度不端正的调解员给予必要的惩罚措施。

目前,我国职业环境下还未对调解员这一职业形成统一的共识。大部分调解员还处于兼职的状态。为了能使这一职业群体有更高的自我职业认同感,必须切实推动推动调解职业化发展。首先,应当保证调解员的职业稳定性,不能成为"背锅侠",在确保调解员有客观独立的工作环境的前提下,更应保护这一职业群体的自身权利和社会地位。其次,尽量保证调解员付出回报成正比,逐渐引导大众不再将调解员当作做好事的"和事佬"而是提供调解服务的职业者。现阶段我国的调解组织多为半事业单位性质,很少有专门的类似于律师事务所这类盈利单位,故而要提高调解员的待遇,保障他们拥有良好的生活供给与职业前景,应该先由当地政府财政及社会团体共同解决。而随着调解职业化程度提高,事务所的调解经营模式会逐步取代现今事业性质的调解组织,使调解过程受到市场调解,保证调解员的调解报酬水平。最后,调解员工作是通过说服劝导等柔性方式进行,他的工作对

---

[1] 等级评定可以参照法官、检察官职业评定等级一样,构建特级调解员、一级调解员、二级调解员、三级调解员梯队,形成一个完备的调解员队伍职业群体。

象是形形色色的纠纷当事人。这种特性导致他会承受大于常人的风险,这种风险有人身方面的,也有心理健康方面的。鉴于此,要重视调解员的人身安全与心理健康,要形成一种长期性、常态性、普遍性的保障制度,保持调解员群体的持续性、稳定性。

(二)确立统一化、国际化的调解员职业守则

如上文所述,《新加坡调解公约》中规定如果调解人严重违反适用于调解人或调解的准则,并且这种违反是当事人达成和解协议的重要因素,当事方主管机关可以拒绝承认和解协议的协议并且拒以执行。所谓准则在《新加坡调解公约》起草过程中,“准则”(standards)一词的理解多有歧义。[1],最终公约并没有对此概念进行明确的定义,留待联合国国际贸易法委员会进一步立法。纵观《新加坡调解公约》的立法过程,凸显了“适用于调解人或调解的准则”这一原则性概念。在该问题上,既有在联合国国际贸易法委员会层面形成国际性法律文件之必要,也有在各国层面制定法律或专业协会行为守则之必要。

《新加坡调解公约》所述的调解员准则在各国的实践中也有所凸显,并且做了积极的探索。[2] 我国香港特区在《香港调解守则》中规定调解员的义务应涵盖以下几个方面:公正、中立、公平、充分、有效。例如,我国香港特区唯一的调解员认证机构的 HKMAA 要求其认证调解员必须遵守该守则,对于违反守则的调解员适用投诉与惩戒机制,如果最终认定被投诉的调解员有不当行为,HKMAA 有权接触该调解员的认证资格。而新加坡国际调

---

〔1〕 在第二工作组第六十六届会议上,有代表要求澄清“准则”一词的范围和含义。对此有三种意见:一是准备工作文件或随附公约的任何解释材料可提供适用准则的例子,不仅应当提及不同类别的准则,还应当提及这些准则所含的要素,如《国际商事调解示范法》第6条第3款及其《颁布和使用指南》第55段提到的独立性、公正性、公平对待以及保密性;二是在文书案文中保留这些概念;三是建议 UNCITRAL 单独编写一份调解人行为守则。参见第二工作组(争议解决)第六十六届会议(2017年2月6日至10日,纽约)工作报告(A/CN.9/901,第87段)。

〔2〕 Jonathan Crowe. *Mediation Ethics and the Challenge of Professionalisation*, Bond Law Review 5,2017,p.5-14.

解协会(以下简称 SI－MI)也制定了《SIMI 调解员职业守则》。[1] 该守则规定:SIMI 调解员在从事调解工作前必须选择某一既定的调解守则,并且将所选择守则告知纠纷当事人,如在调解工作开始前尚未明确选择,则默认适用《SIMI 调解员职业守则》。为增强该守则对调解员的约束力,SIMI 通过《SIMI 调解员职业行为评估办法》约束调解员的执业行为。纠纷当事人可以据此对调解员进行投诉,被认定存在违反职业守则行为的调解员将面临相应惩罚,包括书面警告、暂停 1 年 SIMI 资质、永久取消 SIMI 资质等不同程度的处罚。对比上述两处国际知名调解机构,我国部分调解机构虽也已制定了自己的调解守则,但其内容与国际化水平尚有欠缺。例如,上海经贸商事调解中心,其《调解员守则》第 4 条规定:"调解员应当引导当事人在互谅互让的基础上,秉承'在商言商、以和为贵'的精神,逐步减少分歧,达成和解协议。"

如果我国法院在认定和解协议时认为调解员在调解程序中作为有所不当,影响了和解协议的效力,在当下商事调解基本法缺位以及调解员职业行为守则不到位的情况下,很难于法有据地认定该调解协议无效拒绝执行。此种情况造成了一定的司法不确定性,从而会影响我国调解机构对国际商事纠纷当事人的吸引力与积极性。

---

[1] 《SIMI 调解员职业守则》原则上要求调解员符合 SIMI 调解员认证的标准,并具备处理特定案件的能力。具体来说,守则的要求涵盖四方面。第一,调解员自我营销的相关信息真实,不具有误导性。第二,调解员应在接受调解任命前告知当事人:调解员的背景和经验,SIMI 调解员应遵守的行为守则,当事人认为调解员的行为不符合守则要求时的处理程序,各方当事人在调解程序结束时将被邀请就调解过程及调解员所发挥的作用进行书面反馈,经请求告知当事人自己是否有职业责任保险的保单;可能影响调解员独立性、中立性或公正性的信息,以及可能与调解相关的利益冲突之信息。第三,调解员应以独立、中立及公正的方式行事;如在调解过程中产生了影响调解员独立性、中立性、公正性或者与有关主体利益冲突的新情势,则调解员应尽快告知各方当事人,并提议退出调解程序,非经调解各方当事人一致同意,调解员不得继续该调解程序。第四,调解员应确保当事人对调解程序有充分、准确的认识(如调解程序的特点、调解员的职责、当事人随时撤出调解程序的权利),确保当事人在程序中有提出问题以及被聆听的机会,并负有确保调解公正进行的其他程序性义务。

第四节 《新加坡调解公约》对我国调解程序效力与执行的影响

我国是《新加坡调解公约》的首批签署国之一,虽然我国尚未完成国内批准程序,该条约对我国尚未生效,但该公约的签署对我国调解程序及效力与执行产生深远影响。

一、调解程序方面

《新加坡调解公约》是国际商事调解制度发展的重要成果之一,反映了调解在国际商事争议解决中的适用需求与前景。而该公约对中国现行的调解程序方面的影响,主要体现在对仲裁中调解模式及个人调解机制的影响两个方面。

(一)对仲裁中调解模式的影响

仲裁中调解是仲裁机关受理案件后,在查清事实分清是非的基础上,在双方当事人自愿的前提下对双方当事人进行说服教育,促使双方解除分歧,达成协议、解决争议的活动。调解不是所有案件都必须经过的程序,是否采用调解方式解决,取决于案件的具体情况和双方当事人的态度。目前,法院的诉讼程序或仲裁以外的调解达成后,一方不执行的情况下,请求执行的一方在得到法院的违约判决后,必须根据违约判决向法院申请强制执行,其过程非常曲折,耗费物力人力。《新加坡调解公约》允许请求执行和解协议的当事人在和解的基础上达成协议,并依协议向缔约方的法院提起诉讼,届时将根据缔约方的程序规则及新加坡条约规定的条件执行和解协议。《新加坡调解公约》不适用于被登记并作为仲裁裁决执行的和解协定的执行。因为这样的和解协议属于《纽约公约》的专属管辖范畴。

在仲裁中调解模式下,调解成功的有三种结案方式:请求仲裁庭依据调解协议制定调解书;请求仲裁庭依据调解协议制定裁决书;撤回仲裁申请。[1]

---

〔1〕 蒋一鸣:《仲裁中调解模式研究》,华东政法大学2019年硕士学位论文,第10页。

《纽约公约》第3条规定,[1]各缔约方应承认仲裁裁决具有拘束力,并且依照援引裁决地的程序规则和下列各条所规定的条件执行。承认或执行适用本公约的仲裁裁决时,不应比承认或执行内国仲裁裁决附加更加过于苛刻的条件或收取过多的费用。即当事人请求仲裁庭根据仲裁协议制定裁决书的,裁决书不仅可以作为申请法院强制执行的依据,还可以作为向《纽约公约》的缔约方提出申请强制执行的依据;然而《纽约公约》的调整范围是仲裁裁决书,因此当事人请求仲裁庭根据仲裁协议制作调解书的,调解书虽可以作为申请法院强制执行的依据,但不能向《纽约公约》缔约方申请强制执行;当事人在达成调解协议后,撤回仲裁申请的,依据我国现行法律没有申请强制执行的效力。《新加坡调解公约》第3条第1款规定,[2]本公约每一当事人应按照本国程序规则并根据本公约规定的条件执行和解协议。因此,当事人请求仲裁庭,根据仲裁协议制定调解书或撤回仲裁申请时,应适用《新加坡调解公约》的调整。

(二)对个人调解机制的影响

根据《新加坡调解公约》第2条的规定,[3]调解是指由一名或者几名第三人(调解员)协助,在其无权对争议当事人强加解决办法的情况下,当事人设法友好解决其争议的过程。因此,《新加坡调解公约》不限制调解员的数量,调解既可由一人主持,亦可由几人主持,且达成的国际商事调解协议均有跨境执行的效力。《新加坡调解公约》承认机构调解也承认非机构调解。然而,目前我国的立法只规定了常设机构的调解,个人调解的法律效力尚未得到正式认可。长期以来,我国调解运行中奉行的是"机构本位主义",只有各类调解委员会、调解中心、调解组织所属的调解员才能进行纠纷调解,而

---

[1] 《纽约公约》第3条规定:各缔约方应承认仲裁裁决具有拘束力,并且依照援引裁决地的程序规则和下列各条所规定的条件执行。承认或执行适用本公约的仲裁裁决时,不应比承认或执行内国仲裁裁决附加更加过于苛刻的条件或收取过多的费用。

[2] 《新加坡调解公约》第3条第1款规定:本公约每一当事人应按照本国程序规则并根据本公约规定的条件执行和解协议。

[3] 《新加坡调解公约》第2条规定:"调解"不论使用何种称为或者进行过程以何为依据,指有一名或者几名第三人(调解员)协助,在其无权对争议当事人强加解决办法的情况下,当事人设法有好解决其争议的过程。

无个人调解的实践。[1] 尽管司法部曾于 2018 年发布《关于推进个人调解工作室建设的指导意见》,但此处的"个人调解工作室"仍是以人民调解员姓名或特有名称命名设立的调解组织,并非真正意义上的个人调解。从市场需求来看,市场既需要机构调节,也需要个人调节。商事调解应当鼓励个人调解的发展,而不应当仅局限于发展机构调解。我国应培养类似于"独立仲裁员"一样的"独立调解员",以更好地满足各当事人个性化又多元化的需求。因此,为了实现与《新加坡调解公约》的对接,我国必须积极探讨发展个人调解机制。

二、协议效力方面

随着《新加坡调解公约》的生效,在国际商事争议解决中,以调解方式解决争议将进一步被当事人认可和采用。本文将从和解协议的有效性、和解协议的既判力、和解协议的强制执行力三个层次,分析该公约对我国国际商事和解协议效力方面的影响。

(一)和解协议的有效性

国际商事的和解协议产生法律效力的前提,是一份有效的和解协议。因为和解协议具有契约的特点,所以国际商事和解协议应当符合一般合同有效要件,包括:

1. 当事人具有完全民事行为能力。这是一般商事合同有效的基本条件之一,也是各国合同法中基本达成一致的条件。具有完全民事行为能力的当事人可以理性处理自己的权利,自主签订国际商事和解协议。《新加坡调解公约》对有效和解协定当事人的行为能力的要求,在第 5 条拒绝准予救济的理由的第 1 款 a 项中有规定。[2]

2. 当事人意思表示真实。首先是当事人选择调解作为解决纠纷手段的意愿真实。当事人需要达成"调解协议"。其次是双方当事人对和解协议内

[1] 段明:《〈新加坡调解公约〉与中国商事调解的立法选择》,载《商事仲裁与调解》2021 年第 2 期。

[2] 《新加坡调解公约》第 5 条第 1 款(a)项规定:1. 根据第 4 条寻求救济所在公约当事方的主管机关可根据寻求救济所针对当事人的请求拒绝准予救济,唯需该当事人向主管机关提供以下证明:(a)和解协议一方当事人处于某种无行为能力状况……

容的同意和确认。由于和解协议是双方的利益协商的产物,考虑到内容可能与相关实体法的规定不完全符合。但不违背公共政策和法律的情况下,和解协议的达成意味着双方当事人对其内容的同意和确认。

3. 不违反社会公共利益或损害第三人利益。与一般的合同一样,国际商事和解合同是当事人自愿签订并受其约束的合同,是当事人在不违反社会公共利益不损害第三人利益的情况下,对私权利的处分。

4. 国际商事和解协议的形式要求,《新加坡调解公约》第 2 条第 2 款规定和解协议的内容以任何形式记录下来即为"书面形式"。这里的"书面"要做扩大解释,电子通信所含信息可调取以备日后查用的,该电子通信即满足了和解协议的书面形式要求。

在《新加坡调解公约》的框架下,有效的和解协议有一个特定的要求,即和解协议必须来自调解。和解协议是通过第三方的仲裁而成立的,并不是只有当事人双方达成的谅解才是标准的和解协议。实际上,在公约审议过程中,曾有人提议将只有双方当事人达成协议的协议纳入条约限制范围,但贸法会认为公约与缔约方国内的合同法有冲突。因为双方当事人协商达成的和解协议具有明显的合同属性,而可供执行的和解协议应当具有相对于一般和解协议优先的效力。另外,寻求调解的第三方的加入,在某种意义上保障和解协议的公正性和规范性,起到监督作用。调解员一般经过调解机构的选拔培训,具备处理案件的专业素养和能力,加上调解机构的规范程序,在一定程度上排除了虚假调解损害第三方利益的可能性。公约第 4 条第 1 款规定当事人根据本公约依赖于和解协议,应向寻求救济所在公约当事方主管机关出具显示和解协议产生于调解的证据。

(二)和解协议的既判力

既判力原本是指判决对判决标的的确定效力。即判决确定后,当事人不得就判决确定的法律关系提起其他诉讼,也不得在其他诉讼中就同一法律关系提出与本案诉讼相矛盾的主张。[1] 它是对所争议的关系的终极确定,是赋予判决直接执行力的必然前提。调解因其灵活的特征,对纠纷所涉及的事实不要求全部清楚明了,也不要求对法律关系的认定和处理必须有法律依据。调解员的功能,也同法官或仲裁员的功能有根本区别。和解协

〔1〕 江伟主编:《民事诉讼法专论》,中国人民大学出版社 2005 年版,第 77 页。

议的达成取决于纠纷当事人,而不取决于调解员。和解协议对当事人的约束力源于不违反公共政策与法律的前提下,对私权的自主处分。根据和解协议与判决的不同,在判断和解协议的既判力时,不能原封不动地采用判决的既判力判定标准。《新加坡调解公约》关于和解协定既判力的规定,主要体现在以下两个方面:

1. 和解协议的相对终局性

根据《新加坡调解公约》第5条第1项b第(2)(3)项的规定,和解协议如未最终达成协议或修改,执行机构不予执行。众所周知的合同的内容,在很多情况下并不是当事人之间法律关系的终局性的认定,所以这里所说的和解的终局性是相对的,是条约赋予和解协议直接的履行力的必要条件推导。实际上,无论是外国的判决还是仲裁判断,都很难通过条约或法律协议赋予完全的终局性,而这种和解协议的终局性要求实际上赋予了仲裁程序独立的地位。公约的制定过程中,贸法会考虑到和解协议的国籍难以确定,因而也难以确定对和解协议进行审查的地方机关,如此一来反而增大了和解协议的执行阻力,违背了公约建立灵活便捷的调解机制的宗旨。因而,贸法会放弃了设置一个对和解协议的复审程序来保障和解协议终局性效力。所以,有必要保证调解程序的独立性和和解协议的终局地位,即使这种终局性是相对的,但对和解协议的直接执行具有重大意义。

2. 和解协议内容的确定性

既判力是执行力的基础,对执行力的产生、变更、消灭具有决定性作用。[1] 既判力的确定性要求对和解协议的履行非常重要,在履行过程中,无论以什么理由都不能变更、否定协议内容。和解协议中当事人权利义务的处分,必须明确且唯一。与以往合同中附条件、附期限或选择性的履行不同,和解协议必须具有唯一且明确的执行对象和被执行主体。《新加坡调解公约》第5条第1款,对此作了明确规定。此外,公约第4条第3项规定,和解协定不是以寻求救济所在公约当事方正式语言拟订的,主管机关可请求提供此种语文的和解协议译本。

(三)和解协议的强制执行力

和解协议的强制执行力,是指通过强制执行的方式实现和解协议中给

---

〔1〕 贺伟军:《论执行对既判力的扩张、限缩》,载《杭州商学院学报》2004年第1期。

付义务的效力。在这种情况下，如何救济调解各方当事人的权力，是调解制度的最后一道防线。我国法律的相关规范中，缺少一部专门的商事调解法，故只能从其他部门法和调解机构相关规则中去寻找。

根据《人民调解法》第33条的规定，经过人民调解委员会调解后形成的和解协议若在司法确认过程中没有通过，那么当事人只能就原争议达成新的调解或仲裁或提起诉讼。这种情况下一旦当事人不履行，而法院又不能是和解协议通过司法确认，那么很有可能导致之前的所有程序失效，而只能从头付诸起诉或仲裁。这种后续程序显然会导致整个调解程序归于无效，那么显然这种程序有可能导致司法资源的巨大浪费，并且对调解制度产生冲击。《中国国际贸易促进委员会/中国国际商会调解中心调解规则》第28条的规范中设立了和解协议仲裁模式，根据该条文的规范，对和解协议有争议的，可以达成仲裁协议，对和解协议的内容提起仲裁。这种仲裁区别于普通的仲裁，其仲裁的内容不再针对原争议，而这样就能尽可能地让同一个争议不用再经受第二次裁判和处理，从而提升司法效率，降低各方当事人的维权成本。

《新加坡调解公约》有关和解协议强制执行力的问题，规定在第5条拒绝准予救济的理由中。该条用列举负面清单的方法，既降低司法审查成本，有事的和解协议的执行效率得到提升。《新加坡调解公约》第5条所包含的主要事由包括当事人行为能力状况；和解协议是否有效、是否具有终局性以及是否被修改；和解协议中的义务是否已经履行、是否存在不清楚或者无法理解；准予救济是否有悖于和解协议条款；调解员是否违反调解员准则、是否履行信息披露义务。即当一份和解协议满足了适用公约的条件时，在排除了该条包含的拒绝准予救济的理由之后，即可依据公约得到执行。同时基于对于缔约方司法主权的尊重，当公约当事方主管机关认为相关和解协议的执行将违反本国的公共政策或者法律，也可拒绝准予救济。那么，和解协议满足公约的适用条件后，是否可以自动产生了可执行的效力？和解协议来源方的识别和确定，实际上存在一定难度，因为相关的连结因素往往是以不同方式加以确定的；[1]来源方对于和解协议的再审查会阻碍协议的执行。即当事人先要获得两道确认，才能在执行地寻求救济。此举不符合调

〔1〕 第二工作组（仲裁和调解）第六十三届会议（2015年9月7日至11日，维也纳）工作报告（A/CN.9/861，第81段）。

解简便高效的价值追求，从而不利于当事人实现权利救济。因此，《新加坡调解公约》最后确定，当和解协议满足适用公约的条件时即具备可执行性。

三、承认与执行方面

《新加坡调解公约》调整的和解协议在我国没有相应的法律进行衔接。这样的和解协议对中国现行的承认与执行方面会有怎样的影响，不妨先考察一下我国法律对四类调解的规定，以及外国判决书和外国仲裁裁决的承认与执行。

（一）调解协议的司法确认与执行

我国的调解，按照调解组织的不同可分为四类，分别是法院调解、人民调解、行政调解和仲裁调解。法院调解属于诉讼中的调解，原则上都需要人民法院制作调解书后才能够执行。人民调解、行政调解和仲裁调解属于诉讼外的调解，所达成的调解协议，虽不具有强制执行力，但具有约束当事人的效力。

1. 法院调解

人民法院根据调解协议制作的调解书，可以根据《民事诉讼法》执行编执行。根据《民事诉讼法》第 97 条，调解达成协议，人民法院应当制作调解书。双方当事人签字后生效。根据该法第 99 条，调解未达成协议或者调解书送达前一方反悔的，人民法院应当及时判决。根据该法第 234 条，人民法院制作的调解书的执行，适用本编的规定。本编为《民事诉讼法》第三编执行程序。也就是说人民法院根据调解协议制作调解书的，能够向判决书一样根据《民事诉讼法》第三编执行程序一样执行。

2. 人民调解

人民调解委员会促成的调解协议经人民法院司法确认后，能够强制执行。2010 年出台的《人民调解法》对人民调解制度做出了规定，根据该法第 31 条，经人民调解委员会调解达成的调解协议，具有法律约束力，根据该法第 32 条，当事人可就调解协议的履行和内容向人民法院提起诉讼，也就是说，这样的调解协议，并不是终局性的，效力等同于一个合同。根据该法第 32 条，双方当事人认为有必要的，可以自调解协议生效之日起 30 日内共同向人民法院申请司法确认，人民法院应当及时对调解协议进行审查，依法确认调解协议的效力。人民法院依法确认调解协议有效，一方当事人拒绝履行或者未全部履行的，对方当事人可以向人民法院申请强制执行。

3. 行政调解

行政调解是国家行政机关处理平等主体之间民事纠纷的方法。国家行政机关，在相关法律法规的规定下，对其职权管辖下的属于平等主体之间的民事纠纷，通过说服教育的方式，使纠纷的双方当事人互相谅解。平等协商的基础上，达成协议，使得纠纷和矛盾合理并彻底地得到解决。

行政调解同人民调解一样属于诉讼外调解，达成的调解协议，虽不具有法律上的强制执行力，但对当事人具有约束力。行政调解的性质是合同，因此应当依据法律对合同的规定来处理行政调解的相关问题，并依据法律对合同的规定来进一步保护当事人的合法权利。

4. 仲裁调解

根据《仲裁法》的规定，由仲裁庭制作的调解书，无须经法院司法确认即可执行。根据《仲裁法》第 51 条，仲裁庭在作出裁决前，可以先行调解。当事人自愿调解的，仲裁庭应当调解。调解不成的，应当及时作出裁决。调解达成协议的，仲裁庭应当制作调解书或者根据协议的结果制作裁决书。调解书与裁决书具有同等法律效力。根据该法第 52 条调解书送达当事人签收后生效。

综合上述，可以看出，我国对于调解，除了根据《民事诉讼法》第 98 条规定的几种可以不制作调解书的情形，原则上都需要经法院制作成调解书，才能够执行。

（二）外国法院做出的判决、裁定和国外仲裁机构裁决的承认与执行

根据我国《民事诉讼法》第 281 条、第 282 条，外国法院作出的判决、裁定要在中国执行需要经中华人民共和国法院承认方可执行，换言之未经中国法院承认的外国法院判决、裁定在中国无法执行。

根据我国《民事诉讼法》第 283 条，国外仲裁机构的裁决需要中华人民共和国人民法院执行的，由当事人直接向被执行人住所地或其财产所在地中级人民法院申请。因此，国外仲裁机构裁决的执行无须本国法院进行司法确认。

综上所述，唯有仲裁裁决和拟制为仲裁裁决的调解无须法院进行确认方能执行，无论仲裁机构是国内仲裁机构还是国外仲裁机构。而其他均需要经过中华人民共和国法院的认可才可以在国内得以执行。也就是说，对

于争议解决文书,国内法院有两种处理方式,一种方式是直接能够执行这样的争议解决文书而无须国内法院进行承认,另一种方式是经过国内法院承认才赋予这样的争议解决文书以效力方能执行。

《关于建立“一带一路”国际商事争端解决机制和机构的意见》指出“一带一路”国际商事调解机构为解决“一带一路”倡议参与国当事人之间的跨境商事纠纷出具的调解书,可以由有管辖权的人民法院经过司法确认获得强制执行力。

那么《新加坡调解公约》调整的和解协议究竟应当采用此二种方式的哪一种在中国进行执行,没有配套的法律给出答案,唯有《关于建立“一带一路”国际商事争端解决机制和机构的意见》指出“一带一路”国际商事调解机构为解决“一带一路”倡议参与国当事人之间的跨境商事纠纷出具的调解书,可以由有管辖权的人民法院经过司法确认获得强制执行力。但是,该规定适用的适用范围仅限于国际商事调解机构为解决“一带一路”倡议参与国当事人之间的跨境商事纠纷出具的调解书,显然其范围并不能涵盖《新加坡调解公约》的调整范围,而且,《关于建立“一带一路”国际商事争端解决机制和机构的意见》属于其他规范性文件,法律位阶较低,诉讼和仲裁制度为《中华人民共和国立法法》第8条[1]规定的法律保留事项,《关于建立“一带一路”国际商事争端解决机制和机构的意见》的规定在法理上不应构成对于诉讼制度的废改。

---

〔1〕《立法法》第8条规定:“下列事项只能制定法律:(一)国家主权的事项;(二)各级人民代表大会、人民政府、人民法院和人民检察院的产生、组织和职权;(三)民族区域自治制度、特别行政区制度、基层群众自治制度;(四)犯罪和刑罚;(五)对公民政治权利的剥夺、限制人身自由的强制措施和处罚;(六)税种的设立、税率的确定和税收征收管理等税收基本制度;(七)对非国有财产的征收、征用;(八)民事基本制度;(九)基本经济制度以及财政、海关、金融和外贸的基本制度;(十)诉讼和仲裁制度;(十一)必须由全国人民代表大会及其常务委员会制定法律的其他事项。”

第四章 我国应对《新加坡调解公约》生效的具体对策

我国虽已正式签署了《新加坡调解公约》,但根据目前我国调解的整体发展现状来看,《新加坡调解公约》在与我国调解机制等方面的接轨过程中仍存在诸多问题和挑战,需要各方做出更多应对措施。本章针对中国调解法律制度的完善、调解相关主体的应对提出了相应的建议,为《新加坡调解公约》生效后在我国实现真正落地提供对策参考。

第一节　中国调解法律制度的完善建议

一、填补我国民商事调解基本法律制度的欠缺

由于我国没有针对商事调解的一般性立法,而与调解相关的其他法律制度也多多少少存在空白或不足,在签署《新加坡调解公约》后,给《新加坡调解公约》在我国的适用带来了巨大的阻碍,所以填补我国民商事调解基本法律制度的欠缺对公约在我国的实际落地而言至关重要。

(一)明确调解的适用范围

我国现行的调解相关法律中对调解的适用范围并没有作非常明确的规定,只有一些专门性立法中对某些特定争议类型的调解范围进行了个别性的规定。比如,《人民调解委员会组织条例》第 5 条中将调解的适用范围限

制于民间纠纷。[1] 民间纠纷，即公民之间有关人身、财产权益和其他日常生活中发生的纠纷，没有考虑到通过调解解决公民与法人之间以及法人与法人之间发生的民间纠纷或经济纠纷等其他情况。[2] 而在当今社会，对于调解的需求不断增加，调解也愈加多样化地被运用在各个不同领域的纠纷解决的情况下，这一调解范围显然已过于狭窄，需要由法律对其做进一步的明确和扩大化解释。在《新加坡调解公约》签署后，因为我国立法未就调解的适用范围作出明确的系统性的规定，可能会造成法院迫于《新加坡调解公约》的要求去承认那些立法本无意允许调解加以处理的特定类型争议所达成的国际和解协议的效力，不利于《新加坡调解公约》在我国的具体实施，立法明确调解的适用范围迫在眉睫。[3]

我国在立法明确调解的适用范围方面可以借鉴已制定了调解基本立法的国家和地区的经验。在形式方面，主要可以分为两种：列举式和概括式。例如，美国的社区调解和日本的《日本民间调解法》就对调解范围进行了列举式的规定。使用列举式对调解的适用范围进行规定，其益处在于清晰易懂，也排除了理解不同会造成的其他争议，但是无法涵盖方方面面可能会存在的疏漏；还有一些国家对调解范围规定采用的是概括式，例如欧盟《2008/52/EC 号关于民商事调解若干方面的指令》，概括式克服了列举式的烦琐，更为全面也不易发生遗漏，比起列举式也更为精简，但是可能会造成理解上的偏差从而引发争议。结合我国的国情以及当下社会纷繁多样的纠纷形式，使用列举式将所有情况一一列举不太现实，更宜采用将列举式和概括式两者混合的方式对调解的适用范围进行规定。首先，以概括式对调解适用范围做一个整体性规定，后可以使用列举式将常见调解情形进行具体列举，或者将排除适用的情形作具体列举。在内容方面，可以结合其他国家的立法以及如何与《新加坡调解公约》相衔接来做规定。例如，欧盟《2008/52/EC 号关于民商事调解若干方面的指令》在第 1 条第 2 款中将调解的适用范

---

〔1〕《人民调解委员会组织条例》第 5 条规定："人民调解委员会的任务为调解民间纠纷，并通过调解工作宣传法律、法规、规章和政策，教育公民遵纪守法，尊重社会公德。人民调解委员会应当向村民委员会或者居民委员会反映民间纠纷和调解工作的情况。"

〔2〕尹力：《中国调解机制研究》，知识产权出版社 2009 年版，第 173 页。

〔3〕唐琼琼：《〈新加坡调解公约〉背景下我国商事调解制度的完善》，载《上海大学学报》2019 年第 4 期。

围定于跨国民商事纠纷,并且排除了纠纷当事人无权处置的情况以及税收、关税等几个特殊领域。[1] 再如,我国香港特区《调解条例》在附表1中明确包括劳动、婚姻、性别歧视、残疾歧视、种族歧视等12类特别法有所规定的程序不适用于该条例,以与《新加坡调解公约》中的相关规定更好地接轨作为明确我国调解适用范围的出发视角来看,《新加坡调解公约》第1条中第2款、第3款对公约的排除适用情形作出了规定,将几种典型的非商事和解协议,以及可作为法院判决或仲裁裁决的和解协议排除在公约适用范围之外,明确了公约仅适用于解决商事争议并且在诉讼、仲裁中未作出可执行协议的调解所形成的和解协议。[2] 所以我国在明确调解适用范围的时候要注意对商事调解的界定和纳入,我国一直是民商合一主义,但事实上我国现行调解法所调整的民商调解与公约调整的国际商事调解依然有很大出入,并不能完全地将商事调解包含适用,主要还是用于化解基层民事矛盾,实践中广泛应用于家庭、婚姻、继承、消费等领域,与公约的适用存在冲突。

(二)对调解的保密性加以规定

保密性是调解最重要的优势之一。由于调解高扬不公开的程序利益,当事人在调解中可以就与争议解决有关的方方面面的问题进行讨论,而不用担心他们在调解中的披露日后会对他们构成不利。[3] 对调解的保密性进行规定,使调解的有关主体对在调解过程中所获知的信息进行公开或披露受到限制,可以有效吸引争议当事方选择调解作为争议解决手段,从某种程度上也促进着调解成功。

在调解立法和调解规则中,调解的保密性始终是一个不容忽视的重要

[1] 《2008/52/EC号关于民商事调解若干方面的指令》第1条第2款规定:"本指令适用于跨国民商事纠纷,除非该纠纷所涉及的权利及义务根据相关法律是纠纷当事人所无权处分的。本指令尤其不应被延伸适用于下述领域:税收、关税、行政事项以及国家基于在公权力行使过程中的作为或不作为而产生的责任。"

[2] 《新加坡调解公约》第1条第2款、第3款规定:"2. 本公约不适用于以下和解协议:(a)为解决其中一方当事人(消费者)为个人、家庭或者家居目的进行交易所产生的争议而订立的协议;(b)与家庭法、继承法或者就业法有关的协议。3. 本公约不适用于:(a)以下和解协议:(一)经由法院批准或者系在法院相关程序过程中订立的协议;和(二)可在该法院所在国作为判决执行的协议;(b)已记录在案并可作为仲裁裁决执行的协议。"

[3] 尹力:《中国调解机制研究》,知识产权出版社2009年版,第47页。

内容。例如,《国际商事调解示范法》中就明确指出调解员可向其他任何当事人披露一方当事人关于争议的信息的实质内容,但是一方当事人向调解员提供任何信息附有必须保密的特定条件的,该信息不得向调解的其他任何当事人披露。[1] 还指出除非当事人另有约定,与调解程序有关的一切信息均应保密,但按照法律要求或者为了履行或者执行和解协议而披露信息除外。[2]《国际商事调解示范法》中"与调解程序有关的一切信息"这一表述代表着调解中需要保密的信息不仅局限于调解过程中披露的信息,还包括其他任何与调解程序具有相关性的信息。非洲商法协调组织制定的《统一调解法》(2017 年)第 10 条中也规定了调解程序中除了当事人、法律另有约定或者因执行调解所达成协议必须披露相关信息的情况外,所有信息都应当保密。[3] 另外,《美国仲裁协会商事调解规则》第 12 条中同样要求调解员不应泄露调解过程中当事人或证人向调解员披露的机密情况,并且调解员对在任职期间内所收到的所有相关信息记录有保密义务,更进一步规定了在任何程序或法院诉讼中不得强迫调解员泄露这类文件或者出庭作证。[4] 世界知识产权组织调解规则中更是明确规定了介入调解程序的一切相关当事人都对调解程序有保密的义务,并且除了纠纷双方另有规定,都不得向第三者泄露调解程序相关情况或程序中的信息。[5]

---

〔1〕《国际商事调解示范法》(2018 年)第 9 条规定:"调解员收到一方当事人关于争议的信息时,可向调解的其他任何当事人披露该信息的实质内容。但是,一方当事人向调解员提供任何信息附有必须保密的特定条件的,该信息不得向调解的其他任何当事人披露"。

〔2〕《国际商事调解示范法》(2018 年)第 10 条规定:"除非当事人另有约定,与调解程序有关的一切信息均应保密,但按照法律要求或者为了履行或者执行和解协议而披露信息除外。"

〔3〕《调解统一法》第 10 条规定:"调解程序中的所有信息均应保密,除非当事人另有约定、法律要求进行相关信息披露或者因执行调解所达成协议之必须而进行相关信息披露。"

〔4〕《美国仲裁协会商事调解规则》第 12 条规定:"在调解过程中,当事人或证人向调解员披露的机密情况,调解员不应泄露。调解员对在任职期间收到的所有记录、报告或其他文件应当保守秘密。在任何辩论式的程序或法院诉讼中不应强迫调解员泄露这类文件或强迫调解员对于调解出庭作证。"

〔5〕《世界知识产权组织调解规则》第 15 条规定:"介入调解程序的一切人,尤其包括调解员本人、争议方、争议方代表和顾问以及独立的专家都应遵守调解程序的保密性,并不得向任何第三者泄露有关程序的情况或在程序进行过程中获得的信息,除非纠纷双方另有规定。"

从上述例子可以看出，完善的调解立法普遍都将调解的保密性视为调解程序的精髓和根基纳入条款，但目前为止我国的《人民调解法》等调解相关法中尚未对调解的保密性进行直接明确的规定，可以说调解保密性这个调解基本原则依然游离于我国的民商事调解制度之外。[1] 我国2004年出台的《最高人民法院关于人民法院民事调解工作若干问题的规定》以及2009年出台的《最高人民法院关于建立健全诉讼与非诉讼相衔接的矛盾纠纷解决机制的若干意见》中对调解保密性进行了相关规定。《最高人民法院关于人民法院民事调解工作若干问题的规定》第7条对调解保密性进行了初步的规定，即人民政府应当准许当事人不公开进行调解的申请，并且可以根据需要分别对当事人作调解工作。[2] 但是该条中的调解保密性不是作为调解的原则存在，而是需要当事人的申请才发生，而且保密的对象更加侧重于调解程序的保密而非调解信息的保密。《最高人民法院关于建立健全诉讼与非诉讼相衔接的矛盾纠纷解决机制的若干意见》第17条相对完整地对调解的保密性进行了规定，规定了调解保密的主体以及内容，调解保密内容中除了调解程序外也涵盖了调解信息，并且本条中具体列出了调解保密的除外情形，表明调解保密性从需要进行申请才发生的例外规定逐渐向调解的一般原则转化。[3] 但本条在对调解内容和主体的规定上依然不够全面和完善。

调解的保密性作为调解相较其他纠纷解决手段的重要优势，在立法中

---

〔1〕 肖建华、唐玉富：《论法院调解保密原则》，载《法律科学（西北政法大学学报）》2011年第4期。

〔2〕《最高人民法院关于人民法院民事调解工作若干问题的规定》第7条规定："当事人申请不公开进行调解的，人民法院应当准许。调解时当事人各方应当同时在场，根据需要也可以对当事人分别作调解工作。"

〔3〕《最高人民法院关于建立健全诉讼与非诉讼相衔接的矛盾纠纷解决机制的若干意见》第17条规定："调解过程不公开，但双方当事人要求或者同意公开调解的除外。从事调解的机关、组织、调解员，以及负责调解事务管理的法院工作人员，不得披露调解过程的有关情况，不得在就相关案件进行的诉讼中作证，当事人不得在审判程序中将调解过程中制作的笔录、当事人为达成调解协议而作出的让步或者承诺、调解员或者当事人发表的任何意见或者建议等作为证据提出，但下列情形除外：（一）双方当事人均同意的；（二）法律有明确规定的；（三）为保护国家利益、社会公共利益、案外人合法权益，人民法院认为确有必要的。"

进行规定以最大限度地对其施以法律保护是充分发挥调解优势的必要条件。我国应当在现有的民商事调解制度中加入调解的保密性作为基本原则，规定调解保密性的主体、并在注重调解程序保密外也同样重视调解信息保护，最后列举出除外情形。在立法中强调调解的保密性能大大增加调解程序对那些拒绝纠纷涉及信息公开化的纠纷当事人吸引力，也更有效地鼓励当事人在调解过程中坦诚所有情况，增加和解可能。调解保密性得到法律保障将充分发挥其优势，也有利于《新加坡调解公约》目的的实现。

（三）建立可与《新加坡调解公约》相衔接的司法确认制度

我国目前的司法确认制度主要可见于《民事诉讼法》、《人民调解法》以及《司法部关于开展律师调解试点工作的意见》这三部法律法规之中。具体来看，《民事诉讼法》第201条规定在调解协议生效之日起三十日内可以由调解双方当事人依照法律共同向法院提出申请司法确认调解协议。[1]《人民调解法》第33条也作出了相似规定，在调解协议生效之日起30日内由双方当事人共同向人民法院申请对调解协议的司法确认。[2]《司法部关于开展律师调解试点工作的意见》第12条对经律师调解工作室或律师调解中心调解达成的具有民事合同性质的协议作了司法确认相关规定。[3] 这些条款中所规定的关于赋予调解协议以强制执行力的司法确认制度与《新加坡调解公约》中对和解协议的执行相关规定存在较大的冲突，具体体现于可通过法律程序赋予执行效力的调解协议类型范围和确认程序两个方面。

---

〔1〕《民事诉讼法》第201条规定："经依法设立的调解组织调解达成调解协议，申请司法确认的，由双方当事人自调解协议生效之日起三十日内，共同向下列人民法院提出：（一）人民法院邀请调解组织开展先行调解的，向作出邀请的人民法院提出；（二）调解组织自行开展调解的，向当事人住所地、标的物所在地、调解组织所在地的基层人民法院提出；调解协议所涉纠纷应当由中级人民法院管辖的向相应的中级人民法院提出。"

〔2〕《人民调解法》第33条规定："经人民调解委员会调解达成调解协议后，双方当事人认为有必要的，可以自调解协议生效之日起三十日内共同向人民法院申请司法确认，人民法院应当及时对调解协议进行审查，依法确认调解协议的效力。"

〔3〕《司法部关于开展律师调解试点工作的意见》第12条规定："经律师调解工作室或律师调解中心调解达成的具有民事合同性质的协议，当事人可以向律师调解工作室或律师调解中心所在地基层人民法院或者人民法庭申请确认其效力，人民法院应当依法确认调解协议效力。"

在调解协议类型范围方面,我国现行司法确认制度规定中所涵盖的调解协议类型比起《新加坡调解公约》过于狭窄。从我国现行司法确认制度相关规定中可以看出,在我国司法确认制度下可以申请司法确认通过法律程序得到执行效力的调解协议类型十分有限,只有经人民调解委员会调解达成的调解协议以及经律师调解工作室或律师调解中心调解达成的协议这两种。而在《新加坡调解公约》并没有对赋予强制执行力的和解协议作出限制,只是在公约的适用范围中进行了概括性的说明,即和解协议需要具有商事性、国际性和书面性,因此,很多可适用《新加坡调解公约》的和解协议,无法在我国的司法确认制度下获得强制执行力。在确认程序方面,我国的司法确认程序有时限要求,即在和解协议生效之日起 30 日内由双方当事人共同向人民法院申请。也就是说,在我国司法确认程序的规定下,如果调解双方当事人对纠纷达成合意后订立的和解协议开始并无执行问题而未申请司法确认强制执行力的话,协议生效 30 日后,即使产生了相关执行问题,也无法再通过司法程序获得强制执行力。所以这就需要和解协议的当事人提前申请以获取和解协议的未来强制执行力。而《新加坡调解公约》创设的是一套直接执行经调解达成和解协议的机制,无须当事人的再申请和法院的再审查,直接赋予和解协议强制执行力。我国现行司法确认制度下与《新加坡调解公约》中不同的司法程序执行模式可能会导致适用时的冲突。

为了实现《新加坡调解公约》在我国的落地并有效接轨,针对这两方面的冲突,我国有必要修改当前的司法确认制度,建立一个可与《新加坡调解公约》相衔接的和解协议司法确认制度。首先,要突破原先司法确认制度的保守性,不仅限于上述两种情况类型的调解协议,而是将各类调解协议统一地通过司法确认程序赋予强制执行力。在司法确认阶段,法院已经可以通过其审查、确认对调解协议的合法性进行监管,再要求通过人民调解委员会或律师调解工作室、律师调解中心对前序进行把控则稍显多余。[1] 其次,要简化执行程序,参考《新加坡调解公约》创设的直接执行机制,修改现有司法确认程序中的时限要求,改变在双方当事人未有纠纷之前就需共同申请司法确认程序这一现状。建立可与《新加坡调解公约》相衔接的司法确认制度,使调解协议的执行问题得到有效解决,进一步提升调解在纠纷解决机制

〔1〕 梁修齐:《我国调解制度与〈新加坡调解公约〉的衔接问题初探》,载《东南司法评论》2019 年第 1 期。

中的地位,增加调解这一方式对纠纷当事人的吸引力,减轻诉讼压力,节约司法资源,符合《新加坡调解公约》的立法宗旨。

二、加强调解员职业制度建设

《新加坡调解公约》在第 2 条的定义中明确了,公约所指的“调解”是指需要一名或多名调解员协助进行的纠纷解决制度。因此,这要求可适用《新加坡调解公约》的和解协议,必须产生于有调解员参与的调解程序。但无论是《新加坡调解公约》,还是联合国国际贸易法委员会制定的其他规则,都没有对调解机构与调解员的资质作出规定,而是将对国际商事调解员资质的把握权交到了各司法辖区自己的手上。

一般而言,在各地区现行的调解制度中,与调解员有关的规范往往存在于独立的调解法中。例如,《奥地利调解法》规定了调解员注册制度,授权奥地利联邦司法部负责维护注册调解员的名单。[1] 新加坡国会通过的《调解法案》,规定调解员资质需通过批准的认证机制,而该法案第 7 条“指定调解服务提供方和批准的认证机制”(Designation of mediation service provider and approved certification scheme)中指定新加坡国际调解协会(SIMI)制定的、适用该法案的认证机制为规定的批准的认证机制。[2]

我国现行的有关调解的立法集中于人民调解与特殊类型争议调解,其中调整人民调解的《人民调解法》将人民调解委员会定性为调解民间纠纷的群众性组织,并没有对调解员的专业资质进行强调,而调整特殊类型争议调解方面的《劳动争议调解仲裁法》《农村土地承包经营纠纷调解仲裁法》《医疗纠纷预防和处理条例》等规定,也没有涉及调解员专业资质的条文。2018 年中央政法委、最高人民法院、司法部、民政部、财政部、人力资源和社会保障部联合印发的《关于加强人民调解员队伍建设的意见》则是从各方面对人民调解员队伍建设提出方向性意见,不属于我国调解员职业制度建设的详细规范。

综合上述法律法规可以发现,我国目前除了没有制定独立的商事调解法外,对于调解中调解员的资质与职责也缺乏相关法律文件加以规定。调

[1] 唐琼琼:《〈新加坡调解公约〉背景下我国商事调解制度的完善》,载《上海大学学报(社会科学版)》2019 年第 4 期。

[2] See Article 2, s. 1 and Article 7, s. 1 of *Mediation Act* 2017.

解员制度的规范与否能够在很大程度上影响调解程序，目前我国现有的调解员制度体系建设缺陷会导致在《新加坡调解公约》生效后，我国面临数量众多的、难以审查的“调解”程序下产生的和解协议，从而对适用《新加坡调解公约》的商事争议解决带来巨大的障碍。因此，从制度层面推动我国商事调解员职业化十分关键。

（一）创新与完善调解员在商事调解中的调解方式

目前我国在法律上只认可机构调解，相较于新加坡公约中对“调解”的界定而言过于狭窄。《新加坡调解公约》中没有将调解限制于机构调解，而是囊括了机构调解、独任调解等除了法官和仲裁员参与下的调解外各种正式或非正式的调解形式。所以为更好适用《新加坡调解公约》以执行商事调解程序产生的和解协议，我国可以通过有关法律法规来明确商事调解员独任调解的法律地位，并以调解员和调解机构灵活组合为基础的方式创新和完善我国商事调解模式。

1. 独任调解

独任调解区别于机构调解，是一种独立于政府部门和调解机构的调解形式。《新加坡调解公约》下的调解，也是指以调解员个人为中心、机构为辅助的调解。[1] 在成为《新加坡调解公约》的缔约方后，我国有执行外国独任调解程序达成的国际商事和解协议的义务。从协议的本质来看，国内调解协议与国际和解协议都是建立在私法自治的基础之上所达成的合意解决方案，没有实质性差别。因此，通过立法明确独任调解的法律地位、认可独任调解的效力，是我国作为公约缔约方的必然选择。

独任调解相较于机构调解来说，当事人的意思自治可以获得更充分的保障，调解程序可以推进得更加便捷、灵活，调解费用也更为经济。目前我国虽仅认可机构调解的效力，但在独任调解制度上已进行了一些初步的尝试。2018 年 11 月 13 日，司法部发布了《关于推进个人调解工作室建设的指导意见》，该项指导意见对人民调解组织网络的完善、人民调解组织形式的创新以及解决矛盾纠纷的及时性等方面提出了推进建设个人调解工作室的

---

〔1〕 余度：《〈新加坡调解公约〉优势明显　有助于中国调解事业发展》，载《中国对外贸易》2020 年第 9 期。

相关指导意见。[1]

此外,独任调解在我国长期未被认可的主要原因在于我国的社会诚信体系有所欠缺、市场主体间缺乏信任,独任调解由于没有政府与调解机构的背书而公信力不足。近年来,我国不断加强建设与完善社会诚信体系,现有信用评价系统与监管机制均已初具雏形,确立独任调解员的社会信用背书基础已然打下。随着我国市场经济的发展基础不断务实,我国商事调解中独任调解制度的客观障碍已经基本消失,结合商事调解自身所具有的市场逻辑,确立独任调解的法律地位实是顺势而为。[2] 我国应当逐步认可独任调解的法律效力,支持更多具有专业知识和能力的人从事商事调解员工作,规范调解员工作资质,培养专业化、职业化、规范化的调解员队伍,使独任调解与机构调解能一起应对公约所带来的挑战。

2. 联合调解

联合调解是国际多家调解机构或多位独任调解员组成调解团队,共同参与国际民商事纠纷调解解决的调解模式。在国际商事争议解决中选择联合调解时,更能贴合当事人基于不同文化背景和贸易习惯下的纠纷解决需求,既符合我国国情也符合当前国际商事纠纷解决趋势。[3] 在联合调解的过程中,要学会与国际上其他的调解机构共同调解双边的国际商事争议,这需要调解员精通不同语言,熟悉他国的文化、国际惯例进和经贸规则,还要擅长国际通用的调解技能技巧。[4] 在认可国际商事调解员独任调解的基础上对联合调解制度加以建立和完善,能够促使国际商事调解中调解员的调解方法规范化,也能通过不同国家间的调解合作统一不同国家调解员的调解工作步调。

(二)建立我国调解员统一资质标准及其认证机制

2018 年 12 月 5 日,最高人民法院发布了《关于确定首批纳入“一站式”

---

〔1〕《司法部关于推进个人调解工作室建设的指导意见》,载《法制日报》2018 年 11 月 27 日,第 2 版。

〔2〕黄彦雄:《论我国商事调解员制度的规范建构——在〈新加坡公约〉背景下的制度衔接》,载《吉林工程技术师范学院学报》2020 年第 4 期。

〔3〕刘绿汀:《论我国国际商事调解制度的完善》,吉林大学 2017 年硕士学位论文,第 29 页。

〔4〕王玉楼:《国际化调解员队伍加强——中国贸促会举办商事调解技能培训》,载《中国对外贸易》2017 年第 7 期。

国际商事争议多元化解决机制的国际商事仲裁及调解机构的通知》,综合各个机构的国际影响力、前期受理国际商事纠纷案件数量、信息化建设等多项因素考虑后,确定了七家机构作为首批纳入"一站式"国际商事争议多元化解决机制的国际商事仲裁及调解机构。中国国际贸易促进委员会调解中心和上海经贸商事调解中心是两家被纳入其中的调解中心。但即使是这两家调解中心,对于聘任调解员的资质要求也并不一致。我国调解员统一资质及其认证标准的缺失使得商事调解程序缺乏制度上的保障,从而造成了我国调解服务人员与组织无法更好地为国际商事活动的当事人提供高水准的国际商事调解服务,最终导致原本想要通过我国调解来解决国际商事争议的当事人不得不去寻求有完善和成熟的职业制度的境外调解机构或是调解员。

1. 建立调解员任职资质标准

调解是一种与调解者个人经验、能力、知识乃至人格魅力密切相关的实践活动。[1] 一个商事争议的成功调解解决需要商事调解员全方位、综合性的个人素质。虽然在我国,基于不同地区商事发展水平和纠纷解决制度适用程度不一,各地调解机构在聘任调解员时所提出的资质要求并不一致,但针对《新加坡调解公约》调整的国际商事调解领域,以国际市场上调解员普遍资质要求、解决争议所需基本素养为综合考虑基础建立调解员任职资质标准具有极大可行性,这也是我国调解员职业化路径不可或缺的一项举措。

从调解员本身的职业素养来看,一般会要求调解员在学历或实务经验中拥有一项或两项适格的资质条件。学历在立法中常被作为调解员的资格要求,例如在奥地利、德国等欧盟国家的调解立法中都将学历作为调解员的任职条件之一。[2] 值得讨论的是,商事调解员的任职资格中是否必须将调解员的学历作为条件。从理论上看,高学历的调解员或许会在知识储备上具有优势,进而可以通过其在该领域积累的深厚学术水平帮助调解协议的达成。但从实践出发,调解员具有丰富的调解经验或是熟练的调解技巧相比有理论知识而言更能提高调解效率。因此,与其刻板地在资质标准中要求调解员拥有高学历,恰当的学历要求和行业经验要求更能作为合格的商

---

〔1〕 黄进、宋连斌:《国际民商事争议解决机制的几个重要问题》,载《政法论坛》2009 年第 4 期。

〔2〕 黄彦雄:《论我国商事调解员制度的规范建构——在〈新加坡公约〉背景下的制度衔接》,载《吉林工程技术师范学院学报》2020 年第 4 期。

事调解员标准。

此外,调解员的任职资质标准还可以包括接受过一定课时的调解培训。调解是一项解决争议的实践活动,合格的调解员不光需要具备专业知识,也需要经过专门的培训。因为调解的技能和技巧并不会随着专业知识的增长而自然而然地增长,而调解员的培训能够帮助调解员掌握更多调解技能与技巧。调解员的培训也是影响调解职业化的重要因素,各国在调解员职业化进程中也十分重视调解员的培训。葡萄牙的《葡萄牙调解法》规定调解员必须接受140小时以上的调解培训课程才能够获得调解员资格。[1] 莫斯科大学、莫斯科国立法律大学与莫斯科调解中心合作设立的调解培训班引领调解培训教育在俄罗斯逐渐形成高校与调解中心联合培训的调解员培训性模式。美国则在法律诊所教育[2]中日益重视对学生的调解技能培训。南非在法学教育中对法科学生进行集中式调解职业培训,其调解员的专业性获得了国际认可。[3]

2. 设立商事调解员认证机制

目前国际上关于调解员的资格认证模式可以分为许可注册制和市场认证制两种模式。许可注册制以匈牙利和葡萄牙等欧盟国家的调解员职业准入机制为代表,通过法律的强制性规定,要求经过官方部门的许可注册后方可成为执业调解员;市场认证制则主要应用于英国和美国等国家中,该模式排除了官方对调解员执业的准入限制,调解员可以通过调解员协会的认证获得资质证书,但拥有该证书与否不影响调解员的执业资格,即没有资质证书的调解员也能被市场自主选择。

从商事调解的特点来看,由于商事活动不应受到国家权力机关的过多干预,商事调解作为商事活动主体合意下解决商事争议的纠纷解决制度,没有必要在其中采取强制性的调解员准入机制。因为在完全竞争的市场中,争议当事人在实践中得出的理性标准要比政府或机构人为设置的标准更符

〔1〕 齐树洁:《葡萄牙调解制度》,载《人民调解》2018年第1期。

〔2〕 法律诊所教育(Clinical legal education)是20世纪60年代由美国法学院兴起的一种法学教育方法。它把医学院学生临床实习中的诊所式教育模式引入法学教育,让学生在教师的指导下通过代理真实案件,以参与诉讼活动的方式来认识和学习法律,同时为委托人分析他们的法律问题,提供法律服务。

〔3〕 齐树洁、许林波:《域外调解制度发展趋势述评》,载《人民司法(应用)》2018年第1期。

合市场逻辑：当事人对调解员所拥有的选择权越高，被市场认可的调解员资质越符合商事活动主体的需求。[1] 但是，《新加坡调解公约》所带来的和解协议的执行制度对于我国目前的调解制度而言是一种超前的执行模式，以我国的需求出发，更适合采用许可注册制这种强制性的资格认证模式。从我国对于调解协议司法确认程序的立法逻辑分析来看，因为国家公权力没有参与到通过调解程序的纠纷解决过程中，所以需要得到公权力机关的确认和审查或是公示机构的公证后，调解协议才能获得强制执行力，也就是说需要调解协议司法确认程序来赋予公权力认可。与之相对应，《新加坡调解公约》赋予了商事调解制度产生的和解协议借助国家强制力获得执行的能力，而调解解决争议的制度基础在于当事人的各方面自治因而不可以接受公权力的介入，因此在调解员认证机制中采用较严格的准入制，才能更好地达成适用调解的灵活自治基础与实施国家强制执行力的公正合理基础之间的平衡。

综合上述制度建议，我国可以授权一个政府机构依据设立的调解员资质标准来进行调解员的资质认证工作，该部门也可以联合律师协会、仲裁机构、调解中心、行业协会等民间力量，合力推动我国商事调解员统一资质标准及其认证机制的建立与完善。

（三）制定国际商事调解员职业守则

制定调解员职业守则可以更好地解决调解中因调解员不端行为而产生的问题，保证调解程序的正当性，维护当事人的合法权益。《新加坡调解公约》在第5条拒绝救济的理由中，规定了调解员未合理遵守规则、未合理尽到披露义务作为执行机关拒绝给予执行和解协议的理由。[2] 由于第二工作组最终决定暂不明确这一概念的含义以留待联合国国际贸易法委员会进行进一步的立法，故而在该问题上，既有在联合国层面形成国际性法律文件之必要，也有在各国层面制定法律或专业协会行为守则之必要。[3]

---

〔1〕 董小红：《论中美调解员素质的差异》，载《乐山师范学院学报》2018年第2期。

〔2〕 Article 5, s. 1(e) of *the Singapore Convention*: "There was a serious breach by the mediator of standards applicable to the mediator or the mediation without which breach that party would not have entered into the settlement agreement."

〔3〕 唐琼琼：《〈新加坡调解公约〉背景下我国商事调解制度的完善》，载《上海大学学报（社会科学版）》2019年第4期。

各司法辖区现有的调解立法中对调解员的行为规范基本都有所规定，大部分涉及的是调解员保密、中立、公正等义务规范。在形成调解员职业守则层面，一些国家和地区也进行了积极的探索。例如，2010 年我国香港特区律政司牵头设立的调解工作小组〔1〕颁布了《香港调解守则》，该守则中规定了调解员的一般责任、对调解各方的责任（包括保持公正、保证当事人自愿和知情权、保密等义务）、确立调解程序的责任、对调解程序和公众的责任，而现今该守则已被我国香港特区多家调解服务提供机构所采用。在新加坡广泛适用的调解员职业守则则由前述新加坡唯一的调解员认证机构——新加坡国际调解协会（SIMI）制定，而《SIMI 调解员职业行为准则》中规定，除另有约定外，调解过程自动适用该行为准则。此外，SIMI 还通过出台配套的评估办法来加强守则对认证调解员的约束力，从而规范调解员的职业行为。其中规定，一旦调解员违反职业守则行为并被案件当事人据此予以投诉，调解员将面临书面警告通知、暂停 1 年 SIMI 调解员的资格以及永久性的取消 SIMI 调解员的资质等不同程度的处罚。〔2〕

我国一些调解机构虽然也已经制定了自己的调解守则，但对于国际商事调解领域而言，现有这些机构制定的调解守则存在差异化、传统化等缺陷，其统一化、国际化程度有待提高。依据现状，我国可以参考各国家和各地区调解员职业守则的成熟经验，在综合现有商事调解员守则的基础上制定国际商事调解员职业守则范本，并推进该范本适用于各商事调解中心或调解协会。国际商事调解员职业守则范本可以包括调解员公正义务、保密义务、诚信披露义务、积极推进调解程序义务等基本内容，也可以在守则中指出调解员进行调解工作时应有的职能与界限。此外，为保证职业守则范本对调解员的约束力，可以把调解员职业守则的遵守情况与调解员的资质认证相挂钩，将遵循职业守则的情况方面加入调解员的认证评估中，例如，借鉴新加坡的经验，审查认定对调解案件当事人的相关投诉，一旦认定调解员确实存在违反职业守则的行为，则进行例如警告、临时暂停执业资格以及

---

〔1〕 2012 年，我国香港特区律政司为就提倡和促进调解在我国香港特区的发展提供意见而成立了调解督导委员会，该委员会成员来自社会不同行业，包括法律专业人士、医生、学者、行政管理人员及社工。而在督导委员会成立之前，探讨如何在我国香港特区推广调解的工作先后由在 2008 年成立的调解工作小组及 2010 年成立的调解专责小组负责。

〔2〕 孙一冰：《我国国际商事法庭调解制度研究》，中央民族大学 2020 年硕士学位论文，第 43 页。

永久取消资质等不同程度的处罚。

三、调解协议审查和执行制度的完善

(一)审查制度

《新加坡调解公约》在为解决国际商事纠纷提供新方式的同时,也随之诞生了诸多问题。公约会对我国尚不完善的商事调解制度造成极大冲击。《新加坡调解公约》的创立对于当事人自觉履行国际商事纠纷的和解协议带来一定的震慑作用,公约中对调解赋予了与诉讼仲裁同等的执行力,所以在当事人不自觉履行的情况下,可能被强制执行。在中国加入《新加坡调解公约》后的这段时间里,申请执行"和解协议"的数量会大幅上升而跨国判决的数量则会相应减少。加入《新加坡调解公约》可以将大量国际商事纠纷案件通过调解程序进行解决,降低了司法资源的损耗,减轻司法资源压力。但同时,公约也带来了诸多挑战,其中最值得关注的就是涉外"和解协议"的审查制度。下文将从审查机关和审查模式两个方面,提出相应解决方案。

1. 审查机关

根据《最高人民法院关于适用〈中华人民共和国民事诉讼法〉的解释》《最高人民法院关于执行和解若干问题的规定》和《最高人民法院关于人民法院办理仲裁裁决执行案件若干问题的规定》等司法解释的相关规定,如果当事人要求人民法院强制执行有效法律文书,则必须在法律文书中明确规定权利、义务主体和主张的给付内容。在中国法院分离审判和执行的实践中,往往只有债权债务关系明确且有效的法律文书才会得到法院执行部门的执行。国际商事调解的关键在于促成纠纷当事双方的彼此谅解,相互作出退让后达成和解从而维护双方未来的商业关系,不因这一个纠纷从此断绝业务往来。因此,在商事调解下达成的和解协议比起法院判决和仲裁裁决的严谨性而言更具弹性和灵活性,其内容可能违反我国强制法,也无法满足 2022 年《最高人民法院关于适用〈中华人民共和国民事诉讼法〉的解释》第 148 条的相关执行标准。[1] 我国目前的强制执行体系无法处理根据《新加坡调解公约》申请直接执行的和解协议,所以必须设立一个专门的机关作

〔1〕《最高人民法院关于适用〈中华人民共和国民事诉讼法〉的解释》第 148 条规定:"当事人自行和解或者调解达成协议后,请求人民法院按照和解协议或者调解协议的内容制作判决书的,人民法院不予准许。"

为审查和解协议的主管机关以解决这一难题。

有学者认为，为了维护法律规则的统一性，可以由中级人民法院承担起审查与执行和解协议的职责。[1] 因为根据《民事诉讼法》第 280 条和第 290 条中所体现的我国对于涉外仲裁裁决和外国仲裁裁决的态度，要求申请人向被申请人住所地或者财产所在地的中级人民法院申请执行。各地的中级人民法院经过长期实践，积累了较多涉外仲裁执行的经验，所以更适合作为审查执行和解协议的主管机关。具体可以参照《最高人民法院关于仲裁司法审查案件归口办理有关问题的通知》，由中级人民法院审理涉外商事案件的审判庭（合议庭）作为专门业务庭来审查和解协议。

2. 审查模式

如何更好地规划商事和解协议、维护我国利益是决定审查模式的重点。《新加坡调解公约》中没有对调解机构和调解员的职业资质作出相应规定，可能导致执行过程中出现虚假调解乃至欺诈的现象。所以，应当根据公约所规定的拒绝准予救济的理由，在公约先期执行的过程中进行更严格的审查，具体理由有如下四点：

第一，调解员水平能力不足可能会导致最终的和解协议存在瑕疵。很多法律界人士都对我国在执行《新加坡调解公约》过程中可能会出现虚假调解的情况提出了担心。虚假调解是指当事人恶意串通以调解的方式侵害他人权益。国际商事诉讼作为在法院中进行的争议解决方式，其严肃性最高，最终判决的质量也相应更高。国际商事仲裁多数情况下在如国际商会仲裁院、伦敦国际仲裁院等知名国际仲裁中心里进行，其仲裁员具有充分的知识和经验，所以严肃性和裁决质量也都相对较高。由于调解与诉讼和仲裁不同，不具有强制性和完善的程序制度和质证、辩论等环节，所以其严肃性也相对较低，调解员自身也不具有强制权力，对纠纷的掌握不及法官和仲裁员。虚假调解中当事人之间的虚假合意大多具有较强的隐蔽性，如果调解员自身专业技能和调解工作积累经验不足，将会很难识破，最终导致和解协议存在瑕疵。

第二，在《新加坡调解公约》中，执行地被赋予了进行严格审查的权力。根据参与制定《新加坡调解公约》的学者解读，公约的第 3 条是参照了《纽约

---

[1] 刘晓红、徐梓文：《〈新加坡调解公约〉与我国商事调解制度的对接》，载《法制社会》2020 年第 2 期。

公约》第3条的规定，确定适用本公约和解协议采用直接执行的机制，但是在当事人提出请求时，主管机关则有权对请求范围进行审查。[1] 公约第4条和第5条对和解协议的审查内容做了正反两面的规定，其中如“（一）根据在第4条下寻求救济所在公约当事方主管机关认为应予适用的法律，无效、失效或者无法履行……（e）调解员严重违反适用于调解员或者调解的准则，若此种违反，该当事人本不会订立和解协议；或者（f）调解员未向各方当事人披露可能对调解员公正性或者独立性产生正当怀疑的情形，并且此种未予披露对一方当事人有实质性影响或者不当影响，若给此种披露，该当事人本不会订立和解协议。”主管机关也应当具有严格审查的权力以查清公约第5条中所规定的拒绝准予执行的情形。

另外，将《新加坡调解公约》第5条规定的拒绝救济理由、《民事诉讼法》第244条针对仲裁的执行审查条文以及《仲裁法》第58条可以申请撤销裁决的情形进行对比可知，《民事诉讼法》第244条与《仲裁法》第58条中都规定了六项不予执行仲裁裁决的情形。[2] 除了《仲裁法》第58条中对第一项情形的表述与《民事诉讼法》中的表述有些许差异外，其他规定情形都一致，包括以下情形：当事人在合同中没有订有仲裁条款或者事后没有达成书面仲裁协议的；裁决的事项不属于仲裁协议的范围或者仲裁机构无权仲裁的；仲裁庭的组成或者仲裁的程序违反法定程序的；裁决所根据的证据是伪造

---

〔1〕 孙巍：《〈联合国关于调解所产生的国际和解协议公约〉立法背景及条文释义》，法律出版社2018年版，第27页。

〔2〕 《民事诉讼法》第244条规定：“被申请人提出证据证明仲裁裁决有下列情形之一的，经人民法院组成合议庭审查核实，裁定不予执行：（一）当事人在合同中没有订有仲裁条款或者事后没有达成书面仲裁协议的；（二）裁决的事项不属于仲裁协议的范围或者仲裁机构无权仲裁的；（三）仲裁庭的组成或者仲裁的程序违反法定程序的；（四）裁决所根据的证据是伪造的；（五）对方当事人向仲裁机构隐瞒了足以影响公正裁决的证据的；（六）仲裁员在仲裁该案时有贪污受贿，徇私舞弊，枉法裁决行为的。人民法院认定执行该裁决违背社会公共利益的，裁定不予执行。”《仲裁法》第58条规定：“当事人提出证据证明裁决有下列情形之一的，可以向仲裁委员会所在地的中级人民法院申请撤销裁决：（一）没有仲裁协议的；（二）裁决的事项不属于仲裁协议的范围或者仲裁委员会无权仲裁的；（三）仲裁庭的组成或者仲裁的程序违反法定程序的；（四）裁决所根据的证据是伪造的；（五）对方当事人隐瞒了足以影响公正裁决的证据的；（六）仲裁员在仲裁该案时有索贿受贿，徇私舞弊，枉法裁决行为的。人民法院经组成合议庭审查核实裁决有前款规定情形之一的，应当裁定撤销。人民法院认定该裁决违背社会公共利益的，应当裁定撤销。”

的；对方当事人向仲裁机构隐瞒了足以影响公正裁决的证据的以及仲裁员在仲裁该案时有贪污受贿，徇私舞弊，枉法裁决行为的。人民法院认定执行该裁决违背社会公共利益的，裁定不予执行。通过对比《新加坡调解公约》第5条中罗列的拒绝救济理由与我国《民事诉讼法》《仲裁法》中的相关规定可以看出，《新加坡调解公约》中规定的拒绝救济的理由与我国这两部法规中的相关规定存在部分相似，虽未达到实质审查的程度，但是明显区别于《民事诉讼法》第281条所规定的四项就涉外仲裁裁决执行审查要件，我国主管机关应当有权进行更为严格的审查。

第三，进行严格审查更有利于维护我国利益。加入《新加坡调解公约》可以给我国的企业和司法国际化进程带来巨大的好处，但是也会相应地带来很大的风险。由于《新加坡调解公约》仅规定了政府机关保留和明示适用保留这两个保留形式，在保留方面留下了较少空间，我国加入《新加坡调解公约》后对于公约的适用保留没有作出更多保护措施，可能造成我国当事人和公共利益受到损害。因此，为了防止这一情况的发生，有必要对和解协议进行更严格的审查模式。

第四，为了避免造成反向不公平对待，保持内外审查标准的一致性。在加入《新加坡调解公约》后，如果我国对于国内的和解协议不赋予司法强制执行力，却对外打开调解大门，那么必然会导致不公平，进而对我国的调解机构等造成打击。

（二）执行制度

除了审查制度的问题外，加入《新加坡调解公约》后，实践过程中和解协议的执行如何与公约中和解协议的执行制度相衔接也是一个值得关注的难题。《新加坡调解公约》赋予了调解达成的和解协议强制执行力，根据公约规定，当事人提出申请后就会直接进入执行程序。但目前我国的和解协议执行制度中尚未赋予商事和解协议强制执行力，所以难以对商事和解协议的执行问题作出正确的判断。为了解决这个难题，可以从程序和实体两个路径对我国的商事和解协议执行制度进行规范。

1. 构建执行机制的程序路径

（1）明确执行和解协议的主管机关

对执行《新加坡调解公约》下和解协议的主管机关应作出规定。首先，应当指定主管机关，指明执行该和解协议的管辖机关。和解协议的效力认定机构，可以在目前法院认定给和解协议效力的基础上，对管辖的法院级别、具体法庭进行规定。例如，可以确定初级法院专门的商事庭作为审查机关，包括审查和解协议是否遵循当事人意思自治原则、保密原则、证据开示原则与和解协议的执行规则。从我国的实际处罚，管辖机关可以为执行申请所在地的基层法院。其次，对于和解协议的效力，可以参考《新加坡调解公约》的规定，并依照《最高人民法院关于人民法院民事调解工作若干问题的规定》第12条，进行和解协议的效力认定。[1] 同时，可以吸纳《最高人民法院关于人民调解协议司法确认程序规定》第7条，进行司法确认程序效力认定。[2]

主管机关应贯彻直接执行的理念。在国际和解协议的执行领域，可以借鉴发达国家的立法经验和制度成果。符合《新加坡调解公约》适用范围的争议案件，应当借鉴《新加坡调解公约》的立法宗旨，加快该领域执行机制之构建。[3] 直接执行理念下，还应当注意填补当事人可能进行虚假调解的漏洞。例如，在高效执行的驱动下，当事方可能会利用各种连结因素，将本属于国内的商事调解转化成国际商事调解，套取高效执行和解协议的利益，对此要设置法律规则予以防范。

(2)构建执行和解协议的救济途径

拓宽不予执行和解协议的救济途径。对于在一国达成的和解协议，需要在我国获得而执行时，一般需要提供可为我国主管机关信任的相关文件，如当事人之间达成的和解协议、向我国申请执行的执行和解协议申请书、适合的和解协议申请主体的证明、缴纳一定的执行费用。[4] 主管机关应当明确不予执行和解协议的情形，在主管机关不予执行和解协议时，应当给予当

---

〔1〕《最高人民法院关于人民法院民事调解工作若干问题的规定》第12条规定："调解协议具有下列情形之一的，人民法院不予确认：(一)侵害国家利益、社会公共利益的；(二)侵害案外人利益的；(三)违背当事人真是意思的；(四)违反法律、行政法规禁止性规定的。"

〔2〕《最高人民法院关于人民调解协议司法确认程序的若干规定》第7条规定了不予确认调解协议效力的六种情形，除损害社会公序良俗的：内容不明确、无法确认的；其他不能进行司法确认情形以外，表述基本同《人民法院调解工作若干问题的规定》第12条一致。

〔3〕王淑敏、何悦涵：《海南自贸试验区国际商事调解机制：理论分析与制度建构》，载《海南大学学报(人文社会科学版)》2018年第5期。

〔4〕《〈新加坡调解公约〉的意义和在中国的适用》，载法制网，http://www.legaldaily.com.cn/Arbitration/content/2019-08/08/content_7959177.htm。

事人申请复议。

完善我国申请执行的担保程序。《新加坡调解公约》和解协议执行机制,是为商事争端下国际性和解协议可获得执行而设立的。在具体执行和解协议时,我国若采用该和机制,将增加当事人之间和解协议结案的数量。同时,设立担保前置程序,可以避免虚假调解、恶意串通情形的出现。故设立当事人申请执行前的担保程序,能够规范申请执行和解协议的流程。设立担保前置程序,可以优先在一些调解发达的城市进行试点,比如北京、上海和深圳等。出台关于执行申请方面前置担保程序的操作规范,当申请执行和解协议的案件量逐渐增多时、执行担保前置程序逐步完善后,再将该程序运用之其他法院。[1] 该和解协议的执行程序,应当同执行判决的担保程序进行区分。

2. 构建执行机制的实体路径

(1)完善商事调解执行领域法律法规

我国的商事调解制度没有专门的法律规定,而商事调解又不同于其他调解业务。商事调解领域的法律规定不仅缺乏,调解结束后如何执行和解协议的规定更是空白。和解协议获得执行仅停留在司法确认阶段,仅依靠既有的司法确认规定远远不够。和解协议如何执行的问题亟须立法规制,可先由最高法进行司法解释,规定商事和解协议执行的若干问题,同时在一些城市率先进行试点。对此问题进行司法解释,形成执行和解协议"有法可依"的状况。然后再视试点情况,考虑是否有误必要出台商事调解领域专门的立法,囊括国内和解协议的执行与国际和解协议的执行。笔者认为,商事调解领域一门专门的基本法,应当考虑调解前期、调解过程中期和调解后期涉及的环节。[2] 在规定商事调解的程序时,也应当考虑规制虚假调解,防止虚假执行的产生。明确"商事调解"的定义和基本原则,参照《新加坡调解公约》中"商事"范围的具体归档。同时,可参考《国际商事调解示范法》中"调解"的定义进行规定。在对"商事调解"概念进行界定时,疏通国际既有概念进行衔接,将行政调解、人民调解的其他类型的调解排除在外。

---

〔1〕 徐明、陈亮:《〈新加坡公约〉对我国跨境知识产权纠纷解决机制的影响》,载《电子知识产权》2019 年第 12 期。

〔2〕 《〈新加坡调解公约〉与我国法律制度的衔接》,载上海市法学会,https://www.sls.org.cn/levelThreePage.html? id=10450。

(2)将失信不执行行为纳入诚信体系

当事方达成的和解协议基于各方的意思自治和契约自由,可寻得当事各方最佳的利益平衡需求。当事各方如不毁约,当事各方按照七月精神自觉履行的一员较高。但是由于商事调解所追求的不限于金钱义务的给付,往往还有其他按照时间安排处理各自的事务。[1] 例如,对剩余争议的安排、和解协议执行的具体细节和为执行所达成的资产抵押协议。[2] 可以将违背契约精神的失信不执行和解协议的行为,纳入社会诚信体系。诚信体系的构建能够敦促当事各方自觉履行和解协议项下的义务。综合系统的信用环境对商事环境具有不同寻常的意义,可以加强行业自律。我国社会信用体系尚未建立,个人和企业的失信成本不高。完全依靠企业自身诚实守信不足以避免不诚信的行为,还需要从行业内部进行引导和规范。可以通过商业协会对违反诚信或不遵循商事调解协议的主体进行处罚,迫使商事主体珍惜自己的诚信水平,针对商事主体信用度不高之情况,可以制定出全新的信用服务法律制度和信用奖惩制度。在健全的诚信体系下,国际和解协议的执行也将更为高效、透明。

第二节 调解相关主体应对公约生效的建议

一、审判机关的应对建议

(一)细化我国和解协议效力认定与执行的程序

要使得他国的和解协议在中国得到执行,我国审判机关需进一步理解和适应公约条款的规定。尤其体现在以下几个方面:申请执行的相关文件;确定和解协议执行的级别管辖与地域管辖法院;申请执行的费用负担等:

1. 完善申请执行的相关文件

关于申请执行所需的文件,《新加坡调解公约》规定了当事人应提供和解协议以及如调解员签名、调解机构证明等显示和解协议产生的证据。此

[1] 陈洁:《我国国际和解协议准予救济制度的构建——以〈新加坡调解公约〉的签署为契机》,载《东南大学学报(哲学社会科学版)》2020 年第 2 期。

[2] 王淑敏、何悦涵:《海南自贸试验区国际商事调解机制——理论分析与制度建构》,载《海南大学学报(人文社会科学版)》2018 年第 5 期。

外,《新加坡调解公约》还对在电子通信方面满足和解协议应由当事人签署或者调解员签署的要求作出了规定,只要能准确的识别身份并且表示意图,且根据该种电子通信本身性质及其他证据表明其对于所要达到的目的是合理、可靠的,那么电子通信文件也是有效的。中国可以通过借鉴申请外国法院判决与仲裁裁决的文件要求,对《新加坡调解公约》框架下要求提供的申请执行和解协议的文件进一步细化,具体来说,申请人向中国申请执行的材料应包括但不限于:申请执行人的身份证明、被执行人身份信息、中文文本和解协议或者附有中文文本翻译件的和解协议、申请执行书、申请执行涉及的财产等执行线索、有关代理人的委托授权文件等。[1]

2. 确定和解协议执行的管辖

关于执行的级别管辖与地域管辖,《民事诉讼法》第 290 条规定:"国外仲裁机构的裁决,需要中华人民共和国人民法院承认和执行的,应当由当事人直接向被执行人住所地或者其财产所在地的中级人民法院申请,人民法院应当依照中华人民共和国缔结或者参加的国际条约,或者按照互惠原则办理。"[2] 根据该条规定并结合中国司法实践中的相关情况考虑,虽然和解协议具有国际性,但因为我国法院的受案量比较大,中级人民法院的任务较为繁重,原则上应向被执行人住所地或者其财产所在地的基层人民法院申请执行和解协议。特殊情况下,若和解协议中的标的额达到了中级人民法院与高级人民法院执行标的额的管辖标准,也可由中级人民法院和高级人民法院以及一些专门法院进行管辖。

3. 明确和解协议执行的费用

关于申请执行的费用负担,执行国际商事和解协议的费用可以包括两部分:申请受理费与执行费用。《民事诉讼法》第 259 条中明确规定了对于判决、裁决和其他法律文书指定的行为,应当由为按执行通知履行相关义务

---

〔1〕 赵平:《〈新加坡调解公约〉与中国调解法律体系的衔接》,载《中国律师》2019 年第 9 期。

〔2〕 《民事诉讼法》第 290 条规定:"国外仲裁机构的裁决,需要中华人民共和国人民法院承认和执行的,应当由当事人直接向被执行人住所地或者其财产所在地的中级人民法院申请,人民法院应当依照中华人民共和国缔结或者参加的国际条约,或者按照互惠原则办理。"

的被执行人承担执行费用。[1]《诉讼费交纳办法》第 38 条第 1 款中同样规定申请承认和执行外国法院判决、裁定和国外仲裁机构裁决，申请受理费应当由被执行人承担。[2] 根据以上法律规定可以看出，在申请执行他国判决或者是仲裁裁决的时候，被执行人同时承担申请受理费和执行费用。调解所达成的和解协议与诉讼判决和仲裁裁决最大的区别在于和解协议是通过争议双方彼此退让妥协，基于意思自治而达成的，所以公平角度而言申请受理费与执行费应当由双方共同负担。商事调解法不妨规定申请受理费由申请方负担，执行费用（包括保全、拍卖等费用）由被执行方负担，此种费用缴纳模式不仅更加高效便捷，也能更加平衡和解协议双方的利益。对和解协议进行审查的法院内设机构问题，对于国际商事和解协议，《新加坡调解公约》第 3 条规定了确定适用本公约的和解协议采用直接执行的机制，也就是只对和解协议进行形式审查。[3] 为了贯彻《新加坡调解公约》所体现出的执行和解协议高效、便捷的精神，中国立法上应规定直接由申请执行和解协议的法院对和解协议进行形式上的审查，但在当事人提出实质审查的请求时，鉴于国际商事和解协议所涉的纠纷本身可能标的额较大、案情较为复杂的特点，应指定专门的机构对和解协议进行实质上的审查。所以应由法院内部专门的涉外商事审判庭进行审查，以上海高级人民法院为例，其内部分设了普通商事审判庭和金融案件审判庭，并设立内部专业化合议庭以专业化、高效化地处理商事案件。[4]

（二）深化我国司法确认制度与公约的对接

我国调解所达成的和解协议需要通过法院的司法确认才能赋予其强制执行力。《民事诉讼法》、《人民调解法》以及《最高人民法院关于人民调解

---

〔1〕《民事诉讼法》第 259 条规定："对判决、裁定和其他法律文书指定的行为，被执行人未按执行通知履行的，人民法院可以强制执行或者委托有关单位或者其他人完成，费用由被执行人承担。"

〔2〕《诉讼费交纳办法》第 38 条第 1 款规定："本办法第十条第（一）项、第（八）项规定的申请费由被执行人负担。"

〔3〕赵平：《论多元化纠纷解决机制下的〈新加坡调解公约〉》，载《经贸法律评论》2019 年第 6 期。

〔4〕赵平：《论多元化纠纷解决机制下的〈新加坡调解公约〉》，载《经贸法律评论》2019 年第 6 期。

协议司法确认程序的若干规定》均对司法确认制度进行了相关规定。根据这些法律法规和司法解释的规定可以看出，我国司法确认制度也是为了提高调解所达成和解协议的执行力。我国的司法确认制度在程序上要求双方当事人在作出调解协议后30日内共同向人民法院提出申请，人民法院在决定是否受理、是否赋予调解协议效力时都要进行审查。我国司法确认程序明确提出了时限要求，即双方当事人要在作出调解协议后30日内共同向法院提出申请。也就是说，目前我国调解产生的和解协议只具有合同性质的效力，不能直接申请法院执行，当事人为了获得和解协议未来的执行力，必须共同到法院申请司法确认，类似于在法院备将其和解协议进行备案。

《新加坡调解公约》解决的核心问题是调解所产生的和解协议本身执行力的问题，使其无须事先备案即可执行。有学者认为，《新加坡调解公约》第1条第3款第1项规定"本公约不适用于……经由法院批准的和解协议"，因此经我国法院作出司法确认的和解协议即不适用于《新加坡调解公约》。但实际上，我国司法确认制度与《新加坡调解公约》的目的和审查标准是一致的。我国司法确认制度中的法院受理审查标准与《新加坡调解公约》第1条第2款中的相关规定进行对比，可以看出两者高度一致。我国司法确认制度中的法院确认协议效力时的审查标准与《新加坡调解公约》第5条中相关规定进行对比，两者也是高度一致的。因此，我国司法确认制度和《新加坡调解公约》实在是异曲同工之制度安排。

然而，相比较之下《新加坡调解公约》的直接执行机制更为合理。一方面，该制度符合国际之潮流和商事调解制度发展之趋势；另一方面，我国司法确认制度要求双方当事人在未有纠纷之前，共同申请司法确认程序，易造成制度空耗，因为经过司法确认的和解协议未必真的需要强制执行，双方已发生争议需强制执行的协议当初未必经过了司法确认。协议还是那份协议，审查也还是这些审查，按照《新加坡调解公约》之规定，让真正有需求的当事人去申请强制执行，让法院去审查那些实际用得上的和解协议，才更能提高司法的效率，提供给当事人更多的获得感。[1]

---

〔1〕杨秉勋：《论〈新加坡调解公约〉与我国商事调解制度的发展》，载《北京仲裁》2020年第1期。

(三)警惕虚假调解的泛滥

虚假调解是当事人利用调解程序的合法形式来达到其非法目的的行为。虚假调解通常以符合法律程序的形式进行,当事人是在调解程序上处于对立地位的人,他们往往精心谋划,通过虚假陈述、毁灭或伪造证据等手段向有关组织寻求调解。当事人利用法律赋予当事人的达成和解的权利,骗取有关组织出具调解文书,这些行为在形式上是合法的,但是其具有损害案外人合法权益的非法目的。

自中国签署《新加坡调解公约》之后,司法机关就对中国加入公约而即将面临增加执行国际调解协议案件的增加量深表担忧,同时也对虚假调解而产生的侵害第三方利益以及公共利益的风险顾虑重重。相关人士十分担心会有一些不法分子利用商事调解制度的漏洞,去规避法律或躲避债务,因而认为对赋予商事调解协议与商事仲裁裁决同等的法律执行力应当采取观望的态度。但是事实上,《新加坡调解公约》并没有对调解机构和调解员的资质作出具体的要求,因为调解最为重要的性质便是自愿性,强调意思自治,公权力的过分介入可能会对调解制度的健康发展起负面作用。不过值得注意的是,虚假调解协议并非源于具体纠纷解决方式,而是源于协议双方的虚假合意及其背后动机。这种虚假合意通过诉讼、仲裁还是调解等方式成立只是其具体选择,而不是产生的来源。换言之,仅仅对调解员的资质与机构进行筛选,难以达到避免争议双方里应外合地进行虚假调解的目的。[1]

因此,实质审查中也应当加入对虚假调解的审查。虽然在发生虚假调解时,审查机构可以援引《新加坡调解公约》第5条第1款(e)项以及第2款(a)项中的相关规定来拒绝准予救济,但是这些规定都比较模糊笼统,也没有具体对如何承担违法后果进一步规定。所以,在将《新加坡调解公约》内化为国内立法的过程中,应当对虚假调解进一步作出规定,以打击国际商事调解领域中的违法行为。《民事诉讼法》第115条规定:“当事人之间恶意串通,企图通过诉讼、调解等方式侵害他人合法权益的,人民法院应当驳回其请求,并根据情节轻重予以罚款、拘留;构成犯罪的,依法追究刑事责任。”因此对于查明确属虚假诉讼、调解的,根据属地管辖原则,应该根据中国法律

〔1〕 吕勤:《〈新加坡调解公约〉研究》,云南财经大学2020年硕士学位论文,第41页。

承担相应的民事、行政或刑事责任。[1]

(四)发挥国际商事法庭的作用

2016 年 6 月 28 日,最高人民法院发布《关于人民法院进一步深化多元化纠纷解决机制改革的意见》,第一次提出要建设“一站式”纠纷解决平台。2018 年 1 月,中央全面深化改革领导小组会议,审议通过了《关于建立“一带一路”国际商事争端解决机制和机构的意见》,提出要在最高人民法院设立国际商事法庭,并推动建立诉讼与调解、仲裁有效衔接的多元化纠纷解决机制,形成便利、快捷、低成本的“一站式”争端解决中心。2018 年 6 月 29 日挂牌成立的最高人民法院第一、第二国际商事法庭,在国际商界引起巨大反响。国际商事法庭“一站式”多元解纷平台除了实现国际商事法庭与仲裁机构、调解机构之间的联动与衔接外,创新地组建了国际商事专家委员会。根据规定,专家委员会具有接受法庭委托主持调解国际商事案件职能,具有就国际商事法庭以及各级人民法院审理案件所涉及的国际条约、国际商事规则、域外法律的查明和适用等专门性法律问题提供咨询意见等专业职能。国际商事法庭充分发挥国际商事专家委员会成员、国际商事调解机构在国际商事调解中的作用,依法审查国际商事调解协议,通过调解书或判决书的形式赋予调解协议以强制执行力。作为法院“一站式”多元纠纷解决机制中关于国际商事争议解决的创新性成果,国际商事法庭“一站式”多元解纷平台机制的建设无疑是实现公约落地最好的切入点。从现实可行性来看,鉴于国际商事法庭多元解纷平台的国际性、专业性、权威性与灵活性,国际商事法庭将是公约落地中国际商事和解协议效力审议与执行机制最适合的主管机关。[2]

为了更好地应对《新加坡调解公约》的落地,首先要发挥国际商事法庭的制度性功能。在资金和人才流动频繁的今天,制度以及制度执行的竞争已经成为国际竞争的一个重要组成部分,在此背景下建立一个完善、有吸引力的制度对于促进经济的发展和提升本国的综合国力具有重要的作用。中

---

〔1〕 孙长龙:《论〈新加坡公约〉的完善及其在中国的适用》,载《国际商务研究》2020 年第 5 期。

〔2〕 梁修齐:《我国调解制度与〈新加坡调解公约〉的衔接问题初探》,载《东南司法评论》2019 年第 12 期。

国国际商事法庭制度设立的初衷就是要通过公平、公正、专业、高效的审理国际商事案件来满足当事人的要求、保障当事人的合法权益。为了保障制度功能的顺利发挥，中国国际商事法庭在现有司法体系下进行了一些创新，如聘任中外知名专家，组建国际商事专家委员会，其主要功能是为当事人提供调解服务、为法院审理案件所涉专门性法律问题提供咨询意见、为最高人民法院制定法律政策提供建议。商事专家委员会制度有利于我国国际商事法庭的国际化发展，为专业的审理国际商事纠纷提供了有力的条件。再如，我国还致力于将诉讼、调解和仲裁多种纠纷方式对接，为当事人提供“一站式”的法律服务。充分地发挥了诉讼、调解、仲裁等争议解决机制的优势，满足了当事人多元化需求，为纠纷高效、便利的解决提供了条件。同时，国际商事法庭制度也促使我国相关的法律和司法体系发生相应的变革以及我国法律制度的完善，为新时代国际商事争端解决新机制的建设和完善提供了指引。其次，要发挥国际商事法庭的公共产品的服务功能。国际商事法庭作为一种化解纠纷的公共产品，主要处理的是国际商事纠纷，解决的是当事人之间私人利益的再分配问题。随着越来越多的中外商人参与到国际经贸活动中来，广大商事主体对于建立一个公正、高效、专业的国际商事争端解决机制的需求日益强烈。但是“一带一路”涉及许多国家，法律的巨大差异和复杂程度给企业开展跨国商事活动带来极大的困难和挑战。因此，建立一个公正、高效、统一、可预期的争端解决机构，对于克服上述法系困难、防范法律风险、便于商事主体诉讼有十分重要的现实意义。因此，国际商事法庭的建立可以在全球范围内为保护国际商事主体的权利提供更为专业、高效、经济的法律服务。[1]

二、司法行政机关的应对建议

（一）加快国内立法以促进公约落地

我国商事调解方兴未艾，尚处在初步发展和探索的阶段。当今已有许多国家和地区以立法的形式对商事调解加以规制，并将其作为一种独立的纠纷解决方式。相较而言，我国商事调解立法体系尚未建立，甚至也没有一

〔1〕 孟瑶：《中国国际商事法庭若干疑难问题研究——以最高法关于设立国际商事法庭若干问题的规定为研究对象》，中国社会科学院 2020 年硕士学位论文，第 3～4 页。

部专门的商事调解法。我国民事诉讼法对当事人申请承认执行外国法院作出的具有法律效力的判决、裁定以及国外仲裁机构的裁决作出了规定，但对于当事人在国外达成的国际商事调解协议在中国申请执行或寻求救济问题，尚无具体法律规定。此外，国际商事调解程序中的诸如调解保密性、调解员任职资格等基础性问题，均需要立法指引。我国目前没有出台专门规定商事调解的法律，在调解立法方面依然存在空白。关于调解的相关立法，主要可见于《人民调解法》《民事诉讼法》《仲裁法》等法律法规和司法解释中，虽然这些法律法规和司法解释一定程度上填补了我国调解立法的空白，但大多规定是关于人民调解、行政调解和劳动调解，很少有直接针对作为独立程序的商事调解的规定。[1]

商事调解在国际上作为一种独立程序，其存在自有其合理性与必然性。调解作为争议解决的一种方式，相比较仲裁、诉讼而言，具有更强的自治性、保密性、程序灵活等优点，当事人对调解程序影响更大，拥有较大的自主权。我国目前商事活动的体量、数量已达空前活跃的程度，实践方面，我国目前的调解法律制度已经基本囊括了人民调解、仲裁调解、法院调解、行政调解等一系列调解法律制度，但是这些调解制度尚未形成体系，而是分散于各个法律法规中，且司法机关目前只承认法院调解、仲裁调解以及人民调解委员会调解的法律效力，而且人民调解委员会的调解还需经过法院的进一步确认，故加快建设我国商事调解立法迫在眉睫。

在国际上，国际商事调解经过多年发展，已经逐渐形成了较为成熟的法律规范，对我国商事调解立法体系的建设具有参考意义。联合国国际贸易法委员会制定的《国际商事调解示范法》便是最具有影响力的商事调解立法，其对商事调解的定义、调解程序的开始、进行、终止、调解员的选定和披露、调解的效力等问题作了较为详细的规定。我国的商事调解立法，应以鼓励和支持商事调解发展为基本原则，在充分尊重和体现当事人自治的前提下，借鉴《国际商事调解示范法》起草法律条文，对商事调解进行系统性法律建设。我国还应注意今年9月生效的《新加坡调解公约》为国际商事调解制度带来的最新变化，以预防未来可能因为本国原有法律与《新加坡调解公约》规定冲突而对国家利益造成损失的情形。

在国内立法上，以商事调解制度较为完善的新加坡为例，其商事调解立

---

〔1〕 吕勤：《〈新加坡调解公约〉研究》，云南财经大学2020年硕士学位论文，第42页。

法也经历了逐渐发展的过程，在 2017 年《新加坡调解法案》制定之前，有关调解的法律条文在新加坡法律法规当中较为零散，如《新加坡社区调解中心法案》《新加坡小额钱债审判法案》《新加坡妇女宪章》《新加坡雇佣法案》等各级法院的规则及程序指引中对于调解都有所涉及。《新加坡调解法案》的诞生则是为新加坡调解提供了制度性的法律框架，确定了新加坡经调解的和解协议的强制执行力。该法案对于适用范围、通信的保密性、经调解的和解协议的强制执行力、法院程序的中止、外国律师的参与等方面对新加坡调解的国际化有了很大的推动。〔1〕

我国进一步建设商事调解制度的首要目标就是加强立法工作。司法行政机关应将《调解法》的立法工作提上日程，通过法律明确包括调解的定义，国际商事的定义，调解程序的开始、进行、终止，调解员的选定和资质标准，调解的效力，调解员的披露义务，调解协议的执行等方面的内容；承认法院调解、仲裁调解、行政调解、人民调解委员会调解以及私人机构和个人调解的法律效力。〔2〕

（二）加强对调解机构与调解员的监督和管理

近年来，各类商事调解组织蓬勃发展，特别是在北京、上海、天津、深圳、广州等商业活动交流频繁大城市。这些调解组织致力于组织商事调解活动，并提供相关的法律咨询、培训交流活动，它们的出现与发展很大程度上体现了中国市场对商事调解活动的需要和热情。但由于缺乏立法层面对商事调解活动、商事调解机构及商事调解员的规范，这些组织仅能依托现有的法律制度和社会组织建立。其中一部分属于法院、仲裁委下设的调解中心，一部分依托行业协会组建，还有一部分是社会团体、律师事务所、民间组织等依靠自身资源组织的调解中心。〔3〕

同样地，《新加坡调解公约》也没有具体规定调解员任职资格或者是主

---

〔1〕 黄一文、王婕：《新加坡商事调解制度的发展及其启示》，载《商事仲裁与调解》2020 年第 3 期。

〔2〕 孙长龙：《论〈新加坡公约〉的完善及其在中国的适用》，载《国际商务研究》2020 年第 5 期。

〔3〕 黄一文、王婕：《新加坡商事调解制度的发展及其启示》，载《商事仲裁与调解》2020 年第 3 期。

管机关的性质和职责。在此可以调解制度较为发达的新加坡国内立法为参考。《新加坡调解法案》是经新加坡国会通过并于 2017 年 11 月正式生效的，其主要目的是"促进、鼓励并协助通过调解方式解决争议"。在调解员方面，经《新加坡调解法案》认证的调解员或《新加坡调解法案》认可的调解服务提供方管理的案件中的调解员不受到《新加坡法律职业法案》对于新加坡律师资格的相关约束。从调解代理人方面，修订后的《新加坡法律职业法案》也明确了外国律师可以作为代理人参与任何调解地点是新加坡的跨境协议相关的经认证的调解员调解或经任何的调解服务提供方管理的任何调解案件。这一修改也积极促进了新加坡调解的国际化发展，在解决跨境争议时，调解比诉讼更具吸引力。从《新加坡调解法案》条文中不难看出《新加坡调解法案》把相应的质量把控的任务交给了其认可的调解员及认可的调解服务提供方身上。《新加坡调解法案》条文中有多处明确提及其认可的调解员及认可的调解服务提供方，如经调解的和解协议登记为法院命令、对外国律师及调解员资格的放宽等方面，让其肩负着对调解程序及调解质量把控的重任。同时，新加坡律政部对于相应机构的名单也处于谨慎的态度。目前，仅有新加坡调解中心、新加坡国际调解中心、世界知识产权组织调解及仲裁中心以及三方争议管理联盟是《新加坡调解法案》项下认可的调解服务提供方；仅有经新加坡国际仲裁学会认证的调解员是《新加坡调解法案》项下认可的调解员。[1]

分析我国的现有调解机制可以得出，业务指导方面存在多头管理的情形，比如人民调解是由国家司法行政部门（司法部）进行指导、司法调解则以国家司法机关（法院）作为中心，而行政调解由国家行政部门来主导。因公约的主旨在于解决国际商事调解达成的和解协议的跨境执行问题，在我国法律体系下，人民法院是保障各类调解协议得以强制执行的最主要的公权力机构，并且是承认和执行外国仲裁裁决的法定主管机关，故设立以人民法院为主管机关审议公约框架下和解协议效力与执行问题的公约配套机制具有现实可行性。[2] 此外，我国应逐步开放民间调解制度，在法律层面上认

〔1〕 黄一文、王婕：《新加坡商事调解制度的发展及其启示》，载《商事仲裁与调解》2020 年第 3 期。

〔2〕 刘潇：《〈新加坡调解公约〉与我国多元纠纷解决机制的衔接》，载《人民法院报》2020 年 2 月 21 日，第 6 版。

可民间调解,鼓励具有法律知识、具备调解能力的人从事专业的调解工作尤其是商事调解工作。2018 年我国司法部为推广“枫桥经验”,使《关于加强人民调解员队伍建设的意见》得到进一步贯彻与落实,因此创新了人民调解的组织形式,采用就地化解矛盾与纠纷的方式,充分发挥了人民调解维护社会和谐稳定“第一道防线”的作用,提出了《关于推进个人调解工作室建设的指导意见》。该《关于推进个人调解工作室建设的指导意见》虽然重点在鼓励人民调解的发展,但也可是作为民间调解制度的开端。我国应鼓励具有专业知识和能力的法律执业者专门从事商事调解工作,在法律层面上认可民间调解的效力,培养、发展一批以商事调解为主业、重视个人声誉及专业素养的专职调解员,建立健全专职调解员的管理制度及薪酬体系。我国的商事调解制度才能够更加健康、全面发展。[1]

加强对调解机构与调解员的监督和管理,首先要建立调解员资格标准及认证制度,当前国际商事法庭对专门从事国际商事调解的调解员没有确定的、统一的标准和要求,各机构关于调解员的选任标准各异,水平良莠不齐的调解员难以保证纠纷解决的效果,而国际商事调解对调解员的调解能力、外语能力、处理国际商事纠纷的经验有着较高的要求,这两者之间的矛盾决定了国际商事法庭对当事人选择调解吸引力不足。因此的重要问题是对调解员实现统一规范。建议国际商事法庭建立调解员的资格认证、培训和职称评定等规范,建立调解员统一名册。对从事国际商事调解的调解员实行统一管理,制定调解执业标准和道德规范,并对调解员的调解行为进行合理的监督。建立统一的调解员资格标准应该将统一标准和动态认证机制结合起来。对此可以借鉴上述新加坡的调解员制度的相关做法,采取认证制下,当事人可以基于对调解员的经历的了解、声望以及费用等因素的考虑而选择调解员,这样可以充分尊重当事人的自由选择权。同时,要防止单一的资格标准可能会发展的固化,脱节于当事人的真正需求,因此,可以在设置一定标准的商事调解员资格准入制度的基础上,加入动态弥补的机制,吸引生活经验丰富、富有社会声望,认可度高的人员加入调解员队伍。此外,每一位调解员应当在线上平台公开其曾经调解的经验、成功率,为当事人减少的时间成本和金钱成本,在公开与案件有关的信息的时候要注意隐去需要保密的部分。这既是当事人在选择调解员的一个良好参照,也是调解机

[1] 吕勤:《〈新加坡调解公约〉研究》,云南财经大学 2020 年硕士学位论文,第 45 页。

构对该调解员考核的依据。其次有必要出台《调解员职业守则》,因为仅仅适用机构的调解员职业守则不能为当事人更高效地解决国际商事纠纷。国际商事法庭应当整合调解机构现有的调解员职业守则,取长补短,再结合国际先进经验制定出《调解员职业守则》,可以规范调解员的不端行为。对此可以学习新加坡的《SIMI 调解员职业行为评估》,对于当事人的投诉,审查认定,一旦调解员被认定存在违反职业守则行为的,设置警告、停职以及永久不得从业等不同程度的处罚。[1]

(三)明确调解与仲裁的程序转换规则

调解与仲裁相结合在实践中应用广泛,两者的结合充分发挥了调解和仲裁各自的优势,又相互弥补了弊端。常见的调解与仲裁相结合的解决纠纷的方式如下:第一种是"先调后仲"模式,当事人在解纷不成后再启动仲裁程序,在此过程仲裁员既是调解员又是仲裁员;第二种是平行模式,在仲裁时适时进行调解,调解不顺则仍然回到仲裁,在此过程中分别仲裁员和调解员相互独立,不存在角色的转化问题;第三种是仲裁中调解模式,在仲裁时由仲裁院主持调解,如果调解进展不顺利可以再恢复仲裁,由仲裁庭在各当事方提交的方案中作出选择;第四种是仲裁后调解,即仲裁庭作出仲裁裁决后,一旦存在执行不利的情况,可以利用调解化解。仲裁与调解变得越来越密不可分,越来越多的仲裁机构也下设调解中心,在一定程度上也方便了调仲程序的对接,不论哪种模式都具有存在的意义,那么对于这部分内容的规制显得尤为必要。[2]

我国现行《仲裁法》第 51 条设计了"仲调结合"制度,规定仲裁庭在作出裁决前可先行调解,当事人自愿调解的,仲裁庭应当调解,主持调解的调解员通常为审理该案的仲裁员,调解达成协议的,仲裁庭应当制作调解书或者根据协议的结果制作裁决书,调解书与裁决书具有同等法律效力,调解不成的,应当及时恢复仲裁程序,并及时作出裁决,这种模式做到了仲调结合的无缝衔接,体现出仲调结合程序上的灵活性与便利性,这种方式在国际上被

---

[1] 孙一冰:《我国国际商事法庭调解制度研究》,中央民族大学 2020 年硕士学位论文,第 47~50 页。

[2] 孙一冰:《我国国际商事法庭调解制度研究》,中央民族大学 2020 年硕士学位论文,第 51~52 页。

誉为“东方经验”,追求各主体间的互谅互让、以和为贵。与诉调相结合的性质一样,仲调结合所出调解书或裁决书同样不得适用《新加坡调解公约》,因其天然地具备了强制力,《新加坡调解公约》第 1 条第 3 款第 2 项明确排除了“已记录在案并可作为仲裁裁决执行的协议”。同时,《仲裁法》第 49 条规定:“当事人申请仲裁后可以自行和解。达成和解协议的可以请求仲裁庭根据和解协议作出裁决书,也可以撤回仲裁申请。”[1] 该条文所述为自行和解形成和解协议的情形,尽管有和解协议这一书面结果,但其并非《新加坡调解公约》所及之经第三方国际商事调解机构调解产生的和解协议,故该协议同样无法适用《新加坡调解公约》效力。因此,《新加坡调解公约》落地后不会出现能适用条约的仲调结合模式。国际商事调解与我国其他争端解决机制的衔接存在许多种可能,或一前一后、或同时进行,如果某一国际商事争端同时寻求两种争端解决方式的救济,即同时适用调解和诉讼,或同时适用调解和仲裁以解决同一争议内容,一般而言,国际商事争端标的额很大,要交纳的调解费、诉讼费、或仲裁费也不少,当事人选择同时进行两种救济方式的可能性极低,即使有出现的可能,为节约司法资源,考虑到调解进行的高度自主性,诉讼或仲裁在受理审查时可让位于调解,即发生救济竞合时,调解优先。同时,《新加坡调解公约》第 6 条也规定了并行申请或者请求的情形,即当事方如果已经向法院、仲裁庭或者其他任何主管机关提出了与和解协议有关的申请或者请求,而该申请或者请求可能影响到根据《新加坡调解公约》正在寻求对和解协议的强制执行救济,此时正在提供执行救济的主管机关可在其认为适当的情况下暂停作出决定,并可应一方当事人的请求下令另一方当事人适当具保。[2] 换言之,所谓并行申请或请求,指与和解协议的执行程序同时进行,且可能对其产生影响的司法程序或仲裁程序。《新加坡调解公约》要求适当情况下,执行机关在司法程序未结束前可推迟裁定,以尊重当事方自主选择的调解以外的救济途径,同时,执行机关可应

[1] 《仲裁法》第 49 条规定:“当事人申请仲裁后可以自行和解。达成和解协议的可以请求仲裁庭根据和解协议作出裁决书,也可以撤回仲裁申请。”

[2] 《新加坡调解公约》第 6 条规定:“如果已经向法院、仲裁庭或者其他任何主管机关提出了与一项和解协议有关的申请或者请求,而该申请或者请求可能影响到根据第 4 条正在寻求的救济,寻求此种救济所在公约当事方的主管机关可在其认为适当的情况下暂停作出决定,并可应一方当事人的请求下令另一方当事人适当具保。”

一方当事人的请求要求另一方提供担保，以保证商事争议能够获得解决的可能性。总而言之，成熟的国际商事调解机制在与其他争端解决方式衔接时应当做到融会贯通，跨境商业贸易纠纷的复杂性、价值取向的差异性、环境背景的多样性推动了混合式争端解决方式的发展，诚然，这必定离不开与时俱进的顶层设计创新与实践经验总结。[1]

（四）完善"一带一路"调解解决争端的机制

为"一带一路"倡议实施过程中产生纠纷的当事人增加纠纷解决渠道，对"一带一路"调解解决争端的机制进行完善，不仅有利于打造我国优质司法服务品牌，还能提升我国调解机构的国际司法竞争力。《新加坡调解公约》生效之后，可以考虑结合"一带一路"倡议中商事调解的相关需要组织专家学者共同进行研讨制定"一带一路"沿线国家的商事调解协议执行公约。以公约的法律效力和执行力保障商事调解协议的执行，推动商事调解在"一带一路"沿线国家中得到更好发展和适用，并不断完善公约中的各个规定，确保商事调解协议执行效力。[2]

调解作为一种非诉讼纠纷解决方式，近几十年受到了世界各国的青睐，其符合中华文化中"以和为贵"的价值取向，与"一带一路"所倡导的和谐包容原则也非常契合，调节不仅有助于提高争议解决的效率，也能维护沿线国家间的友好合作关系。迄今为止，已经有如克罗地亚经济商会调解中心、新加坡国际调解中心、阿布扎比商务调解仲裁中心等众多调解机构以及各仲裁机构下设的调解中心在"一带一路"沿线建立了起来。《新加坡调解公约》生效后，法律赋予了和解协议可直接申请执行的效力，弥补了原先调解强制执行性差这一缺陷，将会有更多纠纷当事人原意通过调解进行纠纷的解决，调解机构得以发挥其作用和优势，在"一带一路"倡议中将会广泛使用调解作为争议解决方式。中国应当抓住这一机遇，加快发展"一带一路"中的调解解决争端机制建设，大力支持各个调解机构的调解工作，积极鼓励"一带一路"沿线产生国际商事争议的当事人通过调解解决争议。中国可以考虑

---

〔1〕 徐小璇：《〈新加坡调解公约〉落地中的若干法律问题研究》，中国社会科学院2020年硕士学位论文，第28～29页。

〔2〕 黄良盛：《"一带一路"建设背景下我国商事调解的发展思考》，载《中国司法》2020年第4期。

推动在《新加坡调解公约》体系下建立一个以公约为基础的世界性调解机构,逐渐扩大支持调解协议救济的缔约方,并且在《新加坡调解公约》体系下倡导统一贸易法委员会调解规则,将中国方案和中国智慧融入规则,引领调解体系标准的建立,使"一带一路"争端解决更加高效和便捷。[1]

三、调解机构的应对建议

自20世纪进入下半叶,司法实务中的"诉讼爆炸"难题愈演愈烈,一方面法院无法处理如此数目繁重的诉讼案件,另一方面法院审判案件的低效令民众越发不满。在此背景下,替代性纠纷解决方式(ADR)制度得以蓬勃发展。法律界人士十分看重调解程序在纠纷解决中展现的独特作用,而调解程序在纠纷解决实务中的优异表现也使调解观念的深得人心。正因如此,近十年里,现代调解制度高速发展,在各国成文化法制化,特色鲜明的多元调解模式也在各国迅速传播发展,调解观念深入人心。

自古以来,我国就有"无讼"的传统,因此和解、调解很早就在我国起源和发展。现如今,虽然我国从未放弃对调解制度的发展建设,但我国将更多的建设力量投入了人民调解制度中,相较而言,更具专业性的调解机构的商事调解、仲裁机构的商事调解并未得到大力支持。对于争议解决范围,人民调解和商事调解各有不同。根据《人民调解法》第2条的规定内容,人民调解虽有权受理商事争议,但是商事争议中有大量仅靠人民调解无法处理的难题,譬如程序行政化、维稳为先、法学专业技能薄弱、调解员职业化程度低等。由于调解与仲裁机构所得到的政策支持较少发展缓慢,导致了我国虽有广泛的调解、和解历史人文基础,但是该制度建设水平远落后于西方多数国家的怪象。

基于立法视角,我国目前存在调解制度快速发展而相应统一的《商事调解法》迟迟未能出台,无法满足法治需求的情况。目前,我国法律体系中对于执行和解协议的"接口"规定不足;从调解实践来看,目前我国已基本形成"以人民调解、行政调解、司法调解'三调联动'为基础的多元化纠纷解决机

---

〔1〕 孙长龙:《论〈新加坡公约〉的完善及其在中国的适用》,载《国际商务研究》2020年第5期。

制工作格局”,[1]形成了行业调解、联合调解、诉调对接、调裁结合、特邀调解等独具中国特色调解方式共存的调解体系。在调解机构上,除了传统的各级法院、人民调解委员会及消费者协会,“一带一路”国际商事调解中心、中国国际贸易促进委员会调解中心、上海经贸商事调解中心等专业的调解机构也先后建立。此外,中国经济贸易仲裁委员会、上海国际仲裁中心等仲裁机构乃至全国的商会组织也在调解程序中发挥独特作用。但从另一角度而言,以上众多背景复杂的调解机构也折射出我国调解制度的不统一。

我国调解机构应对于《新加坡调解公约》带来的国际商事纠纷解决新途径给予足够重视,正视我国商事调解制度发展不成熟的问题,在接踵而至的问题冲击中积极作出改变,全面应对新时代新情况新机遇。

(一)拓展市场

目前,我国商事调解组织的发展缓慢。近几年,为响应拓展多元化纠纷解决的国家号召,全国各地涌现了各类国际争端解决机构是涉外商事争议解决的新途径。调解组织虽在总体数量上有着明显提高。我国国际商事调解组织由于发展的不成熟,在规则设计、推广宣传上处理经验不足,导致受案数量不多、国际公信力不足等问题。因此,在公约对我国生效后,我国的商事调解机构应借助本国的资源优势,在吸取国际调解机构的发展经验的基础上,不断提升自身核心业务服务水平。

基于商事调解制度灵活性的特质,其国有的自身发展逻辑易受到政府干预的不利影响,因此在制度上,强制性的调解员任职标准是多余的,过多的标准反而会影响完全竞争市场中消费者对于调解员的自主选择,消费者作为理性人在市场中实践中所作出的对于调解员的不断选择,显然更具有市场合理性。

除了灵活性,有偿性也是商事调解的特征之一,也是商事调解制度内在的生命线。由于人民调解制度的半官方性影响,调解员调解民间纠纷须具有非营利性质,但对商事调解来说,市场逻辑是其健康发展的生命线。商事调解的职业化、专业化需求决定其采取收费制是具有现实必要性的,但是人民调解法框架下调解收费是不被允许的。事实上,商事调解作为与

---

[1] 龙飞:《“多元化纠纷解决机制”正铺开宏伟画卷》,载《人民法院报》2017年10月17日,第2版。

市场息息相关的行业,经济利益是其引导专业人才进入调解行业的动力源泉。

实际上商事调解中也是多元的,有的是用市场机制来完成它的运作,有的是"公益+市场"并行,也有的是用其他方式的公益形式,如证券业不向当事人收费,也是一种公益性。所以,从长远来讲,商事调解必然本身是多元化的,不能简单地用一部法规进行统一规定。商事调解应当规范化和多元化并重。实务中各国的调解也都是实践先行,没有哪个国家是架空地先制定一部完整的调解法再来进行调解,所以这方面我可以采取"摸着石头过河"的方式,在摸索中找寻最合适的方案。

我国重视司法,而民间性的调解机制不足,自治性不足。所以,在这个发展过程中我们需要民间调解机构的项目协调。在政策的指引下积极发展,走出自己的道路。[1]

(二)完善规则

1. 完善调解员的执业规则

商事调解员的执业被分为两种,机构调解及独任调解。其中独任调解,是指由当事人基于意思自治临时选择独立于调解机构的调解员作为中立第三方进行调解。目前大多数国家对于两种调解的形式都予以认可。[2] 但基于对人民调解制度的类推适用,独任调解的效力无法得到法律支持,即只有调解机构所属的商事调解员才可调解。这种类推适用,对于调解的灵活性特点是严重打击,且阻碍了商事调解行业的全面发展。但是,《新加坡调解公约》并未对调解协议的来源进行限制规定,即承认独任调解协议的有效性。在此背景下,对于人民调解模式的类推适用将会导致我国独任调解员所达成的商事和解协议在国际上不具有效性,这种情况无异于自断一臂。

2. 完善调解机构的调解规则

公约中规定,当调解员严重违反适用于调解员或调解的准则时,可拒绝执行和解协议。基于灵活性特点,不同的调解技巧适用于不同的调解模式,

---

〔1〕 范愉:《"一带一路"商事法律服务与商事调解》,载"一带一路"国际商事调解中心网,http://www.bnrmediation.com/Home/Article/detail/id/620.html。

〔2〕 陈忠谦:《临时仲裁实践的中国方案探讨》,载《仲裁研究》2019 年第 2 期。

因此公约对于有关的程序和内容没有统一规定。目前,各国对与调解规则并无统一的做法,即使一国之内,不同机构也会基于自身考虑因素而做出不同规定,因此,调解机构所自行制定的调解规则及调解员的职业伦理等文件显得意义重大。譬如,调解的独立性、中立性和自决性在不同国家会受到不同的程度的重视并产生不同的影响。除此之外,当事人基于不同因素的考虑(例如,第三方对事实的熟悉程度对于调解的妥善进行具有有利影响;第三方与当事人有着良好的关系,更具说服力等)对于不中立的调解员也可接受并任命。因此,调解机构所制定的机构规则完善程度以及调解员的技巧和职业伦理水平直接影响了公约的现实履行效果。[1]

(三)创新服务

1. 加强部门衔接

“调裁分离”“审调分离”的调解机构设置具有极大优势,其避免了“仲裁中调解”“诉讼中调解”产生的调解员中立性的难题,此外强化了调解员专业知识技能。事实上,上海国际仲裁中心等仲裁机构对于调解员与仲裁员的分立已有了相应部署,法院内部争议解决平台也在持续推进过程中,这都大大降低了法官兼任调解员的可能。

另外,加强各个部门的衔接也是必不可少的。多元化的争议解决机制之间并非完全不相关,加强各个部门的衔接非常重要。在过去,争议解决遇到“瓶颈”后很难有突破,例如仲裁陷入僵局后无法突破,而现在可以将多元化纠纷解决机制结合利用,很多法院、仲裁机构与调解机构之间相互有联系,当某一方式进行遇到困难时可以切换另一种方式,以解决僵局。

目前,我国对于纠纷解决制度的构建主要采取仲裁为主,商事调解为辅的框架形式,但是这种框架设计无法避免地带来如何在同一框架下同时约束仲裁和调解的制度的问题以及两者如何衔接的问题。当然,调解也可突破辅助方式成为一个完整独立的纠纷解决机制,因此调解前置,仲裁中调解以及调解独立都应有相应的制度规范。最后,随着各国调解机构发展成熟,各国应针对本国专业调解机构进行法律制度的统一设计,约束调解措施,减

---

〔1〕 赵云:《〈新加坡调解公约〉:新版〈纽约公约〉下国际商事调解的未来发展》,载《地方立法研究》2020 年第 3 期。

少各调解机构一味为了承揽纠纷而采取参差不一的制度，损害调解的公正。[1]

2. 结合现代手段

加强各部门之间的衔接也给举证、材料提供方面避免了很多的重复。现在的举证无须公证，只要证据不存在异议，当事人相信证据的真实及合法性就可以采纳，这在程序上是非常便捷的办法。

采用现代化手段也是调解发展的必然趋势。无论在国内仲裁，还是国际仲裁，因为疫情的原因，都要通过网上进行，包括调解现在都采用现代化的手段。最高人民法院用网上的方式受理，每27分钟就可以结一个案子。在这种情况下，当事人的争议在网上就可以解决。所以我们需要更多的专业人才能利用现代化手段。对调解员、仲裁员和法官来说，在新的形势下，提高综合能力是必不可少的。不仅法律素质要高，熟知国内法律、国际法律，同时对网络运作技术的运转也要非常清楚。同时外语水平也对仲裁员和调解员提出了新要求，因为在跨国争议通过网络解决时很少配备同声传译。[2]

（四）培育人才

1. 整合商事调解机构，营造调解职业发展空间

目前我国商事调解机构众多、资质不一、能力差异明显、专业性有待加强。整合商事调解机构，建设专业商事调解队伍，可以参照体系较为成熟的仲裁建设商事调解机构。由于商事调解的概念尚未确定，故而有关商事调解机构的性质也没有明确。发挥商事调解优势，需将我国商事调解机构从现有混乱的状态中拎出来。我国商事调解尚处于初级阶段，要想拉近与国际商事调解的距离，要重点推动其职业化与专业化。

2. 规范调解职业伦理，建立调解人员选任制度

明确调解人员的专业素质，统一认证，设置资格准入门槛。《新加坡调

---

〔1〕 战蕾：《“一带一路”倡议下国家间民商事争议调解机制研究——以〈新加坡调解公约〉与我国法律制度联系为出发点》，载《赤峰学院学报（汉文哲学社会科学版）》2019年第12期。

〔2〕 月姣：《刍议“一带一路”争议解决的新趋势》，载“一带一路”国际商事调解中心网，http://www.bnrmediation.com/Home/Article/detail/id/616.html。

解公约》第5条第1款第5项和第6项对调解员的行为提出了要求。公约虽然没有详细地为调解员的选任做谋划,但其提供了一个大致框架,在实际上指引了我国商事调解员的选任。可采取公开招考的方式将高素质、高水平、能力强的具有相关专业背景的人员招募进商事调解队伍。[1]

因此,调解员的资格考试的设立是具有现实必要性的,并且考试项目的设定应从调解员的专业需要出发,如考察调解的中立性与保密性的应用、调解程序以及纠纷处理的能力等。基于我国国情考虑,在《新加坡调解公约》对我国生效之前,使用认证制度作为调解员资格确定方式更具合理性,但在《新加坡调解公约》施行后,采取具有强制性的准入制将更能满足我国的实际需要。

从各国实践而言,调解员为获取任职资格认证需接受相当课时的调解培训、具备相应学历且无犯罪记录。学历常常是调解员资格的考核标准之一,例如在奥地利、德国等欧盟国家的调解立法中,调解员应具有的学历做出了规定。一般而言,高学历往往意味着较高的知识储备,而这种优势可以有助于和解的达成。但在实务中,相较于知识储备,调解经验及技巧对于调解效率的提高更为显著。因此,学界一直存在将对调解员的学历考察排除出商事调解员的任职资格考核的声音。事实上,一个未受高等教育的商人在商事纠纷解决中同样能运用其经验技巧妥善高效地完成调解过程。因此我国对于调解员的资格要求,不应过分强调对于学历的要求,对于调解员的资格考试内容要着重于调解员的实务能力。

但对于具有涉外性、复杂性的国际间商事纠纷来说,调解员相应的知识储备也是必需的,在特定领域内调解技巧或经验并不能排除相关业务知识的作用,所以对于国际商事调解员调解资质的认定上应将实体知识纳入考核标准。在《新加坡调解公约》超前执行的模式框架下,对从事国际商事调解调解员的个人技艺水平要求更高,不仅对语言水平要求严苛,相应的业务培训制度也更加严格。在葡萄牙,开办调解员培训课程需得到司法部许可,而《葡萄牙调解法》中又规定了140小时课时以上的调解培训课程的硬性要求。我国可参考葡萄牙法律法规,将调解员接受国际商事调解业务培训规

[1] 战蕾:《“一带一路”倡议下国家间民商事争议调解机制研究——以〈新加坡调解公约〉与我国法律制度联系为出发点》,载《赤峰学院学报(汉文哲学社会科学版)》2019年第12期。

定相应调解资格的必要条件，调解员完成调解培训课程获得由培训机构出具相应资格证明，之后方可参与国际商事调解业务，同时培训机构的认定又需要获得司法部的审批许可。综上，我国在对商事调解员的资格认定应同时考虑基础标准以及对特定类型纠纷的特殊标准。比如，对普通的国内商事纠纷要求调解员接受一定课时的调解培训、通过调解员资格考试等，对于学历则不需要做出要求。对从事国际商事调解的调解员则应以其接受一定课时以上的国际商事调解员培训课程并获得该类机构的认证为执业前提。[1]

3. 完善培养管理制度，提高调解人员专业程度

提高调解人员的专业化程度，培养专业调解人才是极为重要的。《新加坡调解公约》第5条是关于调解员的规则和披露义务，调解协议的顺利达成，其中最为关键的就是第三方调解人员，这就要求我们必须重视调解人员的培养制度以及管理机制。

国际商事调解的健康发展需要调解人才的职业化，目前国内的人民调解员多是高校在校老师或执业律师。这种非职业化的国际商事调解员不容易获得纠纷当事人的信任，也不利于商事调解组织的长远发展。在此基础上，调解员丰富的知识储备以及较高人格素养，对于调解程序的顺利进行有着巨大利好影响，但我国目前还未构建一套完善的调解员培训、资格认定流程。因此，执业许可和资格认证制度是我国建设国际商事调解人才队伍最为现实紧迫的需求。另外，对于调解员的鼓励引导不到位也阻碍了调解行业的职业化。我国调解员主要采取兼职的方面的主要原因就是纯粹的调解收入数额与付出的劳动精力无法匹配，这极大地打击了调解员职业化的积极性。[2] 除此之外，由于国际商事调解相较于国内对于调解员的技艺综合素质水平要求更加严苛，一方面国际商事调解的调解员需要掌握相当熟练的外语交流能力，另一方面还需对不同文化背景下的思维习惯有所了解。譬如，欧洲各国更注重结果导向型的行为逻辑，而东亚人受谈判的程序以及人际关系影响更为显著。所以，倘若我国在调解员队伍的建设中无法实现

---

〔1〕 黄彦雄：《论我国商事调解员制度的规范建构——在〈新加坡调解公约〉背景下的制度衔接》，载《吉林工程技术师范学院学报》2020年第4期。

〔2〕 赵云：《〈新加坡调解公约〉：新版〈纽约公约〉下国际商事调解的未来发展》，载《地方立法研究》2020年第3期。

职业化专业化,可能导致我国实务中对于国际商事纠纷业务潜在客户的大量流失,这将严重阻碍我国商事调解机构在国际调商事调解业务中公信力的建立。〔1〕

因此,我国迫在眉睫需解决的问题是有关调解员或调解机构职权独立性不足的问题。我国可参考西方各国的调解制度经验,通过调解员名册制度或员额制度,即"具有正式调解员身份者签署的调解协议可依照《新加坡调解公约》获得独立的执行力"来强化调解员或机构的公信力及独立性;除此之外,因将法律服务的时间作为调解员资格的认证条件,这是因为丰富的实践经验能极大地提高调解的效率及成功率;对于调解员调解行为的限制不应因噎废食,要全面考虑业务的实际需要,相关法律强制性规定应限于调解员的故意舞弊行为或故意不履行信息披露义务的行为,同时法律规定中留出调解机构内部机构准则的调整空间,减少对于调解员实务操作的干预,提高调解效率。

四、当事人的应对建议

(一)当事人可以选择调解解决争议

随着全球化进程不断进步,跨国贸易日益繁荣,与此对应的跨国纠纷也在逐年增加。对于当事人来说,传统的诉讼模式,会有各种期间需要等待,从起诉到最终判决、执行往往要花费数月甚至数年,这对于商事的资金流转等十分不利,可能会因此失去宝贵的商机。

相比诉讼仲裁,调解程序灵活,过程保密,高效便捷。另一方面调解的目的并不是追求胜败,而是更多的追求双赢,一次成功的调解是会赢得当事人双方的满意,对于双方当事人未来长期稳定的合作关系有着极大利好。调解的成本相对于其他纠纷解决方式也更为低廉,时间也更加灵活,可控性强,而最有吸引力的一点是不会因为纠纷而终止商业关系。选择调解方式解决纠纷有利于发挥其独有优势促进国际商事贸易的发展。

2017 年,美国新泽西城市大学商学院争议解决中心针对国际商事争议解决的相关问题进行问询调研。调研内容主要是对 24 个国家的 2500 余名

---

〔1〕 黄彦雄:《论我国商事调解员制度的规范建构——在〈新加坡调解公约〉背景下的制度衔接》,载《吉林工程技术师范学院学报》2020 年第 4 期。

当事人有关国际商事纠纷选择的途径及原因。据调研报告显示，64%的受访者"不经常"或"从不使用"调解来解决商事纠纷；进一步的，问询其在调解途径选择的消极态度的原因，有57.14%的受访者表示系因"对调解程序不熟悉"，而28.09%的受访者表示系因"缺乏国际上的执行机制"；在问题"是否考虑将调解条款纳入合同"上，23%的受访者表示"从不考虑"。最后，80%的受访者表示"设若存在执行和解协议的国际机制时会选择调解作为争议解决机制"。[1]

由以上调查可以得出推论，当事人对调解程序的顾虑主要有两点，一是经过调解产生的和解协议一直不具有强制执行力，二是当事人对调解程序不了解。这使得国际商事调解机制的优势得不到发挥。《新加坡调解公约》的生效是对于偏好协商解决纠纷的国际商事纠纷当事人的利好消息，该公约能保障其调解协议的有效执行。《新加坡调解公约》为国际商事和解协议的执行给出了统一规定，缓解纠纷当事人只能选择针锋相对、费时费力的诉讼、仲裁程序的难题，提高了调解作为多元化争议解决方式之一的国际公信力。

《新加坡调解公约》的签署也让调解这一原本不被当事人熟知的纠纷解决机制进入了大众的视野。借着《新加坡调解公约》的颁布和实施，当事人也可以从多方面加强对调解制度的学习和了解，顺应时代潮流，为建设良好的国际商事纠纷解决机制添砖加瓦。

（二）加强对新加坡公约的学习理解

《新加坡调解公约》的生效最大限度地保证了当事人对于国际商事纠纷达成的和解协议的执行效力，如当事人不自觉履行，则可能被强制执行。《新加坡调解公约》生效前，调解所产生的协议存在被当事人拒绝予以承认以及消极的不作为的现象。当事人如果想要用好《新加坡调解公约》这个公约，就需要认真学习，深刻理解公约内容，在此基础上解决纠纷缔结和解协议，这样在缔结合同的时候可以更好地约定争议解决条款，减少因不符合公约规定带来的调解和解协议不被承认的风险。

要想缔结满足《新加坡调解公约》适用规则的调解和解协议，需要注意以下几点：

---

〔1〕 该报告系联合国国际贸易法委员会第二工作组（争议解决）第六十七届会议收集的资料。

第一,《新加坡调解公约》第 1 条(适用范围)就明确规定:“本公约适用于调解所产生的、当事人为解决商事争议以书面形式订立的协议(‘和解协议’)。”《新加坡调解公约》规定和解协议必须为书面形式并否认口头协议的执行效力,但对于书面形式的认定较为宽松,将电子数据形式也纳入公约所调整的范围。

第二,《新加坡调解公约》规定调解员的参与是和解协议有效的必要条件。《新加坡调解公约》序言所述:“调解作为一种商事争议解决办法对于国际贸易的价值,争议当事人藉此办法请求第三人协助其设法友好解决争议。”除此之外,公约第 2 条第 3 款对调解进行了定义。可以看出,倘若一份和解协议是双方当事人自行达成的,这种缺少调解员参与调解的和解协议将被认定为纯粹的商事合同而不受公约调整。

第三,公约强调“和解协议”的“国际性”。根据该公约第 1 条第 1 款对于适用范围规定,判断是否具有“国际性”的标准与是否具有“涉外因素”挂钩。其次,公约对“具有国际性”的具体情况做出规定,具有国际性的纠纷当事人的主要营业地设立点应位于不同国家,或虽然当事人营业地位于同一国家,但和解协议与当事人营业地分属不同国家。其中和解协议履行地在实务中一般与当事人救济执行地相同。同时,公约未对和解协议当事人的国籍作出要求,即不论当事人是否属于缔约方公民。在该层面《纽约公约》与《新加坡调解公约》有很大不同。根据《纽约公约》第 1 条第 1 款的规定,在国际仲裁是否具有国际性的认定上,主要考虑因素是仲裁地而不是营业地。

第四,根据《新加坡调解公约》第 1 条第 2 款的规定,《新加坡调解公约》调整的范围限于商事,而对于消费者保护、雇佣劳务、抚养、婚姻、继承等则不适用。

第五,对于执行程序的规定,《新加坡调解公约》强调高效性。《新加坡调解公约》第 3 条强调简化执行机制,规定“和解协议”一经申请,立即执行,通常执行过程中常有的承认和解协议这一程序被删去。公约内容重点在于协议的执行,而对于和解协议效力的承认并无规定。

第六,执行地主管机关可对“和解协议”进行审查。《新加坡调解公约》设立的本旨是为了加强调解在解决商事争议领域中的公信力,发挥替代诉讼的优势,进而通过在调解中达成和解协议,互利共赢地化解纠纷,实现维护国家经济关系繁荣稳定的愿景。虽然《新加坡调解公约》第 3 条赋予了

"和解协议"直接执行力,但这并没有排除执行地主管机关对和解协议进行审查的权力。相反,《新加坡调解公约》充分考虑了执行地主管机关的审查权和不予执行的情形。譬如,《新加坡调解公约》第5条对执行地的相关机构拒绝准予救济当事人申请的理由进行了列举。[1]

(三)同调解机构和调解员积极合作

商事调解与其他纠纷解决机制相比更具有自愿性。商事调解的最终目标是促成双方当事人在自愿的前提下达成合意,而诉讼和仲裁的结果是当事人难以把握的。在这个层面上来看,商事调解是一种十分灵活的争议解决方式,能将纠纷当事人各方面的利益需求充分予以考虑,激发当事人在调解过程中的主动性,高效地解决矛盾。通过调解达成的和解解决争议可以便利各方管理国际交易风险,更加友好地维护双方当事人的长远商业关系,减少不必要的司法资源浪费。

自愿是调解解决纠纷的首要宗旨,调解员对于当事人之间达成的和解协议只起到辅助作用,而当事人对调解程序的掌控更为充分,和解协议是双方当事人自由意志的体现。当事人可以随时停止调解进程,最终协议的达成也需要当事人的完全合意。对于协议的内容,双方当事人可以自由约定条款的具体内容并起草。倘若在调解工作过程中一方当事人反悔,则争议解决工作需要重新开始。

双方如果选择了调解作为纠纷解决机制就应积极主动地配合调解机构和调解员,在自愿的前提下拿出一个令双方都满意的方案。如果一方当事人不配合,消极应对或者拒不让步,会使调解陷入僵局,不能发挥调解制度便捷经济的优势。《新加坡调解公约》对于和解协议的认定并不包括最终和解协议达成前,当事人双方自愿参与的调解所达成的协议。公约作出这样的规定同样是基于调解自愿性质的考虑,在调解实践中,强制调解所产生的调解协议往往不被当事人所承认或当事人采取消极不作为的态度。这一方面影响了调解方式本身的公信力,也是对当事人精力、时间的浪费。目前,普遍存在的做法是将调解协议视作与合同具有同样性质,当事人基于个人诚信履行协议。但相对地,部分当事人由于对调解的不认可、认识不足而拒

---

〔1〕 刘晓红、徐梓文:《〈新加坡公约〉与我国商事调解制度的对接》,载《法治社会》2020年第3期。

绝进行调解。在争议解决过程中，程序性的要求能使当事人有机会了解熟悉调解的方式、效力与优势，增加其对调解方式的认同感，因此，适当的强制性要求更有利于调解的推广。

此外，公约对调解协议规定宽松，也是灵活度在和解协议执行中的体现。同时，这样做也减轻了执行机构的解释义务，降低了公约履行的难度。《纽约公约》中规定当裁决的内容不属于仲裁协议约定的内容或者超出约定的范围，相关机关可以对协议不予认可与执行，即仲裁庭只能在仲裁协议约定的争议事项范围内作出裁决，不能超裁。但在调解程序中允许当事人当发现所达成的和解协议存在漏洞或矛盾时，可进行协商解决。在这个协商过程中，只要所达成的结果是满足自愿以及诚信的要求，相应的和解协议就应得到承认与执行。执行机构无须考究最终和解协议达成之前的其他协议，只需对最终协议作出执行与否的决定即可。[1]

〔1〕 赵云：《〈新加坡调解公约〉：新版〈纽约公约〉下国际商事调解的未来发展》，载《地方立法研究》2020 年第 3 期。

附　录

《联合国国际贸易法委员会调解安排说明(2021)》[1]

导　言

《说明》的目的

1.《说明》列出并简要阐明调解的相关事项。《说明》的拟订以国际调解为侧重点,意在由调解从业人员和争议当事人以一般和普遍方式加以使用。

2. 鉴于调解所特有的灵活性,有关促进当事人相互和解的程序方式、做法和方法各不相同。每种办法各有长处。因此,《说明》并不寻求将任何特定做法作为最佳做法加以推广。

3.《说明》力求协助当事人更好地认识调解,包括广泛而灵活的各种可能结果。当事人和调解员可在其认为适当的限度内,裁量使用或参照《说明》,无须采用《说明》的任何特定内容或提供不采用的理由。《说明》不对当事人或调解员提出任何有约束力的法律要求,也不适合用作调解规则。

调解的主要特点

4. 调解是一种高效且具有成本效益的争议解决机制。调解使当事人能够在考虑到自身利益并避免非赢即输结果的情况下防止或解决争议。

5. 调解可用于解决广泛的争议。使用调解办法产生显著益处,例如,便

---

〔1〕 UNCITRAL, Notes on Mediation (an explanatory text on the organization of mediation proceedings), 2021. See https://uncitral.un.org/sites/uncitral.un.org/files/media-documents/uncitral/en/v2107071_mediation_notes.pdf.

利当事人管理国际交易,以及减少因争议导致终止商业关系的情形等。

非裁决过程

6. 调解不是正式程序,与任何裁决程序不同的是,调解不依赖复杂的形式和程序规则。调解过程的展开方式在法律上不是预先确定的。

7. 在成功的调解中,当事人往往从对抗心态(“一方针对另一方”)转变为以解决办法为导向的心态(“双方共同面对问题”)。即使双方不能达成和解协议,这一进程仍能使其更好地了解所涉问题,克服不切实际的期望。

灵活过程

8. 调解是一个灵活过程,允许各方当事人根据各自需要和案件具体情况,按照其意愿进行调整。因此,调解通常比裁决更省时、更省资源。

9. 当事人注重的是其深层问题和利益。他们能够解决潜在的误解,并为其更长远的商务关系奠定基础。

当事人意思自治基础上的自愿过程

10. 调解依赖于当事人意思自治。事实上,各方当事人对其参与调解保留完全控制权。除非依据相关法律渊源适用强制性要求,否则当事人通常拥有以下自主权:

- 就调解员达成协议;
- 就调解程序的进行达成协议;
- 确定将提交调解的问题范围;
- 制定自己的解决办法;
- 全盘解决其争议,或就部分解决办法达成协议;
- 随时终止调解。

11. 下图提供了调解步骤概览(略)。

法律框架

《新加坡调解公约》

12. 联合国大会于 2018 年 12 月 20 日通过的《联合国关于调解所产生的国际和解协议公约》(《新加坡调解公约》)适用于《公约》所定义的,当事人为解决商事争议而订立的由调解所产生的国际和解协议。《公约》为执行调解产生的国际和解协议并允许当事人援用此类协议提供了一个统一、有效的框架。《公约》确保当事人达成的和解协议按照简化和精简程序具有约束力和可执行性。

调解法律

13. 调解法律，如那些参照《贸易法委员会国际商事调解和调解所产生的国际和解协议示范法》(《调解示范法》)制定的法律，通常将调解定义为一名或几名第三人协助当事人试图就其争议谈判达成友好解决的过程。调解员将协助当事人沟通以便他们可以找到解决办法，而无权将解决办法强加于当事人。

14. 调解法律基本上都力求平衡，既保护调解过程的完整性，例如，确保调解员作出必要披露，同时通过保护当事人意思自治来提供最大限度的灵活性。这些法律旨在顾及程序上的差异。因此，调解法律通常包括关于调解程序的缺省规定。其侧重点往往是国内调解，并包括关于调解渠道、调解机构或组织的建立、调解员指定和资格认证以及保守机密的规定。

调解规则

15. 当事人可以约定使用一套调解规则。此种规则通常决定了调解的程序框架。调解规则还载有示范调解条款，当事人在其商业合同中采用这些条款是很容易的。例如，《贸易法委员会调解规则》是一套程序规则，可以在没有调解管理机构的情况下使用，当事人可以随意修改和调整这些规则。当事人还可以决定由一个机构来管理程序。大多数机构规则也给予当事人高度灵活性。

安排调解时可能需予考虑的事项清单

1. 调解的启动

(a)各种依据

(b)当事人的协议

(c)调解邀请

(d)调解启动日期

(e)机构支持

2. 调解员的选择和指定

(a)如何选择和指定调解员

(b)能否到任司职、技能和背景

(c)操守要求

3. 准备步骤

(a)职责范围、收费和其他费用

(b)行政协助

(c)当事人出席和委派代表

(d)处理保密问题

(e)确定调解地点和时间

(f)就调解语言达成一致

4. 调解的进行

(a)调解员的作用

(b)初步协商

(c)材料的提交和佐证文件

(d)调解会议和积极谈判

5. 和解协议

(a)和解办法的建议

(b)起草和解协议

(c)可执行性

6. 调解的终止

说明注释

1. 调解的启动

(a)各种依据

16. 调解可成功地用于争议的不同阶段,任何仲裁程序、司法程序或其他解决争议程序之前或期间均可使用调解。

17. 可以依据当事人之间的协议进行调解,不论协议是在争议发生之前还是之后达成的(见下文第 19 - 22 段)。调解往往是在提起正式程序之前或在正式程序结束之后(例如,为执行仲裁裁决或判决的目的)寻找争议解决办法的可能的最后尝试。

18. 也可以根据国际文书或法律规定的义务,或根据法院、仲裁庭或政府主管实体的指示或建议进行调解。

(b)当事人的协议

争议前协议

19. 当事人最好在其合同中列入一个调解条款。此种条款通常规定,当事人将寻求通过调解解决合同下的任何争议。当事人通常根据自身需要调整调解条款。当事人可以选择参照一套调解规则(见上文第 15 段)。此外,当事人还可以指明调解语言和任何调解的地点(见下文第52－54段)。

20. 争议前调解条款可以作为一项简单条款列入合同、作为多层级争议解决条款(其中调解为初级步骤之一)的一部分列入合同,也可以被列入一项规定调解应与仲裁程序、司法程序或其他解决争议程序同步进行的条款。如果是多层级条款,当事人宜确定其必须遵守作为多层级进程一部分的某些行动的期限,并指明涉及时间安排和该进程的步骤。

对现已存在的争议的调解协议

21. 如果没有预先订立调解协议,一方当事人可以在任何阶段请求调解,即使仲裁程序、司法程序或其他解决争议程序仍在进行中。

22. 在仲裁程序或法院程序期间进行调解的,可以中止仲裁或诉讼,以容许有时间进行调解,除非适用的法律禁止这样做。在某些情况下,当事人可能同意调解与仲裁或诉讼同步进行。

(c)调解邀请

23. 希望启动调解的一方通常向另一方或几方发出调解邀请。

24. 在这一初步阶段,在遵守任何约定程序或强制性程序的前提下,宜在调解邀请函中指明以下内容:

(一)争议事由简要概述;

(二)引起争议或与争议有关的任何合同或其他法律文书,无此类合同或文书的,简单说明相关关系;

(三)确定调解的依据,例如,是根据调解协议邀请调解还是另有依据;

(四)适用的调解规则(如有)或调解程序;以及

(五)未收到接受邀请函的,当事人可决定将此作为拒绝调解邀请处理的期限。

(d)调解启动日期

25. 当事人宜确定调解的启动日期,原因有几个,其中包括这一日期标志着保密义务的起点。

26. 启动日期通常是争议各方当事人同意参与调解的日期。

(e)机构支持

27. 当事人可考虑将其争议提交调解机构。调解机构可以处理一般争议的调解,也可以专门处理某些类型的争议,如建造施工、基础设施、知识产权纠纷等,或进行某些方式的调解,如网上争议解决。

28. 机构支持的提供、性质和费用因机构而异。支持可包括:

(一)提供关于调解安排的指导(例如,关于程序步骤和费用的指导);

(二)帮助推选和指定调解员;

(三)协助行政和后勤事务(例如,预订会议设施和翻译服务);

(四)提供数据保护或网络安全措施(特别适合网上调解);以及

(五)证明进行了调解。

2. 调解员的选择和指定

(a)如何选择和指定调解员

29. 当事人同意参与调解后,接下来通常选择并指定调解员。当事人可以就调解员或指定调解员的程序达成一致。当事人首先设法就调解员相互达成一致,好处是这种做法尊重调解的合意性,使当事人有更多控制权和自主权,并因此而对调解过程抱有信心。

30. 通常做法是指定一名调解员,以便能够以较低费用迅速开展工作。有时,当事人指定两名或两名以上调解员,例如,在下列情况下:

(一)争议错综复杂,需要获得不止一个领域的专门知识(在这种情况下,当事人也可选择指定一名专家作为代替);

(二)一名独任调解员可能不充分熟悉与国际交易有关的法律和贸易惯例、语言或文化习俗;或者

(三)涉及多个当事人。

31. 某些调解规则规定,在当事人不能就调解员达成一致时,指定机构可以参与。在这种情况下,当事人可以请求某个机构或某人推荐一名合适的调解员或直接指定调解员。在推荐或指定个人担任国际调解的调解员时,指定机构或指定人似可考虑是否有必要选择一名非各方当事人国籍的调解员,并应努力尊重地域多样性和性别。

(b)能否到任司职、技能和背景

32. 在选择未来的调解员时,当事人可考虑下列因素:

(一)能否到任司职;

(二)调解领域的培训和经验以及进行调解的能力;

(三)国籍、法律传统等背景;

(四)由公认的专业调解标准机构授予的任何相关资格认证书和证明书;以及

(五)专业知识和资格,包括具备争议标的事项的专门知识、语言和技术技能。

(c)操守要求

33. 调解员通常应独立、公正,不应在争议及其结果中有任何行业利益、经济利益或其他利益。

34. 通常要求调解员从指定之时起并在整个调解过程中,披露任何可能对其公正性产生正当怀疑的情形。当事人已被告知潜在的利益冲突,且已对调解员的指定表示了知情同意的,调解员可着手进行调解。

35. 许多法域不允许调解员在某一调解曾经或当前涉及的一项争议中担任仲裁员或法官,也不允许担任同一或任何相关合同或法律关系所引起的另一争议的仲裁员或法官,除非当事人另有约定。法律和调解规则还往往要求调解员不得在就所调解的争议而进行的任何仲裁、司法或其他解决争议程序中担任一方当事人的代表或律师。

3. 准备步骤

(a)职责范围、收费和其他费用

36. 当事人一旦选定调解员,即应确认对调解员的指定。当事人可以向调解员发出聘任书。当事人与调解员签署职责范围书也很常见,职责范围书涵盖调解以及调解员参与调解过程的各个方面。职责范围书可载有争议概要以及确定调解进行方式的相关规则,如适用于调解员的操守标准、相关的披露义务以及当事人关于保密的协议等(见下文第45-51段)。

37. 当事人和调解员应从一开始就商定调解员酬金和调解费用的确定和分担办法。调解员的酬金可能取决于也可能不取决于调解的结果或争议的金额。此外,无论结果如何,双方应从一开始就约定向调解人支付酬金。调解费用通常包括:

(一)调解员的酬金;

(二)管理调解的机构(如有)的费用;

(三)调解员发生的费用,如旅费、住宿费、行政和技术支持费,如果这些费用并非由当事人直接支付;

(四)专家发生的任何费用;以及

(五)其他费用,包括笔译和口译费用。

38. 调解员可以要求各方当事人交存一笔款项作为预付金,并可暂停调解,直至此种交存款缴齐。调解规则通常载有关于这些事项的规定,包括各方当事人是否应缴纳相等数额的交存款,以及一方当事人未缴纳规定款项的后果。在由调解机构进行调解的情况下,机构的服务可包括确定交存款数额以及交存款的持有、管理及核算。如果调解机构不提供此种服务,当事人或调解员需做出必要安排,例如,与银行或其他外部服务机构做出安排。在任何情况下,对有些事项加以澄清不无益处,如交存款存放账户的类型和所在地、交存款如何管理,以及交存款是否计息。

39. 监管限制可能对费用交存款的处理方法产生影响,如职业守则和操守守则中的限制规定、与受益人身份有关的财务条例以及贸易或支付限制。

40. 通常由当事人商定或在适用的调解规则中规定费用分担办法。一般情况下,如果未商定分担办法,则由各方当事人平均分担调解的相关费用。在多当事人程序中,需要进一步具体说明关于“平均分担费用”的协议。

(b)行政协助

41. 调解员可能需要行政支持,以便利调解的进行。当事人或经当事人同意的调解员,可以安排适当人员或机构提供行政协助。

(c)当事人出席和委派代表

42. 如果对一方当事人在和解方面的权限设有限制(例如,任何和解需要得到董事会、部长级委员会或保险公司的批准),该方当事人应从一开始就将这一限制通知调解员和其他各方当事人。这使得调解员能够在调解之前与各方当事人讨论这些问题。可能需要出具委托书。

43. 参与调解的人员可包括能够协助解决争议的人。

44. 律师在调解过程的某些或所有部分中协助当事人是很常见的,尤其是在国际争议中。并非所有情况下都需要法律代表,因为当事人之间的谈判一般都以利益为重,并不限于法律上的考虑。在需要讨论当事人的法定权利和义务、需要分析和解提议和选项的法律影响以及起草和解协议的情况下,建议有律师的参与。

(d)处理保密问题

45. 当事人最好在调解开始时考虑他们希望对调解保密的程度,并核实所适用的法律和规则,以确保明确规定并充分保障保密义务。当事人应当考虑就如何处理保密问题达成一致,其中包括以下几个方面。

调解员和参与调解的人员

46. 一般要求调解员对调解保密,包括对与调解有关或在调解期间获得的任何信息保密。保密义务通常不仅适用于调解员,也适用于参与调解的其他人员(如代表或协助当事人的人员以及提供行政支持的人员)。最好将所有参与调解的人员都列入保密协议。

当事人之间

47. 当事人可在适用法律不禁止的范围内商定必要的保密制度。当事人可确定应在多大程度上对调解本身以及调解期间交换或披露的任何信息保密。

48. 保密协议可包括下列事项中的一项或几项：

（一）应予保密的材料或信息（例如，调解已在进行的事实、当事人和调解员身份、书面和口头通信、和解书内容）；

（二）为此种信息保密而采取的措施，以及保密义务的期限；

（三）在保护法定权利所必需的限度内可以全部或部分披露机密信息的情形；

（四）可能允许此种披露的其他情形（例如，信息属于公共领域，或者法律或监管机构要求披露）。

调解期间当事人与调解员之间

49. 当事人应就调解员如何处理调解期间从一方当事人收到的信息达成一致。例如，不妨这样理解，调解员可向调解的其他任何当事人披露这种信息的实质内容，只要这种披露可能有助于当事人解决其争议。但是，一方当事人向调解员提供信息附有保密请求的，此种信息不得向调解的其他任何当事人披露。

证据在其他程序中的可采性

50. 主要为调解准备的任何文件、就和解提出的任何建议或一方当事人在调解中所作任何供述，不应在仲裁程序、司法程序或其他解决争议程序中作为证据采信。

51. 证据在其他程序中不予采信，是为了确保任何一方不会因其对实质性信息的公开或为使各方当事人更接近于达成和解而表达的意见而给其造成不利。调解中交换的通信和信息不能作为证据采信，以及不能在任何调解后的程序中传唤调解员作为证人，这两点应涵盖与某一调解目前或曾经涉及的争议有关的所有继后程序。尽管如此，如果法律要求或者为了履行或执行和解协议，通常可以披露或作为证据采信这类信息。

（e）确定调解地点和时间

52. 当事人应从一开始就确定将在何处进行调解。在决定会议地点时，可考虑下列事项：

(一)该地点对各方当事人和调解员的方便程度和中立性,包括前往该地点是否方便;

(二)是否提供支持服务以及费用;以及

(三)会议地点是否包括为每一方当事人提供的单独会议室和与各方当事人一起举行会议的大会议室。

53. 调解也可全部或部分在线进行,将当事人与调解员之间的接触限于虚拟会议。在这些情况下,适用法律的确定可能会受到影响,因此预先确定适用于调解过程和和解协议的法律可能特别重要。

54. 各方当事人可以确定时间,包括商定调解的时间表和时限,以便能够做好适当的准备。

(f)就调解语言达成一致

55. 当事人通常还就进行调解所使用的语言达成一致。调解期间使用多种语言的,当事人和调解员可能需要决定是否在没有笔译或口译的情况下交替使用若干种语言,或者是否需要为某些文件和通信(或其中有关部分)提供所有调解语言的笔译。

4. 调解的进行

(a)调解员的作用

56. 调解员的作用一般是在各方当事人之间以及在调解过程中建立信任,以便达成争议的解决。调解员从一开始即着眼于为富有成效的谈判营造一种安全、中立和辅助性气氛。调解员根据各方当事人的期望、案件具体情况以及不同做法施加不同程度的影响。调解员的中立地位使其具有对各方当事人的指称和论点作出反应的独特资格,并协助各方当事人评估各自立场的可信性。调解员还协助各方当事人确定其需要和利益及其优先次序,从而促成知情的谈判和量身定制的争议解决办法。

57. 调解员掌握各种可用来克服僵局并推动进程的方法技巧和工具。在整个调解过程中,调解员对当事人给予协助并为讨论提供指导,通常帮助当事人进行创新思考,从而使当事人能够考虑一系列可能的结果并找出解决办法,包括创造性的解决办法或其他适当解决办法,而这样的办法可能是法院或仲裁无法提供的。

(b)初步协商

58. 调解员一经指定,当事人和调解员通常举行一次准备会议(可亲临会场,也可远程举行,如通过电话会议),当事人和调解员在会议期间为案件作出最佳安排，包括程序的进行（当事人可从现有各种规则中作出选择并使之适合其需要）和后勤事务。此种初步协商是调解的合意性质本身所决定的，在涉及本《说明》所述及的大多数安排事宜的决定时，特别是说明3（准备步骤）所述及的决定，通常都进行此种协商。如果当事人在调解开始前已经商定这些事项，或者甚至在争议前的调解协议中商定了这些事项，当事人可随后确认其决定。

59. 此外，初步协商有助于澄清当事人对进行调解的期望，使其能够评估调解员的做法、方法和风格是否适合所涉争议，并评估所涉收费和费用的合理性。因此，初步协商至关重要，即使在可能已安排好后勤问题的机构调解中也是如此。

60. 如果当事人还没有商定调解员应遵循的程序或一套指导调解的调解规则，则调解员和当事人可以共同设计程序。当事人可让调解员酌情决定如何进行调解，但须遵守任何适用法律的强制性规定。特别是，在早期阶段，当事人有时可能难以就程序事项达成一致，可以请调解员就这些事项作出决定。一些调解员认为，就例行程序事项与当事人接触是建立对这一过程信任的第一步，也是必要一步。

61. 当事人应当设法在调解的早期阶段澄清各种问题，包括调解是否对启动仲裁程序、司法程序或其他解决争议的程序构成障碍。当事人还可以考虑有关订立、落实和执行和解协议的法律框架的问题。

(c)材料的提交和佐证文件

62. 当事人可以自由商定如何向调解员提供关于其案件的资料以及以何种形式提供资料。作为调解过程的一部分，当事人通常交换简短的文件（有时称为立场文件、调解声明、梗概或案情概要）。

63. 如果编写了任何此类书面概要，其通常只用于为寻求和解办法而进行的调解，而非为了用于任何进一步诉讼。概要可由每一方当事人提交或共同提交，其中通常包括：

（一）争议的由来；

（二）对各种问题的解释；以及

（三）当事人寻求在调解中有何收获。

64. 当事人可以就所提供的支持其论点或澄清争议的文件达成一致。此类文件可包括合同和信函以及任何其他相关资料。

65. 当事人和调解员可以考虑商定一些实际细节是否有帮助，如资料的传递形式(例如,硬拷贝、电子形式或通过共享平台),包括其格式(例如,具有搜索功能的特定电子格式)。

66. 采用电子通信手段可使调解既快捷又高效。但是,宜考虑所有当事人是否都有条件利用或熟悉此种手段。在就电子通信手段作出决定时,当事人和调解员似有必要考虑到兼容、存储、进入、数据安全及相关费用等问题。当事人和调解员还需要确保电子通信得到充分保护。

(d)调解会议和积极谈判

67. 调解过程应当就关键事实和可能的结果产生确切的认识。为此,调解员通常安排一次或几次会议,可以是亲自到场的会议,也可以是利用诸如允许举行共同会议和私下会议的适当平台的会议(称为调解会议)。调解员宜与各方当事人协商,确定分配给调解会议的时间。

68. 这类调解会议可以与所有出席方一起举行,也可以与每一方单独举行(通常称为私下会议),或同时举行共同会议和私下会议。例如,调解员可以先举行共同会议,由各方当事人讨论其对争议的看法,然后分别与各方当事人举行私下会议。单方面联系不受禁止,相反,这在调解中被认为是有用的。但是,调解员要公平对待各方当事人,并向任何其他当事人披露正在进行单方面联系。公平待遇并不意味着均等待遇,例如,调解员需要与一方花费的时间可能比另一方多。建议各方当事人都参加调解会议。

69. 调解会议的次数和持续时间取决于问题的复杂程度,并可根据案情以及调解员和各方当事人所偏好的办法加以调整。为了探讨这些问题并确定一个持久和可持续的解决办法,花费必要的时间是至关重要的。

70. 在复杂的调解中,更需注意调解会议的具体安排。在当事人事先明确同意的情况下,必要时可邀请有关的利益攸关方和专家出席和参与。在这种情况下,需要考虑保密问题,如通过保密协议。

5. 和解协议

(a)和解办法的建议

71. 调解员不能将和解办法强加给当事人,但其将协助当事人达成友好解决争议的办法。可在当事人之间直接提出和解办法的建议,也可通过调解员提出。

72. 如果当事人提出请求,调解员可以就和解条款提出建议。

(b)起草和解协议

73. 如果当事人同意就其争议和解,当事人将拟订一份和解协议。根据适用的法律，调解员可在收到请求时协助当事人拟订和解协议，例如，提供商定条款的概要。和解协议通常以书面形式订立；当事人宜查清如何满足这一要求。

74. 和解协议应当措辞明确，例如，履约条件不能模棱两可。

75. 在商定和解协议的适用法律时，以及在考虑与和解协议中的义务相关联的地点时，当事人似可注意到由此带来的法律后果，以及更广泛的法律框架，包括《新加坡调解公约》。

(c) 可执行性

76. 当事人一般自愿遵守和解协议规定的义务。尽管如此，当事人应当考虑到所适用的调解法律、一个或几个执行地的相关法律以及适用的调解规则对和解协议的形式（包括语言要求）、内容、备案、登记或送交提出的任何要求。

77. 如有必要，可以根据寻求执行所在国的程序执行和解协议。这种程序在不同法域有所不同。

78.《新加坡调解公约》的当事方和已根据《调解示范法》颁布立法的一方理应遵循其中规定的执行程序。在起草和解协议时，当事人似可注意到《新加坡调解公约》和《调解示范法》中的相关规定和要求。各当事方在《公约》第 8 条下提出的保留的清单可见于贸易法委员会网站。

79. 当事人宜申明其下述理解，即和解协议可被用作和解协议产生于调解的证据，并且可依赖和解协议寻求所适用法律框架下的救济。

6. 调解的终止

80. 在当事人参与调解后，调解通常以下列方式终止：

（一）当事人订立了和解协议的，于协议订立日终止，或于双方在和解协议中约定的其他日期终止；

（二）所有各方当事人没有在调解人规定的合理期限内全额支付所需保证金，在与各方当事人协商后，由调解人作出声明的，于声明日终止；

（三）调解员与当事人协商后声明继续进行调解已无必要的，于声明日终止；

（四）当事人向调解员声明终止调解程序的，于声明日终止；

（五）一方当事人向另一方或几方当事人以及可能指定的调解员声明调解程序对该方当事人终止的，于声明日终止；或者

（六）于适用的国际文书、法院令或强制性法规确定的期限期满时终止，

或按当事人一开始的约定终止。

81.任何终止均宜清楚、确切地加以记录,因为这种终止可能构成后续程序的起点,或者可能对适用于调解所涉索赔的时效期的起算产生影响。